辽宁师范大学教师教育研究基金资助项目

审美教育个性化论稿——基于语文学科

薛 猛 ◎ 著

中央编译出版社
Central Compilation & Translation Press

图书在版编目（CIP）数据

审美教育个性化论稿：基于语文学科 / 薛猛著 . --
北京：中央编译出版社，2017.8
ISBN 978-7-5117-3277-4

Ⅰ . ①审…

Ⅱ . ①薛…

Ⅲ . ①语文教学—教学研究

Ⅳ . ① H09

中国版本图书馆 CIP 数据核字 (2017) 第 039326 号

审美教育个性化论稿：基于语文学科

出 版 人	葛海彦
出版统筹	贾宇琰
责任编辑	曲建文
执行编辑	程　彤
责任印制	尹　珺
出版发行	中央编译出版社
地　　址	北京西城区车公庄大街乙 5 号鸿儒大厦 B 座（100044）
电　　话	（010）52612345（总编室）　（010）52612370（编辑室） （010）52612316（发行部）　（010）52612346（馆配部）
传　　真	（010）66515838
经　　销	全国新华书店
印　　刷	北京天正元印务有限公司
开　　本	710 毫米 ×1000 毫米　1/16
字　　数	251 千字
印　　张	17
版　　次	2017 年 8 月第 1 版第 1 次印刷
定　　价	52.00 元
网　　址	www.cctphome.com　　邮　箱：cctp@cctphome.com
新浪微博	@ 中央编译出版社　　微　信：中央编译出版社（ID：cctphome）
淘宝店铺	中央编译出版社直销店（http://shop108367160.taobao.com）　（010）55626985

凡有印装质量问题，本社负责调换，电话：（010）55626985

前　言

　　美作为一种精神文化，一直被人们关注与追求，它不断激发人们体验情感并感悟精神个性，思考人生价值。在现实生活中，人们积极体验和探求美的感受、意义与价值，追求审美自由，感悟美的内涵。在审美教育过程中，由于审美存在多元鉴赏角度，审美的个性与共性视角共存，因此对审美教育尤其阶段审美教育的思想、观念、内容与方式产生极为深刻的影响。现阶段既要实现时代与社会发展要求的宏观审美教育目的，实现整体审美素养的提升与发展，同时又要关注学生个体的审美能力与水平特点。从审美教育的角度看，只有充分体现审美精神个性，才能推进教师和学生审美素养水平的实际发展。从审美教育个性化的角度看，只有教师个性化的"教"才能实现学生个性化的"学"，从而实现审美理性对感性的超越，感悟美丰富而多元的价值与内涵。

　　在审美教育个性化实践中，审美教育目的直指审美情趣与人文素养。《国家中长期教育改革和发展规划纲要（2010—2020年）》中明确指出："加强美育，培养学生良好的审美情趣和人文素养。"《普通语文课程标准（实验）》也提出，"语文具有重要的审美教育功能，语文课程应培养自觉的审美意识和高尚的审美情趣，培养审美感知和审美创造的能力"。只有积极、个性化地开展审美教育，实现审美自觉性，才能实现培养审美情趣与提升人文素养的目的。在此过程中，教师具有微妙而复杂的作用，教师的教学理念与实践直接影响到审美教育个性化目的的实现。教师要树立个性化教学思想和正确的学生观，建立符合社会与时代要求的审美价值观与教育观。在具体教学过程中，以自己个性特点和专业素养形成对美的独特理解，深入推进审美教育个性化，引导和培养学生健康的审美情趣，实现学生人文素养和审美个性的提升与发展。

本书以语文审美教育个性化为思考内容，采用理论分析与实践考证相结合的分析方法，创新性地提出语文审美教育个性化的学理表征和践行基准，呈现、解析当前语文教学审美教育个性化实践过程中存在的隐性矛盾，结合学理表征和践行基准对存在隐性矛盾的原因进行研析与判断，并在此基础上，提出语文审美教育个性化的具体实施策略，弘扬社会主义核心价值观，引导和帮助学生树立正确的审美观，提高整体审美素养与能力，促进个性发展。

目 录

第一章 审美教育个性化研究的历史概述与思考 ………… **1**
    一、基于学生本位和美本质探析的国外研究 ………… 1
    二、基于体系、模式探究和特色实践的国内研究 ………… 7

第二章 审美教育个性化发展的逻辑基石 ………… **19**
    一、理论基石 ………… 19
    二、实践基石 ………… 34

第三章 审美教育个性化核心语词界定与甄别 ………… **43**
    一、核心语词界定 ………… 43
    二、审美教育群体化与个性化的甄别 ………… 50

第四章 审美教育个性化的践行意义 ………… **57**
    一、有重要的时代价值 ………… 58
    二、实现"以人为本"的教育理念 ………… 60
    三、促进学生综合素质发展的现实要求 ………… 62
    四、符合教师专业化和学科课程标准的客观要求 ………… 67
    五、推进教育深入、有效发展的必要之义 ………… 71

第五章 审美教育个性化的学理表征 ………… **74**
    一、个体性和差异性 ………… 74
    二、开放性与自主性 ………… 81
    三、交互性与公平性 ………… 90
    四、超越性与创造性 ………… 96

第六章　审美教育个性化的践行基准 ……… 103
　　一、民主性原则 ……… 103
　　二、过程性原则 ……… 105
　　三、协调性原则 ……… 106
　　四、自由性原则 ……… 109
　　五、主题化原则 ……… 111

第七章　审美教育个性化存在隐性实践矛盾 ……… 113
　　一、师生关系的错位与误判 ……… 113
　　二、审美内容的选择与创生缺失主见与个性 ……… 127
　　三、审美教学实践方式与方法的趋同和因循 ……… 155

第八章　审美教育个性化隐性实践矛盾的逻辑动因 ……… 190
　　一、理念动因 ……… 190
　　二、技能动因 ……… 200
　　三、评价动因 ……… 210

第九章　审美教育个性化的实践路径 ……… 217
　　一、坚持师生角色的理性审视与主体重构 ……… 217
　　二、专注于教师个性化教学设计能力的习得与养成 ……… 221
　　三、建构个性化审美教学环境 ……… 230
　　四、创设多类别特色性审美问题情境 ……… 235
　　五、加强多形态课程资源的个性化整理与价值甄别 ……… 240
　　六、灵活运用教学方法 ……… 243
　　七、建立适合的评价基准与个性化评价原则 ……… 247

参考文献 ……… 256

第一章　审美教育个性化研究的历史概述与思考

　　审美教育个性化是审美教育内容的重要组成部分，其理论内涵和实践特征的发展与深化直接影响教育的实效性和科学性。为拓展研究视野，充分借鉴已有研究成果，本书选取国内外相关审美教育和审美教育个性化的研究成果，以审美教育、审美教育个性化和语文审美教育为角度，对其中的主要观点进行了概述与简要评析，研究得失与规律，为进一步开展审美教育个性化研究与实践工作提供理论支撑和信息支持。

一、基于学生本位和美本质探析的国外研究

　　国外审美教育研究的历史久远，在美学、哲学与心理学层面有丰富的研究成果。基于本书的目的与范围，对国外相关审美教育的研究重点着眼于近年来教育学角度对审美认识、地位、功能及内容等方面研究成果的述评，同时对审美教育过程中教师与学生的教学地位、实践原则等方面的成果有所梳理和评析。

（一）关于审美教育的研究

　　在教育，尤其是基础教育中，审美教育一直以不同形式开展活动，取得不同角度与层次的研究成果。本书选取关于审美教育的地位、内容与对象、

师生关系等直接相关内容进行梳理与研究。

1. 审美教育需要改变教育的边缘地位

美国的审美教育专家安德里亚在《诗与孩子：遐想及老师的责任》中指出，审美教育不仅是教育行为的一种空白边缘补充，而更应该是思考和行动的基础，审美要能够提供软能力（技能），从教育的价值与意义上看，这对儿童个性形成与发展有较大的影响，可以大幅度地提高他们的社会竞争力。

学者娜塔莉在《每日审美》指出审美的重要意义，指出要从日常生活更多方面和人们长时间忽视的物体上寻找美的现实存在和意义、价值的判断。审美活动同时带给人以美的感受和良好的伦理道德意识，在实际生活中有非常重要的作用，等等。他认为审美是人与环境、物体感觉能力的互动的结果，这种互动过程也正是其价值与作用之所在。

学者埃文在《审美教育课程计划和课程改革》中指出，审美教育非常重要，但是在美国的许多小学，作为审美教育载体的艺术课直接被看成是一种娱乐，这让教师和学生在学习负担面前有减负的机会，而这并非审美教育。另外，在许多中学，艺术课程耗资较大，以至于只有一小部分优等生才能享受，但是，审美教育并非只是少数学生才享有，它应使所有学生都受益，应该给更多的学生以审美教育机会和平台。

2. 审美教育关注思考、想象和发现能力

美国学者艾米丽在《重新评估大自然之审美欣赏与康德之崇高》一文中提出，因为审美的特殊性，在审美欣赏中存在着多种不确定的模糊存在，很多时候美及审美并不是表面存在的形式所能涵盖和代表的，应该用更精确慎重的研究方法进行复杂和微妙的研究。

莫迪凯则在《幽默与审美经验的关系》中指出，在审美经验中应该使用更多的想象，用极大的自由感去创造并产生惊奇，这是一种有趣的感受。在审美教育中，要关注审美经验的本质和目的，不能只由事物表面美的特征来判断美的存在。

奥尔加在《在艺术馆的教育项目中反思批判性思维和它的作用》中认为艺术作品的互动经常在教育中缺失，人们习惯于感受直观可感的艺术作品。他指出，目前美国的几家艺术馆致力于培养学生批判性思维的教育项目，从多元角度提供教育的平台，启发与鼓励学生的审美探索，同时艺术作品本身其实能够发展学生的思考能力，教师要训练学生进行推理判断，寻找艺术作品的观察角度与鉴赏证据，提升观察力水平。

迪娜在《一个创造性审美课程的意向》中指出，在审美课程中，文化性研究仍然未受重视，学生的审美行为缺失探索与研究，这值得警惕并要受到教师的重视。

3. 审美教育要准确把握学生的审美地位

詹姆斯在《艺术和观众》中提出，在艺术作品中，审美主义者过多地关注作品和艺术家，忽视了观众。实际上只有了解了观众的所思所想，才能决定艺术作品的方向和作者的创作。观众的作用与地位不能忽视，在提高审美价值，鼓励艺术作品创作中有着重要作用。布里特则直接在《审美经验在学校教育中的角色》中指出，教师一定要注意观赏学生的审美活动，一定要有所总结和整合，并且依此在活动中不断提示审美讨论的重点。邓肯在《美学、艺术和教育：有影响的课程》中认为，在审美教育过程中，教师既不应该以灌输的方式学习某一种理论，不应将其作为任何美学行为的必备条件，不应将学生作为刻板的学习对象，同时，也不应该尝试去鼓励孩子们放任自己的好恶，随意判断，而是要控制好尺度。

从上述国外审美教育的研究看，有以下几个方面内容。

首先，审美教育对学生的个性发展有较大影响，可以较大程度地提高学生的综合素养和社会竞争力。其次，审美教育要多视角，不能限制在一个单一的角度，应该鼓励师生对美进行多元化感受、理解与判断。第三，审美教育可以提升和发展学生的综合能力，例如思考技能、推理判断、观察力等。第四，审美教育一定要关注学生群体，关注每个人的发展，不能只从教师的角度去设计教学过程，师生要共同参与，共同完成。第五，审美教育要有一定的原则，不能随意化和自由化。

总体而言，当前审美教育支持学生个性地、充分地发展，同时提出审美教育需要注意的重要问题，尤其提出充分关注学生群体和个性的发展，这些都使审美教育在健康有序的环境中发展，对教师和学生个体意识觉醒与发展都有积极意义。但是要指出的是，以下三个问题尚未解决且缺少观照：

第一，对教师角度的审美教育个性化缺乏思考与关注，更多的是关注审美教育中学生的发展，而教师在审美教育中的教学行为是为学生的个性发展提供平台与保障，教师不是学习的主体，但是依然是学生审美学习的参与者、引导者、促进者和评价者，并非置身于教育之外。同时，没有教师个性化的参与，显然无法在某些方面深化审美教育，而且无法与学生形成强烈审美共鸣，无法进行较深层次的感受和价值判断，无法进行较深入的审美交流，审美功能实际是弱化的。从这个角度分析，还不能以学生个性发展代替教师的个性化教育，这是不同的角度，不同的功能。第二，从教师角度审视，个性化的特征还缺乏研究。目前，还没有学者直面此问题并进行思考，对于审美教育而言，教师的审美教育个性化研究还只是边缘化的存在，这使审美教育缺少个性化意义的方式、方法与策略，没有个性化特征的审美教育无法让学生真正解放个性尤其是正确科学地发展审美个性，其内涵与价值并不与学习主体地位相适应。有必要从教师角度思考审美教育的个性化教学特征，以审美教育的"教"为起点关注审美教育的有效性，依据审美教育个性化规律开展审美教育，以期实现学生的审美学习中的主体地位，实现审美教育功能。第三，虽然有学者在关注审美教育的实践原则与策略，但是还缺乏包括审美、审美教育、人本主义教育思想、学科课程标准、个性化教学等因素的综合思考和判断，结论还显得单一。例如，美在基础教育中的内涵、审美教育中教与学双方的个性化特征、以学生为本的审美教育、学生群体的年龄特征、学科课程标准的个性化解读等问题，都制约着审美教育的实践深度和价值，还有一定的理论研究和实践空间，有必要依据上述因素对实践原则和策略进行研究和探讨。

（二）关于审美教育个性化的研究

从现有资料看，国外学者对审美教育个性化没有比较系统的研究，相关审美教育个性化的观点散见在学术文章对审美教育教师个体自我价值与重要性的表述中，没有系统而专门的研究。

1. 学生参与审美教育是一种自我实现

德国教育学家莫连豪是解放教育学著名的代表人物。他关注教师在审美教育中要关注学生"审美的自我",主张审美教学应该从"字母化"做起,学习符号图形的意义,进而促使学生找到"审美的自我",培养其审美反思的能力,批判各种意识形态,以达到"审美解放"的理想。

教育学家奥图是审美教学理论方面的代表人物。他在《审美教育的教学理论》一书中探讨了审美教学理论问题。他认为当代审美教学理论的发展大概有三种取向:一是从预先确定的政治观点出发,探讨审美教学方面的问题;二是从审美对象结构特征的角度出发,探讨审美教学方面的问题;三是从社会情景和社会中出现的重要审美现象出发,探讨审美教学方面的问题。总体而言,教师在审美教育的过程中有着不同的选择,这是一种理性的选择,这种选择与教师、学生自身有所关联。

2. 充分利用个体直觉是审美教育的重点

法国哲学家雅克·马利坦在《艺术与诗中的创造性直觉》中指出,"美的超然而又类似的特征以最引人注目的方式出现在人面前,因为美为了在事物中存在,它在人类的智性中被预先地感知和养育。然后,面对着出自人之手的作品,智性通过感觉的直觉,以对经验最适合的状态发现了既是关于感觉的,又是关于智力的欢娱——这种欢娱就是艺术的目的;智性对人类艺术品越是熟悉,它对美的这种超然而又类似的特征也就越明了。"[①]

马利坦是把直觉作为实现审美智性要求的一种手段与方法,期望理智在审美活动中的直觉引导下进入深味美的表面特征与内在奥秘的境界,最终使人豁然开朗地理解事物的本真之美。而直觉则是因人而异,各有特点。从审美教育实践现状看马利坦的观点,结论是清晰的,即不关注个性化的审美教育无法发现事物的本真之美。

3. 审美教育的个性化特点主要在于创造和创设情境

2001 年美国哥伦比亚大学学者玛克辛出版《蓝色吉他变奏曲:林肯中

---

① 〔法〕雅克·马利坦:《艺术与诗中的创造性直觉》,刘有元、罗选民等译,三联书店 1991 年版,第 139 页。

心研究院美育讲座》(《Variations on a Blue Guitar : The Lincoln Center Institute Lectures on Aesthetic Education》)。

在此书中,她从十个方面对审美教育进行了论述:审美教育、审美、艺术教育、艺术教师、文化多元性、教育发展、全球性变化、高等教育、自我观念、教师教育。她坚持审美及审美教育的个性化与创新。她认为,有人能发现新的境界,最简单、最直接的方法,就是教育,它使人欣赏自然之美、理解更多不同的艺术。首先,就是要通过教师有个性的审美教育,让学生去发展、去找寻更积极的情感和意识。在教育过程中,教师要相信学生已经开始关注自己内在的感受,教师更要关注的是用各种方法使学生超越一般的审美体验,进而形成自己独特的审美思考,有自己独特的审美收获。她还认为,如果有必要,教师要用各种方式指导学生进行创造性的审美,教师不仅要引导所有学生,还要强化学生们进行审美创造和情境创设。在通常意义上,她认为教师面临着现实的困难,在类似认知、意识等主观维度上,常常被要求符合官方的所谓的客观、真实。其实,正确的审美教育要告诉学生,他们可以生活在一个可以共享的但是又是独特的审美世界。通过明确而有个性的审美教育使学生在某种意义和角度上找到自己的声音,让学生们用自己的视角发现他们可以发现的,并通过自由的审美感受自由地建构他们自己的审美观、审美判断,这是教师审美教育个性化的价值与意义。

美国学者戴维在研究中发现大多数教师看待审美和艺术品鉴赏的时候总是通过各种各样的"镜头":主观定位、心理预期、情境,等等。大多数教师从主观角度出发,这种主观是心理上的反映,结合了个人生活信仰、个人喜好和态度价值观。不同个体有各异的心理因素及不同的审美经验。但是,当教师从一个或者是多个角度来进行审美及审美教育时,应该关注考虑更加自然和不受束缚的一面。正因为在审美教育中,无论是教师还是学生,其主观因素都占有一定的比例,有较大的影响作用,尤其是在生活信仰、个人喜好、态度价值观、审美经验、审美态度等方面都有较大的个性发展空间,所以在审美教育有所共识的前提下,教师的教育教学方式、方法与策略要提倡个性化,并形成个人的教育风格。

（三）相关启示

从以上材料可见，国外关注并研究教师在审美教育中的地位与作用起步较早，内容广泛，涉及教学法的美学意义、教学内容的审美改造、审美教育的教学理论和审美教育中个性化的意义与作用等方面，尤其是在关注到审美教育的过程中，教师个体生活信仰、个人喜好、态度价值观、审美经验、审美态度对审美教育的重要作用，这是对教师审美教育个性化的直接肯定，特别是国外学者注重从审美视角研究教育，并广泛借鉴美学、艺术学、审美教育学的研究成果。这些都值得我们今天进行审美教育个性化研究时借鉴和参考。

具体而言，这些研究文章与专著，其论点主要集中于五个方面：其一，在审美教育中，教师关注学生的自我体验并充分享受审美认知带来的愉悦。其二，在审美教育中，教师关注审美反思能力的培养，形成自己对于审美的思考。其三，在审美教育中把审美经验放在一定的历史与社会条件下去考察。其四，相信学生能够通过自己的眼睛看到自己的生活世界。其五，教师在审美教育中有着重要的作用。

但是，从教育因素上看，影响审美教育的因素从来不是单一的学生因素，还不能忽视教师与教育资源的因素，尤其教师审美教育个性化的现实存在，这是学生在审美教育中进行有效判断和能力提升的重要前提与保障，否则审美教育会因为教师的模式化教育而表现出同质化，反而弱化了学生的学习主体地位，减少了审美教育的有效性。教师缺失审美教育的个性化也就使教师缺少了对审美的个性解读，缺少了对学生审美判断评价的特色性标尺，学生审美的平台也就缺失了与教师的有效合作和有意义的沟通，被刻板的固定结论取代或者被学生随意的感受、体验所取代，这并不是审美教育的目的，学生的审美情感与潜能因为没有有效的指导与沟通而没有得到深度激发。

二、基于体系、模式探究和特色实践的国内研究

新世纪以来，国内有关审美教育各方面的研究与相关论文无论从数量还

是质量上来讲，较此前都有突破性的进展，越来越注重教育过程，强化了对审美自由、感受与判断的关注。根据中国知网的记录，自2009年以来，关于审美研究的博士论文有227篇，涉及政治、音乐、艺术、体育、音乐、美学、教育学、文学、德育等学科与专业，仅2013年就有21篇。但是，其中缺失关于审美教育与个性化教育的研究。目前，审美教育相关基本理论层面的研究主要集中在以下几个方面。

（一）关于审美教育的研究

国内审美教育一直以艺术教育和学科教育为平台和载体。艺术教育一直承载着审美教育的实践任务，教育部在2014年1月发布的《教育部关于推进学校艺术教育发展的若干意见》（教体艺〔2014〕1号）中提出，要实施素质教育，改进美育教学，提高学生审美和人文素养，促进学生健康成长，明确新时期审美教育的发展方向。本书基于学科教学和教育学视角关注审美教育，对审美教育和语文审美教育的目的、价值、内涵、本质、特征进行梳理与评析。

1. 审美教育目的

审美教育目的是教师开展审美教学工作的指导与要求，国内部分学者主要围绕审美主体、人格、能力等视角开展具体研究。

叶春平在《美育基础》中提出，美育的目的是提高人的审美感受能力；蒋冰海在《美育学导论》中指出，美育的根本目的在于全面地培养人；毛宣国在《美学新探》中指出，美育的核心就是培养完整的人格和全面发展的人；李刚在《语文美育的目标与任务》中认为语文美育应该达到培养良好个性和健康人格的目标；张效民在《美育与中学古典诗词教学》中认为美育的目的是要培养全面发展、具有健全而高尚人格的人才；杨斌、蔡明在《关于语文教学美育的对话》中提出要把学生个性自由、人格的全面发展当作美育的根本目的，要在素质教育的框架下进行美育目的研究，以素质教育的总目标为美育的目标；张万有在《语文教学与审美教育》中认为美育的任务旨在培养和提高人们在现实世界（包括社会和自然）以及文艺作品中感受美、鉴赏美和创造美的能力，陶冶人们的情操，提高人们的生活情趣。

2. 审美教育价值

审美教育价值主要表现在思维与精神境界两个角度。

张楚廷在《美育在教育中的地位问题》中从美育与德育的差别和联系的角度批判了伦理美学观中涵盖"善"的错误观点，指出了美育在发展思维、激发创造等方面的独特作用。

顾明远在《苏霍姆林斯基教育思想的现实意义》中阐释了苏霍姆林斯基的美育思想，进一步廓清了美育与德育的区别，重申了美育的独立价值，认为所有德育手段不能达到的精神世界，美育的手段都能触及它。

3. 审美教育理论体系的构建探索

赵伶俐教授致力于美育科学体系的构建，在《当代美育研究的主要课题与问题》中从七个方面对中国美育研究的主要课题及在这些课题中存在的主要问题进行了梳理：对美育价值的全面认识、美育理论系统的建立、美育传统与现实的衔接、美育研究科学化、美育研究的实践性、美育与现代化、市场经济。《论美育的科学化——兼论整个教育构成的科学化》更是从理论系统化、实验化、数量化等三方面提出了美育学科的建构和研究的科学化问题。

美育内容的相关研究有所突破。长期以来，美育内容三因素说普遍为人们所接受，理论界与实践人员都是从"自然美、社会美、艺术美"等美的因素去进行美的体验、鉴赏与教育。如周冠生在《美育的今天、明天与昨天——对美育概念及其在教育中地位之我见》中列举了对美育界定的四种最具代表性的观点。四种代表性的观点均采用三因素说。他认为美育是运用艺术美、自然美、社会生活美来培养受教师正确的审美观念和感受美、鉴赏美、创造美能力的教育。近年来，理论界对美育内容的认识有所拓展，出现了四因素说。如林绿茂在《美育在人的全面发展中的重要作用》中认为，美育内容应包括社会美、自然美、艺术美、科学美四个方面。

在此基础上，张楚廷教授在《美育在教育中的地位问题》中提出了美育内容的五因素说。他把心灵美增为美育的内容，而且肯定了美育在塑造美的心灵时的感染力量。在谈到音乐、美术知识对人的素质的重要影响时认为它们是直接表现人的心灵的知识，它能唤起心灵的震撼，能更直接地进入心灵。因为人也按照美的规律来构造，既构造对象也构造自己，所以美学因素在让知识进入心灵并成为心灵的一部分中起着特殊的作用。艺术教育能在心灵中留下一份永远挥之不去的感染和印记。人是用心灵去作用于对象的，在美育内容有了艺术美、自然美、社会美、科学美的基础上增加心灵美具有突破性的意义，它弥补了以往美育内容构成中人类自身美的缺失，完善了美育内容理论。

4. 审美教育的内涵、本质与特征

对美育的内涵、本质、特征进行探讨的学者较多。如周庆元、胡绪阳在《走向美育的完整》中确定了美育的两个基本维度：审美教育和立美教育，丰富了美育的内涵，有突破性意义。卢世林在《美育的本质与创造能力的培养》指出美育的本质在于自由创造。认为审美和创造能力密不可分，美育的功能应该从德育的遮蔽中凸现出来，把艺术和审美还原为生命力的充盈与创造，把陶冶情操还原为自由游戏。蔡春、邱德雄在《论审美教育的感性规定性》中从审美活动中美感的角度提出审美教育首先是一种感性教育。

张正江在《中华人民共和国美育的命运》中重新厘清了我国建国以来美育的历史、发展趋势、成熟、问题及各种影响发展的因素，他指出美是事物生命自然或自由地显现。美育的本质就是涵养和培育学生生命力的一种教育。美育的目的在培养自由生命。美育的价值在于使人的生命充满朝气与活力，获得自由。

5. 将审美教育实现于教育美学

陈建翔的系列论文对教育与美的内在联系进行了深入的考察，旨在构建教育美学"立美育人"规律，具有较强的实践品格。其代表性论文《教育美学视野下的教学操作艺术》论述了从教育自身的创造规律来理解和把握美的问题。但研究者对教育美学的理解并不一致。第一，教育美学主要是教育上的美学借鉴。王大桥在《语文教育美学观》中认为，语文教育的美学借鉴应该是精神层面的，强调以自由创造为内涵的审美精神应成为语文教育的灵魂。第二，用生命美学的观点来分析教育美学问题。孙俊三的《从经验的积累到生命的体验——论教学过程审美模式的构建》、杨四耕的《当代新基础教育的生命美学观及其方法论意义》、王敏的学位论文《走向生命观照的美的教学观》都体现了这一观点。第三，关注审美化的教学模式建构。如查有梁的《"审美—立美"教学模式建构》，让人们在诸多教学模式中看到了审美化教

学模式的新趋向与新特点；杨成、李子运、邵敏在《基于电化教学之美研究》中，专门探讨了现代教学技术与教学美学的结合问题。第四，学科教学美学的建立。如宋其蕤在《语文教学美学论》中，着力于语文学科的教学美学的意义与内涵建构。

（二）关于语文审美教育的研究

审美教育是我国教育体系中的重要内容。2010年中共中央、国务院印发的《国家中长期教育改革和发展规划纲要（2010—2020年）》在第一部分"总体战略"的第一章"指导思想和工作方针"和第二章"战略目标和战略主题"中均对美育、审美情趣做出的明确说明。从审美教育的重要性上看，"战略目标和战略主题"指出，要"促进德育、智育、体育、美育有机融合，提学生综合素质，使中学生成为德智体美全面发展的社会主义建设者和接班人"。

1. 生命美学是审美教育的本义

从当前国内审美教育的理论发展看，学者关于审美教育的理性思考已经开始关注"生命"的意义与内涵。已经有学者，如孙俊三，注意用生命美学的观点来分析教学美学问题。一直关注生命教育的肖敬在《浅谈生命教育读本》中提出，生命教育是以生命为核心，以教育手段，倡导认识生命、珍惜生命、尊重生命、爱护生命、享受生命、超越生命的一种提升生命质量、获得生命价值的教育活动，让青少年认识生命和珍惜生命成为这一活动的重中之重。

以生命美学为审美教育重要观点的学者认为，生命教育既是一切教育的前提，同时还是教育的最高追求。因此，生命教育应该成为指向人的终极关怀的重要教育理念，是在充分考察人的生命本质基础上提出来的，符合人性要求，它是一种全面观照生命多层次的人本教育。生命教育不仅只是教会青少年珍爱生命，更要启发青少年完整理解生命的意义，积极创造生命的价值，尊重、热爱他人的生命。

2. 构建特色性的审美实践模式与方法

著名教育家于漪提出，审美教学要基于学生审美实际，要有持续的潜移默化的教学关注与渗透，在美的情感的"润"字着力。她强调挖掘文章内在的思想性，揭示其寓含的深意；强调反复鉴赏学习内容的关键词句，感受和体会其中蕴含的思想与情感。在此基础上，选择更适合学生的角度激发学生的情感。其中，她还强调根据不同的情境变换问题角度，选择最佳契机与切入点，引导学生感受与思考；强调创设情境，引导学生置身情境，感受和体验美。查有梁在《"审美—立美"教学模式建构》中提出审美教育的一般模式，从立美的过程与角度完成审美的目的。在审美教育实践方面，在学校审美教育过程中出现了许多校本性特点的实践研究，例如，宋其蕤在《语文教学美学论》中，从课堂教学中出现的审美问题观照审美教育的一般意义与目的；李吉林的情境教学法则直接从教学方法与方式的角度上提出个性化的教学原则与策略，等等。

3. 对审美教育各环节进行多元与理性化梳理

在学科审美教育的发展中，有许多关于中学语文的系列研究专著，集中对语文审美教育的目的、意义、价值、内涵及策略进行介绍与评点。代表性的理论有张永昊、周均平编著的《语文审美教育论》，甘其勋的《文章学与语文审美教育》，区培民的《语文教学中的审美教育》；万福成、李戎的《语文教育美学论》，等等。

另外，还有学者从哲学和美学层面对教育美学、课堂美学进行理性梳理，其成果如戴树英的《师范教育工作者与教育美学》、郑钢的《关于建立教育美学的构思》、陈建翔的《美育是教育的一种境界》、钟以俊的《教育美学简论》、何齐宗的《教育美学——一门亟待发展的新学科》、叶学良的《教育美学》、钟以俊和焦凤君的《教育美学导论》、周继尧的《课堂美学初探》、蒋冰海的《审美教育学导论》、杜卫的《审美教育论》、冉铁星的《贫困的教育美学》，等等。

综观这些论述，从教育规律看，语文审美教育中学者们关注审美教育的功能、审美的意识、情趣、方法、方式、策略等。这种关注使审美教育有了比较鲜明的发展方向和比较坚实的实践与理论研究基础，对语文审美教育的发展非常有益。另外，在实践层面上，学者们尤其关注了对审美教育过程中教学主体、教学环境、教学氛围、教学过程、教学方法、教学意境等方面的理性思考与界定，有了一定意义的实践尝试，并力求构建一个相对清晰的教学模式，意义是积极的，体现出了一定意义的教育活力并为审美教育的深入发展提供了理论契机。这与《课标（实验）》所提及的审美教育的内涵与功能是相适应的，从中可以看出，语文审美教育反对灌输，主张保护和发展学生的审美个性、情趣、感知与创造力。这是教师在审美教育中要遵循的教育原则。

但是，值得注意的是：第一，至今为止还没有研究者们对基础教育中美的独特内涵进行观察、分析与描述。学生审美的内容与范畴模糊，审美层次与境界缺失描述，有必要进行探索与澄清。第二，没有对教师审美教育个性化问题进行研讨。在教育要素的关系研究中，或者关注单一的知识与技能，或者是关注学生学习的主体地位，或者是关注学生个体审美个性、情趣与创造力，或者是生命美学，或者是学科美学，等等，而审美教育从来不是受单一因素影响的，还有美学因素、教育因素、教师因素、学生因素、资源因素，有社会与时代发展的因素、文化因素等。审美教育是个复杂的问题，其发展轨迹是非线性的，没有单一规则，应该综合考虑教师、学生各方面因素，实现师生、生生审美教育深度的共鸣和个性化理解。缺失教师审美教育个性化研究将使审美教育行为单一指向学生，教师在教学中没有成为参与因素之一，师生双方将无法有效形成审美共识，课堂教学将出现同一性特点，学生审美趣味与情感的激发缺失适合的审美平台。从这个视角分析，教师的审美教育个性化对于审美教育不可或缺。第三，没有从教师视角对课程标准要求的审美理性和实践内容进行具体解析与研究，课程标准关于审美教育抽象的表述缺失个性化解读，直接影响审美教育的实效与发展。教师缺少明确的实践方向指导，缺少可操作、可持续发展的实践原则与策略。从目前的研究方向看，有必要提出一个明确的、符合审美教育实践需求的审美教育个性化特征和原则理念，改善教与学中存在的任意性和偏颇现象。

（三）关于审美教育个性化的研究

目前，国内没有从教育学和学科教学视角对审美教育个性化特征、实践原则和实施策略开展专门研究，部分相关研究主要集中在一些针对审美教育的评述性文章内。

1. 关注学生的审美主体地位和审美的独立性

有学者指出审美教育要融于课堂教学的诸环节中，要以学生为审美主体，尤其要关注学生本人对美的感受、体验、经验、能力水平，并且重视培养学生独立的审美教育能力。其成果如杨春时的《审美是超越的生存体验》、胡亚敏的《当代中国审美现象探讨》、王雪的《论萧红小说的审美个性化意蕴》、张小秀的《体验——审美教育的本体》、张泽科的《"美的教育"携手"美的人生"》、董军民和陈艳辉的《中学语文教学审美活动中的个性差异探析》、陈雪芬的《也谈珍视学生独特的阅读体验》等文章。

2. 重视营造审美教育氛围

部分学者运用美学的观点，指出教师在审美教育过程中要重视教育知识，关注学生不同的阅历、道德、意境、氛围、情韵、环境等问题，指出要在审美教育中注重培养学生审美个性化能力，营造审美教育氛围，激发热爱生活的情感，增强综合能力，让学生保持情感上的愉悦，主动将丰富而充实的心理渗透到生活中去，促进身心全面健康的发展。例如韩剑平的《教学语言艺术初探》、何燕的《培养审美个性化能力，树立中职生良好形象》等文章。

3. 积极培养学生的审美个性化与创新能力

有学者指出学生的审美能力要素包括学习、思维、实践、创造等各项能力及之间的关联，并通过这些去发现、甄别、选择甚至创新美的内涵，这个过程促进了学生个体审美思维的严密和完善，提升美育的创新水平。其成果如李如密的《国内外教学美学研究状况及存在问题》、孙明生的《巧用模糊审美培养创新能力》、薛富兴的《平实臻高境 广纳铸新基——读〈实践中的美学〉》、郑建芳和王焕梅的《论美育对人的创造力的培育》、郭启发的《个性化教育在音乐审美教育中的运用》、杨咏梅的《让语文课堂成为学生个性阅读的主阵地》、许书明的《兴趣、审美、综合性学习——在语文教学中实施美育的途径和方法》等文章。

4. 审美教育的反功利研究

有研究表明，审美教育要冲破狭隘的功利主义束缚，从美学、伦理学、心理学等方面入手研究个性化教育。另外，不把功利性作为审美教育的前提，使学生在自由和自然的情境中将审美能力与其他方面的能力结合，使之形成一个有机的整体，提高审美教育的实绩。例如曹连观的《文艺的德性：审美与伦理的耦合》、傅元峰的《想象力、个性化与审美蒙蔽》、张北坪的《当下审美教育的困境及其纾解》，还有汪洁的《自主品味：语文个性化的途径》、许秀侠的《学生个性化阅读行为的珍视与培养》等文章。

与审美教育、审美教育个性化相关的研究主要集中在四个方面：学生个体的主体地位研究、审美情境研究、个性化能力研究和非功利性研究。这些研究显示了审美教育中个性化教育对学生个体审美情感、体验、判断、境界与价值的作用，显示了个性化教育理论研究与实践价值，关注了学生学习的主体地位，更大程度上还原了美在基础教育中的内涵与价值，不将审美作为一种回答美的问题的技能，不将审美技能化，这对于审美教育的深入发展有较大的积极意义和现实意义。

但是，从教师开展审美教育个性化的角度看，还存在以下几方面的问题：

第一，研究者将教学美与审美教育个性化相混淆。二者虽有相通之处，但是研究的重点不同，教学美侧重于教学本身美的特征与意义，审美教育个性化是从教师角度出发，侧重于教师审美教育的"个性化"，通过教师审美教育个性化激发学生的审美情感与情趣，并从审美主体地位的角度进行自由、非功利性的审美。

第二，研究者只研究了学生个体的审美发展。总体而言，针对学生个性化能力的理论分析还只显现在美及审美的一个层面，关注了学生个体的审美发展，但是审美教育并不是学生单一因素的教育，它需要教师、学生、审美资源三方面的相互关联与支撑形成的教育合力。这与审美教育尤其是基础教育中审美教育需求有所脱离，学生的年龄特点与审美认知能力水平使他们在审美教育过程中还需要教师有特色、有针对性、个性化的引导、促进与鼓励，这正是教师在审美教育个性化实践中的角色内涵，现有研究在这些方面的针对性不强，没有满足实际需求，原理与实践之间的需求关系并不通达。

第三，缺乏工具性意义研究。相关研究侧重审美教育境界的意义与价值，侧重学生作为教学主体、审美教育作为教学本体的目的与意义，但是没有对教师角度审美教育个性化工具性意义进行说明。研究虽然积极关注审美教育个性化特点的道德、意境、氛围、意韵与环境因素,但是缺失教师审美教育个性化工具性意义的诠释与理性解析,重点关注的是美学及审美意义的价值探讨,对语文审美教育个性化实践的指导意义不足。

第四,缺乏创新性。相关研究没有在审美教育理论和实践策略上有所进步,主要还是围绕教学主体、教学环境、教学氛围、教学灵感、教学心境、教学意境、教学情韵、学生情感经历、教师审美境界、审美能力养成、审美经验的运用等方面进行研究,忽视了教师及教师个性化教育的创新性研究,致使审美教育只依存于课堂知识与技能教学,缺失教师关于审美的个性化意义的引导与示范、参与和评价。从这个意义上说,除却学生和审美资源因素,还缺失关于教师审美教育个性化实践角度的创新性研究,审美教育理论拓展与实践意义还有待于加强。

第五,审美教育个性化的特征与实践原则还缺乏研究。学者们在开展审美教育研究时,积极关注学生审美的个性化特点,研究审美个性化能力,但是对于教师审美教育个性化特征与实践原则缺乏研究。课堂教学"因材施教"的提法实际是一种有学科共性特点的教育原则,但是这种抽象意义的原则并不能促进和指引教师将自身教育理论水平、教育智慧与实践能力处于优化状态。缺失审美教育个性化特征与实践原则的厘清与判定,学生审美综合素养与个性发展则缺少科学性助力与平台,学生在审美教育方面表现出的独特性与创造性缺失科学激发与引领,审美教育过程同样缺少特色突出的交流与沟通,极易形成以同一化和公式化为特点的教学模式,失于科学性和实效性,亟待改进。

(四)相关启示

以上学者关于审美教育与教育个性化的判断所积极关注的对象是学生,这就使审美教育有了对象上的改变,即审美教育不是为了求取审美判断的同一性,也不是为了提升审美评价的应试分值,不是求得纯粹的审美教育知识与技能,而是从审美教育本身出发,充分考虑学生本身的因素,提高审美综合素养,促进个性发展,这个方向无疑是正确而符合当前学生审美教育主体地位特点的。

1. 坚持实现学生审美教育个性化过程中的主体地位

从教育的各种要素来看,学生是不可或缺或者漠视的,只有激发了学生的审美情感,充分关注学生的审美思维与体验,引导学生积极参与,审美教育才有实践性意义并能建构发展、创新的空间。在教育的视野中,人作为个体存在与外部世界形成五种关系：人与自然、人与他人、人与社会、人与对象、人与自我。审美教育就在这五种关系中构建自己的教学思想、体系和价值追求,促进教师自身的发展与进步,同时积极引导和促进学生的个性发展与整体审美素质的提升。

2. 坚持实现教师审美教育个性化教学

在各种错综复杂的审美教育关系中,教师是重要的因素之一。教师的科学参与和引导,使审美教育在可预期的教学过程与教学评价中实现师生的深度合作、沟通与交流,使审美教育过程成为师生不断完善自我、实现自身教学个性与特点的过程,同时也是实现学生学习主体地位,促进学生全面发展的过程。基于此,审美教育并不是为功利性完成教学目的而开展的,不执着于审美功利性目的,教师应有自己的审美情感体验和审美判断,有自己的审美教育原则与策略,与学生共同进行审美学习,进而引导和鼓励学生进行有审美意义的个性化感受与情感体验。从学生角度看,审美教育也并不包含功利性特征,其学习过程与教师的个性特点、能力、方式、方法形成紧密关系。因此,教师审美教育个性化要避免教育行为的随意化和纯粹的个体化,科学实现其特征和实践原则。

审美教育是一种审美活动,也是一种文化活动,实际参与到审美活动中来的人并非纯粹的自然人,而是将社会因素、自然因素与文化因素统一的人。在教育领域,现实生活中人的审美活动仅是一个逻辑起点,在审美情感体验和审美价值研究不断展开的过程中,审美客体、文化环境对教育审美活动起着重要的作用与影响,这种影响对于教师而言也现实存在。教师首先要把握和判断这种作用与影响,选择有利因素,根据自身的审美感受、感悟和判断确定审美教育内容、方式方法,并对学生进行引导与促进。这是教师审美教育个性化的起点,缺失这个起点,学生的审美独特性与创新性也就失去了助力。从这个意义上说,国外学者关注了审美教育中的学生与教师的作用,但是对教师角度的审美教育个性化却缺少实质性、针对性的研究与探索。

总体而言,从研究背景看,学生、教师、学科课程标准、以人为本的教育思想都要求改革当前的审美教育现状,加强审美教育个性化研究,提升教育价值与层次,推进学生综合素质的提高,促进教师专业化发展;从国内外审美教育相关研究情况看,尽管研究领域广泛,研究水平较高,但是对审美教育个性化的理论、实践探究与研析不足,无法对教育教学实践形成有效的理念与方法支撑,不能全面实现审美教育的目的与价值。

基于此,本书将就语文审美教育个性化开展具体研究,研究审美教育个性化的特征,探索实践原则,提示当前语文审美教育个性化存在的主要问题与原因,提出实施策略,深化与提高审美教育个性化中教与学的内涵及价值,提高教师专业化水平,推动学生全面发展。

第二章 审美教育个性化发展的逻辑基石

本书重点选择相关审美、审美教育和教学规律的理论作为理论依据,对本书涉及的理论与实践问题进行评析,提高研究的科学性、针对性与有效性;选取教育部门相关要求与规定作为实践依据,与理论相关关联,提升实践的效能与可持续力。

一、理论基石

本书将重点分析、借鉴与整合以下理论观点:
· 比斯莱关于审美和审美教育的相关研究结论;
· 康德关于美及审美的重要观点;
· 人本主义教育思想。

(一)比斯莱关于审美及审美教育的理论

20世纪美国著名学者比斯莱对审美及审美教育有深入的研究。他在四个方面的研究结论对本书的过程与结论有重要的启示:"自我实现"的审美功效、审美经验的五个特征、审美判断的普遍性标准、审美教育的四大分期。

审美经验的特征,更贴切地说是审美活动的特征。审美的特征未必都适合审美教育,但是其审美视角可以引为借鉴和实践。审美判断是教师与学生在审美教育中的结论,每位教师和学生都有属于自己的审美判断。基于此,关注审美判断的特点,教师选择更适合的角度激发学生的审美情感,进而将审美判断的功效最大化,这种选择无疑和教师个体对审美判断的认知水平相关联,充分体现着个性化特点。审美教育过程中,不同的年龄阶段、不同的学生群体,其审美特征不同,审美教育的原则与策略也不同,需要教师准确适宜地判断与选择,使审美教育更适合学生群体的特点,教育的针对性更强,最终实现学生审美的独特性与创造性。

比斯莱对于审美和审美教育的认识契合当前审美教育的要求,也符合以学生为主体的教育思想。

1. 审美"自我实现"的功效

审美教育过程中,审美活动的功效无疑是教师确定审美教育目的的重要内容,审美功效在审美教育中的真正作用、不同学生个性特点如何契合、如何实现审美功效等,都需要教师在审美教育前有所思考。

(1)审美功效内涵。

在比斯莱看来,在审美过程中,人们伴随产生的各种情感和情绪就是审美经验的效应,这给审美者一种特殊的感觉:随着自我的提升和发展,自己的人格更加完整和完美,因而更为自爱和自强。这种效应就是满足感。

比斯莱认为,用"满足感"(gratification)比用"快感"(pleasure)、"满意"(satisfaction)、"享受"(enjoyment)等文字更能形容审美功效。审美满足不同于那种一般意义的美好感受,这种特殊的满足在日常生活中是很少感受到的。正如比斯莱所说,日常生活中人们的经验要素很少能得到和谐的组织和结合,直到产生一种审美的满足感,这种审美满足感所达到的那种存在状态本身就是一种令人满足的快乐。这种情感是一种恰到好处的感染,对于审美者而言,这个过程就是"自我实现",即在情感和价值上形成一种自我扩展,这种精神状态是一种非常独特的快乐,这种快乐形成审美推动力,促使审美者可以深切感受和深味其中的情感内涵与意义价值。

(2)审美功效的益处。

比斯莱指出,关注审美功效,会有以下四个方面的益处:逐渐提高的敏感感受力;更加充分的注意力;与周围环境的更密切接触;对未来的事情和可能发生的事情的关心。

比斯莱关于审美功效的表述是清晰的,它同样有益于审美教育,同样体现在四个方面：

其一是教师通过审美教育逐步提升学生审美感受力。教师充分关注学生群体的审美特点与能力，关注学生的情感体验，引导学生关注自己的审美感受力，自由地表达，积极地体验。教师运用恰当的方式方法激发和提升学生的审美兴趣，进而逐渐增加感受的敏感度，产生审美的满足感。

其二是教师通过审美教育提高学生审美的关注力。审美和审美教育的目的与任务并不完全相同，后者有教育的思想、因素与行为，是一个学习、感受与判断的过程。教师要激发学生的审美兴趣，引导他们喜欢、关注美的事物与情感，引导他们进行一定层次的审美教育，这是提高审美感受力和判断力的基础。

其三是教师通过审美教育，使学生愿意与环境进行接触与沟通。这里的环境是广义的。与环境进行沟通，就是脱离自身的情感、理性桎梏，不局限于个体认知，而是吸纳他人有益成果，提高审美的视野，提高审美的层次。

其四是关注和热爱生活。这是审美教育终极性的目的。学会发现和判断生活中的美，是课堂教学中审美教育的目标，从对审美教育中审美对象的感受与判断，逐渐发展为对蕴含"美"的事物的感受与判断，这是重要的审美功效。

综上所述，学生四个方面的变化与发展有利于构建适合自身审美学习的方式方法，提高"自我实现"审美能力与水平，提升审美境界。这就是审美教育的方向，它可以拓展欣赏者审美的视野，提升审美感受力和关注力，对教师审美教育个性化而言，指明了教学可能达到的一种理想状态，是本书判断审美教育功效的依据。

2. 审美经验特征[①]

审美教育并不要求学生回避自身之前的生活、感情体验与经验，而如何使用这些经验与体验，同时又要有一定的原则，比斯莱在方面有比较清晰的描述，可以指导审美教育中教师选择适宜的教学方式方法，提升个性化教育

---

① 〔美〕拉尔夫·史密斯：《艺术感觉与美育》，滕守尧译，四川人民出版社1998年版，第72页。

水平。审美经验的五个特征为本书提供了审视审美教育过程中学生是否有美的感受、是否在感性和理性两方面有所收获的依据。

比斯莱指出，审美经验具有明显特征，但是当一种审美经验产生时，这些特征并不一定全部显现出来，只有第一个特征是必不可少的。这说明，审美经验的特征既有混合性，也有分离性。其混合性，是因为它是由几种不同特征组成的；其分离性，是因为虽然这些特征会不时地显现在普通的或者日常的经验中，但是审美经验本身是高度集中的，使得这种审美经验与其他经验严格区分开来。

（1）客体指向性。

是指审美者的注意集中于审美客体，感知审美对象各个组成成分的组合特点与表现出来的特征。在对一件优秀艺术品的审美过程中，审美者的注意力总是牢牢地集中于眼前出现的对象，对它的构成、形式关系、性质和语义诸方面进行自由的浏览和欣赏。

基于此特征，在审美教育过程中，教师首先要引导学生将审美注意集中到审美对象上，从形式、内容、关系、价值等诸方面感受审美对象中美的特征与意义，这种关注保证了审美教育的真实性、实践层次及价值。

（2）审美自由。

是指审美者的审美角度要从日常功利性中解放出来，达到一种暂时性的自由。

基于此特征，在审美教育过程中，教师引导学生关注个体体验和审美对象的客体存在，细致感悟并仔细判断。首先并不从功利角度例如带着具体审美问题、结论甚至成见进行审美，而是为了切实感受审美情感，体验美的存在，判断美的意义，升华审美的价值层次而进行审美教育，这有益于学生审美趣味与感受力的提升。其实，学生的审美经验提供了一定程度的自由，能够使思绪暂时不再受制于实际生活中的各种顾虑。这种从实际生活顾虑中的暂时解脱，也有助于释放与审美经验同时而来的超脱感，即人们通常所说的"非功利感"。

（3）超脱感和非功利心。

所谓的超脱感，并不意味着对审美对象失去兴趣，相反，审美者对自己功利心施行一定程度的压制，使自己的情感和心理与这种功利心保持一定的"距离"，即所谓"审美距离"或者"审美注意"。

基于此特征，在审美教育过程中，教师要注意帮助学生与审美心理预期、外界期望、实现学习预设目的等因素保持一定的审美距离，相对客观地进行审美学习。这里的审美距离并不是绝对的，而是指在审美学习过程中不要有先入为主思想、情感与判断，不是为了证明审美结论而进行审美。一定的审美距离就是指不为了审美教育而进行审美教育。

（4）审美的创新发现和理解。

这里的审美创新发现与理解是一种超越和完善，当审美者将眼前形式中各种相互冲突的审美因素排列和组合成有意味的式样、使之具备深刻的人文意义或表现特征时，会感到兴奋不已：审美者会感到思想与精神的澄明，有新的发现和理解。

基于此特征，在审美教育过程中，教师引导学生进行审美教育，并不是仅为了求得新的发现和理解，但是教师的审美教育个性化实践会在不同层面激发学生的审美兴趣与欲望，重新整合和审视相关审美因素与信息，观察其中的情感特征与意义，提高自己的审美情感与思想境界，进而产生个性化的审美判断，这就是一种新的发现和理解，这个过程本身也可以理解为一种审美角度的创新性发现与理解过程。

总之，审美经验的所有这些特征使它有了明显的两面性：既是超脱的又是参与的；既是自由的又是控制的；既是认识性的又是情感的。对教师而言，审美教育既不是一种简单的教学任务，也不是学生的自学作业，而是师生共同参与，共同完成的，旨在引导学生学会自主学习，进而建构有个性化意义的审美学习方式、方法与策略。

3. 审美判断的普遍性标准[①]

审美判断是审美教育的结论。在比斯莱看来，审美判断要依据三个普遍性标准。在进行审美判断时，批评家们一般愿意脱离开作品的性质而对一些

---

① 〔美〕拉尔夫·史密斯：《艺术感觉与美育》，滕守尧译，四川人民出版社1998年版，第2章。

与性质无关的审美因素进行判断，取代全面的审美。例如，一件作品是好的坏的，他们会认为这与是否体现了作者的意图、是否成功的表达了一种情感、是否新奇或者独创等等。显而易见，这些理由并不总是关系到作品本身的性质。通常，批评家们关注作品的起源、开端、背景和创作的意图，他们愿意涉及一些外在于作品的因素，比斯莱将这种影响作品的外在条件或者前提条件称之为影响艺术发生的"发生学理由"，应该说，这些理由可以解释一件作品为什么会具有某些特征，但决不能直接解释作品为什么是好的，它并不与审美判断直接相关。

据此，比斯莱提出了审美判断的三个普遍性理由或者说审美判断的一般标准即统一性、复杂性和强烈性三个标准。

（1）统一性。

在审美过程中，审美者认为一件作品具有统一性或者不具有统一性时，主要是指它组织或者排列的良好或者不好、形式完善或者不完美、有没有内在的逻辑等等，任何涉及"一个作品是如何组合在一起的"的描写，都必然指向这种"统一性"。这是对作品形式与逻辑的一种判断，有利于审美的深入推进。

审美教育过程中，审美对象的形式与逻辑作为客观存在，易为师生所分析与判断，这是审美教育个性化判断的起点，也是审美判断的重要内容。关注审美对象统一性的审美判断，会因形式与逻辑各种因素的影响而不同，教师有必要引导学生充分利用既有条件客观判断审美对象在统一性上的表现。

（2）复杂性。

在审美过程中，当审美者为自己审美判断提出的理由是作品中含有丰富的对比（或者相反），制作精细或者微妙（或者相反）时，都是指作品的复杂性而言的。

审美教育过程中，审美对象的各类与形式各异，在形式、内容、情感、价值等诸方面都有着不同的特征，存在着丰富的对比，更有细节上的表现，教师引导学生体验、感受、分析审美对象的细节，研究不同特征，进而做出审美判断，才是合理的和有依据的。

（3）强烈性。

在审美过程中，当审美者认为作品富有活力（或者相反）、生动有力（或者相反）、美（或丑）、温柔、幽默、具有悲剧性、雅致、富有戏剧性时，便是指审美判断的强烈性。

审美教育过程中，学生审美强烈性是显而易见的，这与审美感受有相同之处，但是，判断审美对象的强烈性，需要有审美的因素支持，在审美学习中，这是一种理性和感性的融合而得出的判断，教师可以引导学生感受与体验审美对象的强烈性，甚至进行示范，支持学生进行审美判断。由于这三种标准特征都可以在优秀的作品中找到，但是不一定同时拥有统一性、复杂性和强烈性三种典型特征。因为当它缺乏其中一种性质时，其缺陷或许因为其他两种性质很突出而得到平衡和弥补。

本书选取统一性、复杂性和强烈性这三个标准，就是针对审美教育中不同审美对象所表现出不同审美特征的状况而言，教师在进行审美教育时，可以依据这三个标准判断审美资源所蕴含的美的特征，选取适合自身审美个性、适合学生审美学习与生成的内容进行审美预设，提高审美教育的层次与境界，并不只停留在感受层面。这也是本书提出审美教育策略时所依据的判断标准。

4. 审美教育的四大分期

比斯莱在研究审美教育的不同阶段时，非常清晰地对学生不同审美学习阶段的特征进行了说明，提出了审美学习的重点与应具备的能力，是本书判断学生审美学习行为合理性和判断教师审美教育个性化行为有效性的出发点。其主要观点有如下几方面：

（1）审美教育分期。

比斯莱将审美教育从幼儿园到12年级分为了四个阶段，并研究了每个阶段学生进行审美学习的具体特点。

表1：比斯莱关于审美教育的学年分期及特征表述

阶 段	学 年	特 点
第一阶段	幼儿园至3年级	对世界的审美性质作非正式的探索，熟悉艺术品和艺术世界。
第二阶段	4至6年级	发展出一种对艺术品的知觉技能，继续深入到艺术世界中。
第三阶段	7至9年级	发展出一种历史意识，具有一种在西方文化和文明的背景中思考的能力（但要在与非西方文明对比的情况下进行）。
第四阶段	10至12年级	发展出一种对选择出来的艺术杰作的批评性欣赏能力，具备了审美判断的标准，能对某些美学问题进行讨论。

其中，第四阶段是阶段学生进行审美教育的行为特点。比斯莱的研究认为在这一阶段（10至12年级），学生将围绕优秀作品进行审美学习的核心，深入感受、体验、感悟和判断作品中美的内涵与价值，发展学生的审美判断能力。

（2）教师发挥引导作用。

学生要在教师的引导下学习所选择的审美对象或者内容。作为审美教育典型的对象与内容，均有足够的复杂性和丰富性来维持这一阶段上学生对它们的耐心、感受、判断与探究。在探索审美对象独特的审美性质和意义时，审美活动必须由教师和学生自主或者合作进行，因为此时的学生既有进行审美讨论与判断一般性水平与能力，同时仍然不能完全熟练地运用各种比较艰深和复杂的审美技能，还不拥有完全意义的审美情感境界。

阶段语文审美教育的成功，将在很大程度上取决于教师为课堂教学中的审美教育选择的审美对象的适合性，取决于教师的个性化教学方式与方法，以此充分发挥和激发学生审美能力水平和审美潜能。更重要的是，审美教育过程中学生的注意力不能过于分散。因为在这一特定的审美发展阶段，教学的主要目的是使学生熟悉审美对象的独特性，感受和感悟其中的感性与理性认识，这种判断能力可以通过教师审美教育个性化实践获得，这也是本书判断审美教育过程中教师行为是否得当的标准之一。

（3）学生具有审美判断的能力。

批评性判断是阶段审美教育的注意焦点。教师必须引导和促进学生在审美感受、体验能力在审美理性超越感性进行判断的基础上,达到对审美对象的美的性质与特点的深层认识。学生要熟悉审美判断的具体标准和方法,学会自主、个性化的审美判断,并能提供明确的原因证明判断的结果。学生必须学会重视他们作为个体进行审美判断所负的伦理责任。这意味着审美判断的能力与层次要逐步提升,逐渐形成对审美对象的准确和全面的感受、体验、理解和认识。

在此阶段结束时,学生就应该具备比较成熟的审美知识、态度、情感、认识与判断。

(二)康德关于美及审美的理论

美学家康德有三个重要的观点:美是统一知性与理性的桥梁;审美自由论;审美的"无目的的合目的性"。这三种观点对本书的启示与指导意义较大。一般而言,在审美教育过程中,以下三个问题是教师要正视的:如何对待学生的审美共通性和审美个性;如何将学生的主观感受、体验和客观理性的感悟、判断相融合;如何分析存在于审美对象内抽象的美的形象与情感。

康德三种关于美及审美的观点帮助教师思考和解答了上述问题中审美共通性与审美个性的问题和审美情感与境界的超越问题,并在教师审美教育方式方法的有效性和针对性上提供了实践视角——了解在什么时候,什么方式进行怎样的引导、参与或者示范。简而言之,康德的美学理念在美的判断方法、审美自由和美的个性化解读等角度对本书有所启发,使教师在理解和分析审美教育个性化的特征与原则、感悟"美"的意蕴时,指向性更清晰、更科学。

1. 审美共通感

审美教育是教师通过适合的个性化的方式方法激发学生对美的情感,形成对美的感悟与判断,力图将感性与理性融为一体,形成理性对感性的超越。这正是康德对美的判断。他认为美是统一真与善、知与意、自然与自由、知性与理性的桥梁,这是康德《判断力批判》的主要观点,成为贯穿康德美学思想的中心线索。我国学者曾繁仁曾通过下表解释康德的美与真、美的关系:

表2：曾繁仁关于"美是真与善桥梁"观点的分析

	真	美	善
领域	自然（现象界）	艺术	自由（物自体）
凭借能力	知性力	判断力	理性力
先验原理	合规律性	无目的的合目的性	最后目的
心理机能	认识（知）	情	欲求（意）

由上表可见，由感性认识过渡到理性认识，就必须通过一个主体共通感的中介，即主体的审美判断力。从这个意义上说，审美对象形式所表现出来的美不是通过一定的概念来规范的，而是由审美主体的通过感受实现的，这种感受不仅是个人的，而是具有普遍性，人人共同感到美的存在、意义和价值，这就是审美共通感。美是独特的情感领域，严格说，康德由美或偏于感性或偏于理性的两者对立转变到感性与理性的统一；由在此之前基本属于哲学范围的美学研究转变到重视主体体验的审美心理研究。

基于此，审美教育有两个既矛盾存在，又互相支持的因素，其一是审美共通性，其二是审美个性。将自然与自由联系起来的艺术（美），需要具有普遍性，人人共同感到美的存在，这是美的存在基础，每个人都可以体验得到，都可以感受；另一方面，存对自然和自由二者的融合，这是个性化的审美认知，人对自然和自由的领悟与理解水平决定着对美的个性化判断水平，而张扬和强化对美的个性化判断，也将提高对美的理解层次、能力与水平。换言之，教育中教师的审美教育不仅要引导学生关注可感受的感性的美的存在，还要引导学生思考美的理论内涵与价值，期间，教师的审美判断与学生的审美情感要在师生间、生生间产生共鸣，有共通感。在此基础上，需要有更高的理性与感性融合的角度审视美的存在，就要求教师根据不同的审美制约条件对审美教育方式方法有所选择和取舍，体现审美教育个性化特点而不是同质化，否则，无法在更深层次取得审美理性与感性的统一与共鸣，美成了孤立了存在，审美教育就失去了应有的意义与作用。

2. 美在自由

在观照美的形态时,教师要注意审美的自由性,其实美的本身就是一种自由。德国古典美学最基本的一个范畴就是"美在自由"。温克尔曼认为艺术之所以优越的最重要原因是有自由;康德认为没有自由就没有美的艺术,甚至不可能有对于它正确评判的鉴赏;席勒认为当艺术作品自由地表现自然产品时,艺术作品就是美的等等。康德"美在自由"说,虽然是众多美学理论之一,但却是在一定意义上揭示了关于美的一个基本规律,就是所谓的美既不完全在于单一的理性,也不完全在单一的感性,美所表现出来的是在理性与感性之间存在的一种自由关系。这种自由关系的内涵是丰富而深刻的,它并不仅指关系上的"和谐",因为,从"和谐"关系的本质看,它是指由此形成的感性与理性的直接统一,这种融为一体的"和谐"只是自由关系表现形态之一。这里要指出的是,康德认为在对美的内涵的理解关系上,理性对感性的超越可以产生一种不受各种既定条件束缚的自由感,这种自由感就是所谓的崇高感,它也是美的表现形态之一。从对自由理解的本质上看,康德"美在自由"的观点与马克思主义美学之间存在着重要的渊源关系。马克思主义美学继承了"美在自由"说中感性与理性对立统一及由此产生自由关系的观点。

基于此,审美教育的过程就是教师与学生共同完成的对美的感受和判断的过程、审美理性对感性超越的过程。在这个过程中,审美并不需要一种模式或者公式,而是让学生自由的感受与审视,感受自己的情感,审视自己的结论,形成审美的境界,教师则要给予更广阔的审美空间,但是以何种原则和策略搭建审美空间,教师要有个性化的判断与选择,面对不同的审美对象,能够选择不同的教学因素,参与、引导和帮助学生感受理性对感性的超越感,实现审美自由,体会美的自由,达到审美的高层次与高境界。

3. 无目的的合目的性

审美教育过程中,人们习惯捕捉审美对象中美的形式,进而产生美的情感体验。在审美教育中,学生们通过感悟美的形式、美的情感,进而理性判断审美对象蕴含的美的思想、精神与价值,既有美的熏陶,又有美的境界。为实现这种审美的境界与价值,教师要有适合的方法与原则引导学生感受和判断审美对象中"美"的形式与内涵。

康德认为:"关于一个客体的概念,只要包含着这个客体的现实性的根据,就叫做目的,而一个事物与各种事物的那种惟有按照目的才有可能的性状的协调一致,这叫做事物的形式的合目的性。"[①]康德提出的"无目的"是指审美主体没有将任何客观目的作为审美的前提,也就是对审美对象的存在没有任何实际的、预设的利害要求。在此前提下,"合目的性"就是在审美过程中,审美对象的形式适合了审美主体的主观认识能力的需求,从而引起的直接的审美愉悦。在文艺创作中,作者具有一种审美的目的性。审美的目的性就是作者在进行艺术创作的过程中意识到对象的某种功利性,但却依然在保持距离的基础上对其持有审美的态度与情感。这种以某种功利性为基础和特点的审美情感与态度贯串于艺术创作与审美欣赏活动的全部过程,以充分实现艺术创作的审美意义和艺术感染力。但是审美活动不同,它不同于艺术创新,如果审美过程变成审美主体实现某种直接功利性目的的自觉行动,那就必定缺失审美中美的距离感和艺术欣赏的"间离效果"从而使美及审美成为了功利性的存在。从审美表现形式来看,文艺创作并不是将逻辑思维自觉地直接地表现在概念或者作品中,而将前文所述的有目的性和无目的性进行整合,统一表现在文艺创作之中,既有功利性的目的,又不直接在显示在作品形象之内。相应的,审美就是要透过功利性的目的,感受和判断不受干扰的非功利的无目的的美的情感与形象。从这个意义上说,所谓的形象是主体对客观世界思维的直接产物,但是它决不是主体对客观对象的纯粹、单一的感性再现,而是包含某种理性或者目的性的内容。这种内容在艺术创作中需要隐藏,要从艺术作品所表现出来的场面与情节中自然而然的显示出来。也正如钱钟书先生所说:"理之在诗,如水中盐,蜜中花,体匿性存,无痕有味。"[②]

基于此,对开展审美教育的教师而言,审美教育的目的就是确立学生学习的主体地位,激发学生审美的感情力与表现力,提高和促进审美素养及个

---

① 〔德〕康德:《判断力批判》,李秋零译,中国人民大学出版社2011年版,第14页。
② 钱钟书:《谈艺录》,中华书局1984年版,第231页。

性的发展,使审美教育成为一种自觉的活动、有意识的实践。所谓"合目的性"就是教师并不简单设定有倾向性的审美目的、审美学习策略和审美学习方法,而是在教师本身积极、主动、个性化的参与下,引导学生进行一种能动、自觉和有意识的审美学习,不断提升审美意识和判断水平,这个过程自然合乎审美教育的目的。例如在教学设计或者教学过程中,会有较多的预设空间和生成空间,教师应该支持并积极引导学生参与审美的预设与生成,并不能认为预设与生成会偏离审美教育目的,教师引导与参与下以学生为主体的审美教育,其过程本身就是必然是合乎审美教育的目的性的。从这个意义上说,教师要注意分析师生角色与教学特征,使之形成审美推动力,审美者并不是单纯因为好奇或者兴趣进行审美,也不是为最终寻找到审美问题的解决方法、为满足这种功利欲望而进行审美,简单地说,审美者是被审美历程本身所收获的没有利益欲望的愉悦所推动,师生合作,互为启发,互为资源,理性与感性结合,深入进行审美感受和判断。同样,在审美教育中,在激发学生审美兴趣的基础上,引导学生在审美教育的过程中,不断感受和体验美的存在与内涵,这是有价值有意义的。一方面,审美教育要引导学生不断体验和感受审美对象的感性存在;另一方面,审美教育还要引导学生思考、探究和判断感性形式之背后的理性存在,通过对审美对象理性的分析与判断实现审美的超越性,对于教师而言,同质化的审美教学设计与无助于学生审美超越性的形成,不会提升审美兴趣;教师自身也要体会审美超越性的存在,审视可以利用的审美教育因素,体会审美教育中的个性化设计,更大限度的引导学生在课堂教学中实现审美活动理性对感性的超越。

(三)人本主义教育思想

人本主义教育思想张扬人的个性,促进人的自我实现。通过整合人本主义教育思想,明确关于人"自知"和"自我实现"的理念诉求,有利于深入推进审美教育个性化的理论研析进程,丰富和拓展"个性化"的理论内涵与外延,进而开阔审美教育个性化的理论研究视野,全面地指导关涉审美教育个性化的实践过程。

人本主义的研究取向则是由内而外的，其核心理念表现在两个方面：其一，人是不可分割的整体，必须从完整的人着眼才能真正了解人；其二，任何人作为个体都有自己的意愿与需求，有自己的经验与能力。简而言之，人具有共同的道德标准和价值观，共同拥有真、善、美、正义、欢乐等内在本性，自我实现的关键在于改善人的"自知"或自我意识，使其认识到自我的内在潜能与价值。同时，人的自我实现是基本需求，可以自由表达自己的思想和感情，进而促进个性的健康发展，成长与发展是人与生俱来的自然倾向，有创造性、主动性，可以自主进行能动的选择。本书对人本主义关于教育目的、教师观和学生观的相关观点进行了分析与整合。

1. 教育目的

人本主义教育思想强调教育的目的是促进人的个性发展，认为教育的根本目的就是引导和帮助他人认识到自己的独特性，最终实现潜能。马斯洛认为："教育要依靠学生内在驱动，充分开发潜能，达到自我实现的学习。这是一种自觉的、主动的、创造性的学习模式。"[①] 罗杰斯也提出教育要培养"全人"或者"功能完善者"，他说："只有学会如何学习和学会如何适应变化的人，只有意识到没有任何可靠的知识，只有寻求知识的过程才是可靠的人，才是真正有教养的人。"[②]

从人本主义教育目的中可以清晰看到人本主义重视学生表现出来的个人价值观与个别差异，强调推进教育是要发展和强化学生的"自我"意识，教师的重要作用就是引导和帮助学生推动"自我"意识的形成并且促进"自我"价值的实现。人本主义教育思想所提及的所谓"自我"是指学生个体在与他人和社会的各种关系中逐渐形成的教育、理想、理智、情感、能力、需要等方面的具体特征；"自我意识"则是指个体对自己在上述各方面情况的理解，其中包括与社会环境的关系理解，对自己特点的综合理解等等。简而言之，人本主义教育强化和放大了学生的个性化发展意识，认为教育和教学的过程就是学生自主性、个性化发展的过程。其中强调凸显个性，而非互相类似。

---

① 陈琦、刘儒德主编：《当代教育心理学》，北京师范大学出版社2007年版，第204页。
② 陈琦、刘儒德主编：《当代教育心理学》，北京师范大学出版社2007年版，第205页。

2. 师生观

人本主义教育思想对教育过程中的师生关系作了新的理解与判断，支持和确定学生作为个体成为教育教学的主体和中心，反对由学生群体代替个人，反对将学生个组织化。人本主义教育思想积极关注每一个学生个体，认为学生个体具备自主选择和个性化判断能力，学生要认识到自己是自由的个体，是承担责任的个体。

新时期的教师角色应该区别于传统教师，不再以认知和测试成绩为唯一重点，不坚持所谓的正确答案，而是引导、帮助学生积极探索学习对象的未知世界和多种可能性；教师还应该是一位"促进者"，促进和帮助学生的个性化发展，而不是传统教育中对学生的知识教育和填压式讲授。教师是学生学习与探索的组织者、引导者、促进者和鼓励者。

3. 教学观

人本主义教育思想教学观积极强调学生的学习主体地位，要求以学生为中心，充分适应和满足学生的各种学习需要，积极激发学生的潜能，进行自主式、个性化和创造性学习。在教学过程中，"以学生为中心"，学习内容、方法、方式均由学生决定，强调让学生亲自体验，在体验中感受、发现和明确收获，以此促进学生的"自我实现"，这是人本主义教育目的对教学目的的明确要求。马斯洛认为，有必要让人们学会直接地用新鲜的目光检验现实，而不是只研究别人的实践结果，因为经验是不可由别人代为获取的。

罗杰斯同样提出，"学习原则的核心是让学生自由学习。只要教师信任学生，信任学生的学习潜能，并愿意让学生自由学习，就会在与学生的交往中形成适应自己风格的、促进学习的最佳方法"。"教师的角色是学习的促进者，学生自身具有学习的潜能，促进者只需为他们设置良好的学习环境，提供各种学习资源，使他们知道如何学习，他们就能学到所需要的一切。"[1]

人本主义教育作为一种教育思潮，一直对教育包括语文审美教育在内的教育教学工作产生了巨大而深刻的影响，有益于学生整体审美素质的提高，有益于审美个性的张扬与发展，有益于激发审美学习潜力与兴趣。

---

[1] 陈琦、刘儒德主编：《当代教育心理学》，北京师范大学出版社 2007 年版，第 206 页。

二、实践基石

本书的实践依据是中华人民共和国教育部颁行的《普通高中语文课程标准（实验）》（以下简称《课标（实验）》）。

《课标（实验）》由教育部组织制定，于2003年正式颁行，具体指导语文课程的实践教学。它既体现了前瞻性的教育理念，又是学科教学实践智慧的结晶。在组织编写过程中，全国各地多位教育专家和学科专家参与了编写，充分借鉴了多元智能、建构主义和人本主义等理论，借鉴了多个国家基础教育优秀教育案例，并研究了国内先进地区的教育教学经验，是集理论指引与实践要求于一体的学科实践纲要。其中，在课程性质、基本理论、课程功能及教学建议模块中对审美教育提出了明确的目的要求。在审美教育个性化研究过程中，本书将其作为审美教育个性化实践依据，力求保证实践研究的科学性、系统性和公平性。

《课标（实验）》由三部分组成，即前言、课程目标、实施建议。在前言的"课程性质"中，《课标（实验）》指出"语文课程应进一步提高学生的语文素养，使学生具有较强的语文应用能力和一定的审美能力"，直接明确审美在语文教学中的重要作用。另外，《课标（实验）》从课程目标、教育功能、教育目的、教学要求和评价等角度对审美教育理性、感性实践提出了明确的要求。本书对《课标（实验）》中与审美教育个性化相关的这些要求与信息进行梳理与整合，并以此作为分析和评价审美教育个性化的实践依据。

（一）课程目标

《课标（实验）》将课程目标分为五个方面：积累和整合、感受与鉴赏、思考与领悟、应用与拓展、发现和创新，并在每个方面都提出了明确的要求。其中，感受与鉴赏、思考与领悟两个方面直接提出了审美教育要实现的课程目标。从课程目标的要求可以发现，在感受与鉴赏方面，教师引导学生通过感性思维开展审美学习；在思考和领悟方面，教师则从理性思维角度引导学生进行审美学习。将感性与整性的融合，正是审美教育个性化的直接要求，深入研析课程目标有益于确定审美教育个性化的审美价值和基本过程。

1. 强化感受与鉴赏

在"感受和鉴赏"方面，《课标（实验）》明确提出，语文课程要引导学生在审美情感、审美境界、审美情趣、审美修养等方面加强感性意义的体验与判断，实现提升与发展。师生通过"阅读优秀作品，品味语言，感受其思想、艺术魅力，发展想象力和审美力。感受艺术和科学中的美，提升审美的境界；通过阅读和鉴赏，陶冶情性，深化热爱祖国语文的感情，体会中华文化的博大精深，追求高尚情趣，提高道德修养"[1]。这段表述凸显了教师通过审美教育培养学生审美力、审美境界的重要性，同时也说明审美情感、情趣和修养是审美感受和鉴赏的重要内容，而情感、情趣和修养都指向个体意义，对于教师而言，只有积极利用自身特点与条件，开展个性化、特色化教学，给学生自主、个性的学习空间，使学生成为学习的主体，积极主动地进行审美和判断，其审美情感、情趣和修养才会得到提升，这也是审美教育个性化目的之一。正如《课标（实验）》所指出的，"对未知世界始终怀有强烈的兴趣和激情，敢于领异标新，走进新的领域，尝试新的方法，追求思维的创新、表达的创新"[2]。在审美教育中，教师要引导学生强化审美感受与鉴赏，积极拓展与强调形象思维和逻辑思维，学习多角度多层次地审美感受与鉴赏，从文本中发现新意义，获得对优秀作品常读常新的体验；学习用现代的观念和发展的眼光审视审美作品的内容和思想倾向，提出自己的看法；在执着的探索中，逐步养成严谨、求实的学习作风，既能尊重他人的成果，也勇于提出自己的见解。这对教师的审美教育思想、原则、策略提出了更高的要求，要求教师要提供更多的适合学生学习的平台与资源，这不是模式化、同质化教学

---

[1] 中华人民共和国教育部：《普通语文课程标准（实验）》，人民教育出版社2003年版，第6页。
[2] 中华人民共和国教育部：《普通语文课程标准（实验）》，人民教育出版社2003年版，第7页。

可以达成的目标,而要体现个性化、特色化的教学意识与特征。

2. 强调思考和领悟

在"思考与领悟"方面,《课标(实验)》明确提出,审美教育要在审美价值、时代精神、审美理想等方面加强理性意义思考,提高思考与领悟层次和能力。

在"思考和领悟"方面,《课标(实验)》要求:"通过阅读和思考,领悟丰富内涵,探讨人生价值和时代精神,以利逐步形成自己的思想、行为准则,树立向上的人生理想……养成独立思考、质疑探究的习惯……进行交流和思想碰撞,加深领悟,共同提高。"[①]可见,在"阅读和思考"等审美教育环节中,要致力于使学生形成自主、独立的思想和行为准则即个性化的学习思想与行为,教师需要提供有针对性的、个性化的教学情境与设计,根据学生群体及个体特征设计审美问题。师生都要养成个性化的思维与意识、个性化的方法与方式,在阅读和思考中加强交互,教学相长,共同提高。

(二)教育功能

《课标(实验)》对审美教育的教育功能有具体要求:育人功能、促进能力发展、实现学生的自主学习和"自觉"审美功能。这是对审美价值、能力与方式的功能解说,有益于审美教育个性化功能目标的确立,有益于推动和实现审美教育个性化实践过程中学生的均衡、全面和个性发展。

1. 实现育人功能

育人功能强调学生精神境界与情感态度、价值观的提升与发展。《课标(实验)》强调教师开展审美教育要以生为本,实现育人功能,通过个性化、特色性的教学使学生通过优秀文化的浸染,塑造热爱祖国和中华文明、献身人类进步事业的精神品格,形成健康美好的情感和奋发向上的人生态度,"进一步提高学生的语文素养,使学生具有较强的语文应用能力和一定的语文审

---

① 中华人民共和国教育部:《普通语文课程标准(实验)》,人民教育出版社2003年版,第6页。

美能力、探究能力,形成良好的思想道德素质和科学文化素质,为终身学习和有个性的发展奠定基础"[①]。从中可见育人功能集中于"文化与精神品格、情感与态度、能力与素养"等方面,力求为学生的发展奠基。

2. 促进能力发展

促进能力是要求审美教育在知、情、意等方面的全面发展。在语文教学中,审美教育强调学生的审美能力,强调师生双方的个性发展,而教师的个性化审美教学则是实现学生主体学习地位、实现学生个性发展的前提。《课标(实验)》对审美教育教学基本理念有明确而清晰的描述:"注重语文应用、审美与探究能力的培养,促进学生均衡而有个性地发展。审美教育有助于促进人的知、情、意全面发展。文学艺术的鉴赏和创作是重要的审美活动,科学技术的创造发明以及社会生活的许多方面也都贯穿着审美追求。未来社会更崇尚对美的发现、追求和创造。"[②]其中,重点提及个性发展、全面发展、审美、美的发现追求与创造等教育教学要素和实现这些教育教学要素的态度与要求,这是学科教学目的设计的基本理念和基本要求,要求教师通过有针对性、个性化的教育教学实践给学生提供审美学习平台,在教师个性化教育的教学实践中,学生获得适合的审美时机,唤醒审美情感,激发个性意识,促进学生自主学习、合作和探究式学习,最终将理性与感性认识融合,提升整体审美素养。这种教育功能也是衡量审美教育开展情况的重要依据,引导教师与学生共同开展有创新及探索意义的审美教育。

3. 实现"自觉"的审美功能

"自觉"的审美功能强调主动性与个性化。《课标(实验)》指出,"语文具有重要的审美教育功能,语文课程应关注学生情感的发展,让学生受到美的熏陶,培养自觉的审美意识和高尚的审美情趣,培养审美感知和审美创造

---

① 中华人民共和国教育部:《普通语文课程标准(实验)》,人民教育出版社2003年版,第1页。
② 中华人民共和国教育部:《普通语文课程标准(实验)》,人民教育出版社2003年版,第2页。

能力"①。从审美教育功能的角度分析，审美教育中的情感、意识、情趣、能力、创新性的激发与提升都是基于教师的个性化教育和学生的"自觉"而展开和实现。教师审美教育要适合自身的教学个性与能力素养，适合不同学生的意识、情趣、能力与创新性要求。教师根据个性化视角创设个性化教学课堂，既面向学生群体，又引导学生个体深入情感品味与判断。其重点是教师通过个性化教学选取学生需要的角度促使学生"自觉"意识觉醒，并且有"自觉"的审美学习行为，这是实现审美教育功能的起点，是教师审美教育设计与实践的原则之一。

（三）教学要求

《课标（实验）》从整体把握、个性化鉴赏和学习内容等几个方面提出了明确的教学要求。这些教学要求都指向了审美教育功能和目的的实现。而实现这些功能需要教师开展审美教育个性化实践，提供丰富而广阔的审美学习平台。

1. 整体把握

整体把握是指教师引导学生对审美对象思想、观点和情感的全面把握。《课标（实验）》要求教师引导学生拓展审美视野，"从整体上把握文本内容，理清思路，概括要点，理解文本所表达的思想、观点和感情。关于发现问题、提出问题，对文本能作出自己的分析判断，努力从不同的角度和层面进行阐发、评价和质疑"②。从中可见，整体把握的内容是审美对象的思想、观点与感情，在教师关注与引导下，学生通过语境揣摩、材料阅读予以实现。教师的这种关注与引导是个性化的交流与引导，有针对性且适宜，这才能贴合学生审美教育的实际需要。另外，作为文本中情感的

---

① 中华人民共和国教育部：《普通语文课程标准（实验）》，人民教育出版社2003年版，第2页。
② 中华人民共和国教育部：《普通语文课程标准（实验）》，人民教育出版社2003年版，第7页。

载体，文本解读是整体把握的切入点，但并不是审美教育的终极目的，不能以文本解读来替代审美教育。简而言之，教师要通过个性化教学引导学生对审美进行整体把握。

2. 个性化鉴赏

审美教育中的个性化鉴赏凸显了探究性与创造性两个方面。《课标（实验）》要求教师引导学生积极开展探究性阅读和创造性阅读，充分调动自己的知识积累和社会生活经验，在主动积极的审美思维和情感活动中，获得独特的感受、体验和理解。学生阅读的过程，其实就是发现和建构作品意义的过程。教师采取个性化的、有针对性的审美教育方式与策略鼓励学生用自己的情感、态度、经验、视角去感受、体验作品，对作品作出自主性的判断与反应，对作品中引起情感共鸣且有深刻感悟的部分作出积极反应和富有超越、创新色彩的鉴赏。在审美鉴赏过程中，教师注意培养学生创新性思维能力。对作为审美对象的各类文学作品的解读，不必也不应强求同一化答案模式与标准，不统一审美判断模式，不统一情感认识，引导学生进行适合自己的有审美兴趣的审美鉴赏。另外，《课标（实验）》还要求教师充分关注学生的审美态度，树立健康向上、积极的审美态度，注重学生自身的审美感受与体验，积极接受美的情感的陶冶与熏陶，在教师的引导、参与和自身的努力下养成高雅的艺术趣味和高尚的审美理想。

3. 学习内容

学生审美学习内容主要由感受、体验、领悟、思考、判断、反思和启迪组成，每个内容环节都需要有教师的个性化参与，引导和促进学生从主客观统一的角度审视审美对象，既有个体感性意义的解读，又有理性意义的判断，这是审美教育个性化的教学要求。从《课标（实验）》的要求看，在审美教育中，教师要引导学生感受形象，品味语言，领悟作品的丰富内涵，体会其艺术表现力，有自己的情感体验和思考，受到感染和启迪，并能努力探索作品中蕴含的民族心理、时代精神，藉以了解人类丰富的社会生活和情感世界。

（四）教学评价

教学评价是成功开展审美教育的保障，有诊断、引导和发展等作用，为教师开展教学活动提供方法与手段，也为学生审美学习提供明确和有效的发展方向与助力。教学评价不是教学内容，而是保证教学内容得以实现的方法。教师在审美教育过程中个性化审美评价帮助学生及时吸取和借鉴学习经验，促进整体审美素养和审美个性的发展。《课标（实验）》对教学评价的实践有单独的表述，明确提出了四项原则。

1. 评价的根本目的是为了促进学生语文素养的全面提高

评价的方式方法灵活多变，但是从根本目的上看，是为了促进学生语文素养的全面提高。语文素养，按郑国民在《新世纪语文课程改革研究》中的解释，从知识与技能角度看是各项语文技能；从过程与方法看，是学习策略、体验与反思；从情感、态度、价值观看，是语文学习兴趣、思想情感、品德修养、审美情趣和个性、人格。语文素养也包含着审美教育的各种素养，教师评价学生在审美教育过程中的各种表现，力求进一步提高学生的语文应用能力、审美能力和探究能力，全面提高学生的语文素养。既然评价的对象是学生和学生的语文素养，在评价过程中，需要教师充分关注和了解学生，对其审美学习过程及判断有所关注和引导，从而使审美教育评价具有全面和个性化特点。总体而言，审美教育评价要突出教师的个性化评价手段与方法，突出对学生的学习行为的诊断与引导，提高学生的语文素养，从知识和能力、过程和方法、情感态度和价值观等方面进行全面考察。

2. 评价应以课程目标为基准，面向全体学生

对于审美评价而言，需要的是一套完整的固定标准和准则作为评价的参照系，基于语文学科的人文性特点，审美教育无法直接用量化标准来评价，而且因为审美强调理性与感性认识融合而无法使用固定标准。因此，《课标（实验）》并未将教育目标、内容和方法规定得过于精细，不能为了实现操作性而丧失科学性。但是，为了保障评价的准确性和发展性，《课标（实验）》提出要以课程目标为评价基准，面向全体学生。以课程目标为基准，以积累和整合、感受与鉴赏、思考与领悟、应用与拓展、发现和创新等五方面为评价视角，基于感受与鉴赏、思考与领悟的相关要求，开展审美教育评价。在评价过程中，教师强化个性化评价，抓住关键，突出重点，在保证达成基本目标的基础上，尊重学生的个体差异，关注学生的不同兴趣、不同表现和学习需要，同时，评价要有利于鼓励学生在审美教育过程中的创造性和自主性，促进每个学生的健康发展，教师根据学生个体差异和个性化要求，采用灵活多样的评价方法。

3. 评价要充分发挥诊断、激励和发展的功能

评价应充分发挥其诊断、激励和发展的功能，不片面地强调评价的甄别和选拔功能。审美评价重在激发学生提高语文素养的热情，有利于教师发现学生在审美学习上的优势，在此基础上提出有针对性的发展建议，同时反思自己的教学行为，不断调整和完善教学过程，促进自身的发展。其中，诊断功能关注学生的审美学习过程；激励功能关注学生的审美学习态度和兴趣，激发学习情感；发展功能则关注学生整体审美素质、个性意识能力与审美能力与水平的发展。诊断、激励和发展是审美评价的重要功能，一方面教师要坚持在审美教育过程中实现这三种功能；另一方面教师要认识到这三个功能的终极目的是实现学生语文素养的综合提升，实现全面发展，不能为了评价而评价，也不能无原则评价，要坚持评价从基准出发，根据需要，具体实现三种功能或者其中的某一种功能。

4. 提倡评价主体的多元化

简而言之，在教育教学过程中，学生是学习的主体，教师是参与者和促进者，教师要充分发挥评价的诊断、激励和引导功能。但是评价的行为逻辑是以评价作为反馈，使评价真正成为学生审美学习过程的组成部分。学生及教师均是评价的主体，《课标（实验）》提倡教师、学生共同积极参与评价活动，多主体参与，实施生生互评、教师评价、学生个体自我评价、小组评价等方式，共同提高和实现评价的功能。要指出的是，《课标（实验）》提倡评价主体多元，这是一个原则，并非为了实现评价主体多元而使每次评价都是多元主体，这既是时间的浪费，也不能实现评价的功能。教师还是要根据实际评价需求，在总是评价主体多元化原则的指导下，选择适合的评价主体及

内容。审美教育个性化更因为凸显教师教学个性而使评价灵活多变，总体有利于实现学生的学习主体地位，实现审美教育目的。

总之，《课标（实验）》是语文教学依循的教学实践规范，直接指导语文审美教育的具体实施。在课程目标、教学功能、教学要求、教学评价等诸方面为审美教育个性化提供功能与价值的界定依据，又从实践角度提供了可供借鉴和参考的内容与策略，原则与方法，是本书的实践依据。

第三章 审美教育个性化核心语词界定与甄别

依据语文审美教育个性化研究的历史与逻辑基石，本书将对相关核心语词进行厘清与界定，并对审美教育群体性化和个性化内涵进行甄别，力求勾勒出清晰的审美教育个性化的应然逻辑。

一、核心语词界定

语文审美教育个性化研究关涉审美、审美教育、个性化教育、普通教育、普通语文教育、语文审美教育个性化六个核心语词。本书拟借鉴学界对以上概念的相关表述，同时，根据康德、比斯莱关于审美及审美教育的理论，根据人本主义教育思想和《课标（实验）》的实践要求，对上述六个语词进行界定。

（一）审美

审美一词起源于希腊，本意是通过感官的知觉。袁鼎生在《教育审美学》中提出，审美既是感性的，又是超越感性的，是在感性中体验到积淀着的理性内涵。

《辞海》则认为，审美亦称"审美活动"，是人所进行的一切创造和欣赏美的活动、构成人对现实的审美关系、满足人的精神需要的实践、心理活动。是理智与直觉、认识与创造、功利性与非功利性的统一。

在教育学的视角下,本书认为,审美是在感性与理性、主观与客观矛盾而统一的基础上,感受、追求、领悟和判断美的情感、内涵、精神价值与意义的主观活动。

(二)审美教育

从广义的角度审视,美育是利用一切审美价值对人进行的教育。这些审美价值包括艺术美、自然美、社会美(含科学美和技术美)以及德育、智育、体育中的审美因素。例如蔡元培先生在1930年商务印书馆出版的《教育大辞书》所撰写的《美育》条目中为美育做出了定义:"美育者,应用美学之理论于教育,以陶养感情为目的者也。"

上海市普陀区教育局1989年颁行的《中小学美育实施纲要》指出:"审美教育,是培养审美意识和审美能力的教育活动。"

《中国大百科全书》中定义美育是"培养学生认识美、爱好美和创造美的能力的教育"。

本书采取《辞海》对审美教育的界定,即"美育亦称审美教育或美感教育,是关于审美与创造美的教育。通过对艺术美、自然美、社会美的审美活动和理性的美学教育,使人树立正确的审美观念,培养健康的审美趣味,提高对于美的欣赏力与创造力"。

(三)个性化教育

《国家中长期教育改革和发展规划纲要(2010—2020年)》(以下简称《规划纲要》)指出:"关心每个学生,促进每个学生主动地、生动活泼地发展,尊重教育规律和学生身心发展规律,为每个学生提供适合的教育。""适应国家和社会发展需要,遵循教育规律和人才成长规律,深化教育教学改革,创新教育教学方法,探索多种培养方式,形成各类人才辈出、拔尖创新人才不断涌现的局面。"《规划纲要》中多处提及应当因材施教,将全面发展与个性发展统一起来。这些均为个性化教育提供了政策依据。目前关于个性化教育的概念表述大致有以下几种。

其一是因材施教说。孔子曾经主张针对学习的人的志趣、能力等具体情况进行不同的教育。这个概念从宏观理念分析是合理的，从教育思想和行为看符合个性化教育规律。但是对"材"与"教"的内涵界定还不清晰，从时代、社会发展与人自身的发展要求看，对"材"与"教"内涵的丰富性与差异性还没有统一的看法与认识。

其二是个性教育说。这是心理学派的一种看法。他们认为个性教育就是要充分注意学生的差异，承认学生在智力、社会背景、情感和生理等方面存在的差异性，了解其兴趣、爱好和特长，并根据社会要求适应其能力水平进行教育，使之得到发展，反对强求划一式的教育。这个定义是将学生个性发展作为教育的重要内容，个性对于学习个体是一种自然而现实的存在，但是单一关注学生个性明显具有局限性，其间还缺少教育的规律、缺少教师和教育资源等相关因素的共同作用，角度过于单一。

其三是合理匹配说。美国学者卡罗尔认为个性化教育是学习者个性特征与学习环境之间努力达到的一种平衡，即学习者个性特征与所学知识、概念、行为方式、学习环境、激励系统及习得性技能之间的一种合理匹配，是一个连续的过程。这个定义描述了个性化教育的组织过程，但是，"合理匹配"与教师、教学资源、师生关系、学习方式、教与学的环境等方面的因素之间有何种关系，在合理性上没有进行说明。学生的学习主体地位不能因为放大"学"的合理性而抹杀"教、教什么和怎样教"的合理存在。另外，从实施方式和方法上看，单单讲求"学"的因素无法完成教学目的。

其四是系统说。国际个性化教育协会中国理事会会长曹晓峰教授在《个性化教育原理与方法》中提出系统说。这个定义在2008年国际个性化教育协会学术会议中被采纳为标准定义，同时也被国际个性化教育协会中国理事会、中国个性化教育研究院学术专家委员会共同确定为个性化教育的标准定义。系统说非常繁复，简单说，就是帮助被教育对象形成完整独立人格和优化自身独特个性，释放生命潜能，突破生存限制，实现量身定制的自我成长、自我实现和自我超越的教育和培训系统。系统说非常完整地概括了个性化教育的内涵，但是对基础教育而言，这个定义又过于繁琐与宏观。在教学情境中实现个性化教育,还要充分考虑教与学相关具体因素制约,定义的指向性需要再清晰些。

综上所述,本书同意冯建军提出的定义,即"个性化教育是面对独特的生命个体,通过适合每个独特生命的手段,挖掘个体生命的潜能,促进每个生命体自由发展的教育"[①]。从这个意义上说,"教育就是要在每一个个体独特生命的基础上去促进他们的成长、发展和完善……要让教育为个体而存在,创设适合个体独特生命的个性化教育,是教育对待生命的最基本的态度"[②]。

(四)普通教育

本书采用教育部在2003年颁行的《普通高中课程方案(实验)》中对普通教育的定义:"普通教育是在九年义务教育基础上进一步提高国民素质、面向大众的基础教育。普通教育为学生的终身发展奠定基础。"[③]《普通高中课程方案(实验)》同时指出,阶段的学生"初步形成正确的世界观、人生观和价值观……学会收集、判断和处理信息,人有初步和科学与人文素养、环境意识、创新精神与实践能力"[④]。这要求在普通阶段的教育中,教师要关注以下两个方面的问题:

首先,基于学生分析和解决问题的能力,教师要改变整体式教学和模式化教学的特点,关注学生的学习条件与能力,同时关注自身的教学能力与相关条件,最大限度的开展适应学生发展,适应整体素养提升的个性化教学,给学生提供更广阔的学习平台与空间,提供更多的学习自由。其次,普通教育是面向大众的基础教育,要为每名学生的学习与发展奠基,基于学生已经具备了独立思考、鉴赏和判断的能力,这要求教师既要关注每名学生,又要提供开放性的教学设计,引导不同学习能力与特点的学生进行学习,既满足

---

① 冯建军:《论个性化教育的理念》,载《教育科学》2004年第2期,第14页。
② 冯建军:《论个性化教育的理念》,载《教育科学》2004年第2期,第12页。
③ 中华人民共和国教育部:《普通高中课程方案(实验)》,人民教育出版社2003年版,第1页。
④ 中华人民共和国教育部:《普通高中课程方案(实验)》,人民教育出版社2003年版,第1页。

学生群体需求，又满足学生个体发展的需要。总体而言，教师要采用个性化的教学方式、方法，充分发挥引导的能力与作用，成为学生学习的参与者、合作者和促进者。

（五）普通语文教育

基于本书对普通审美教育的诠释，同时根据《课标（实验）》在语文课程基本理念中的描述"审美教育有助于人的知、情、意的全面发展"。普通语文审美教育就是在普通教育阶段开展的以促进学生知、情、意全面发展为目的的，有语文学科特色的审美和创造美的教育。它通过理性与感性融合的审美教育，将使学生树立正确的审美观念、培养自觉的审美意识和高尚的审美趣味，培养审美感知力、欣赏力和创造力。这段定义强调学生群体的审美素养的发展，给教师明确了审美教育目的。但是，要指出的是在审美教育中，观念、趣味和鉴赏力都不是一般意义的知识与技能，既有主观意识存在，也有客观审视的要求，教师要避免将审美教育归于知识教育，也不能为了完成教学目的而只从主观角度进行审美感受，这都将无法实现审美教育的基本任务。

（六）语文审美教育个性化

审美教育通常可以从社会和个体两个角度进行审视。从社会的角度看，是指教师根据一定的社会标准与要求，有目的、有计划、有组织地对学生施加审美的影响力，使他们形成符合社会与时代审美价值标准的审美态度、能力与境界的过程。从个体的角度看，正如是特朗里的定义，教育是成功地学习知识、技能与正确态度的过程，审美教育就是使学生个体通过审美感受情感的愉悦，形成正确审美价值观，提升个体审美综合素养的教育过程。从语言描述看，行为主体指向了教育要素中的"学习者"。但是对"教师"而言，还缺乏观照。在审美教育过程中，教师除却要明了审美教育目的和肩负的促进学生审美情感与能力发展的使命外，还要具有实现这个使命的知识、技能与态度，教师要有对审美教育的过程、条件、影响因素个性化的理解与把握，能根据自己审美教育个性化理念及对于自己身心发展、审美能力、综合素养及时代社会发展状况或者趋势的认识,来参与、引导和促进学生审美情感、能力与境界的发展、提升。对教师审美教育个性化的研究与探讨也就是对他们内在审美教育态度与外在审美教育行为特征的研究。

1. 基本概念

本书认为,语文审美教育个性化是指在一定社会和教育背景下的语文审美教育过程中,教师根据自身、学生及审美对象的特点,以个性化的"教"为手段,引导学生进行多元而深入的审美学习,提升审美趣味、态度、直觉感兴力和判断力,提高审美综合素养,完善人格的教育方式。

教师通过关注自己和每一名学生情感、体验、审美智力水平、审美态度及方式方法、审美价值、时代及社会发展特点等相关信息,在教学过程中确定适合的师生角色,选择不同的教学方式,合理预设审美问题,充分利用审美资源,拓展生成空间,使不同发展特点和水平的学生都能受到有针对性的关注与支持,激发审美潜能,完善审美人格,促进学生自主、独立、创造性发展的审美教育过程。

2. 语文审美教育个性化目标

为使语文教学中深入推进审美教育个性化,达到预期的效果,教师应该实现以下五个目标。

(1)逐渐养成比较全面而宽广的审美教育理论素养与思维视野。

教师进行有目的的、比较系统的审美教育理论学习与积淀,既对美学主要理论有基本的了解,也对审美教育专家的观点有所整理,对审美教育的基本特征与实践原则有一定认识与理解,逐渐学会正确理解美与审美的价值与意义,逐渐深入了解审美教育的目的、发展方向与特点。同时,教师逐渐理解和具备一定的审美教育的实践理论,能对《课标(实验)》进行个性化意义的解读与思考,对其中的课程性质、理念、设计思路、目标、教学建议和评价建议比较系统的认识与探析。既有整体了解,又对各教学环节与内容有个性化解读与思考。通过美学、审美和审美教育理论的学习和对实践理论的研究,逐渐养成比较全面且个性化的审美教育理论素养,有效指导审美教学。

教师有比较开阔的审美教育思维视野，正确认识师生关系并能科学进行教学角色定位。清晰的认识到学生是审美教育主体，教师则通过积极参与审美学习，采取适合师生共同学习的方式方法，引导和促进学生语文素养的提升，促进审美个性与能力的发展。

（2）积淀并逐渐掌握扎实的审美教育个性化实践技能和评价方法。

教师逐渐积淀与提升语文及审美教育相关知识与能力水平，扎实掌握和灵活运用个性化实践技能与评价方法。通过审美教育个性化实践，教师在教学设计、内容选择、问题生成、方法选择、资源开发与甄别、合作交流等方面有比较全面和富有个性意义的实践技能和坚实的学科专业基础，既有较强的语文专业知识与审美技能，又有个性化的审美鉴赏视野与技巧，有较高的审美品位与追求，可以多元参与学生审美学习过程。同时，教师能够积极整合、提供和利用审美教育相关资源，鼓励、支持和参与学生的学习过程，帮助和引导学生正确收集和个性化甄别审美教育资源，充分利用各种途径开阔审美教育视野，为提高审美教育的实效性提供知识与资源的保障。另外，逐渐掌握适合的评价方法，在评价主体、评价方式与内容、评价基准与原则方面有所积淀和创新。

（3）形成审美教育个性化的教学习惯与风格。

教师积极思考审美教育的个性化方式、方法与经验、规律，在审美教育中充分体现教师的教学个性与综合素质，积极开展个性化教学，形成个性化的教学习惯与风格。

教师根据教育基本理论和美学理论，根据《课标（实验）》，根据自身教学个性与审美视野、境界、能力与水平，根据学生的综合素质水平和学习能力科学、不断总结个性化的教学习惯与风格，适合学生的需求。

在审美教育个性化实践过程中，教师积极思考，了解教学的个性化特征，从情感、态度、价值观等方面理解审美对象的丰富内涵与价值意义，理解其中蕴含的时代精神与审美意蕴，养成审美教育的责任感和使命感。同时能够引导学生养成积极探索和审美质疑的习惯，养成个性化思考与实践的习惯与意识，积极推行个性化的审美教学风格，恰当选择个性化的审美教学内容与资源，选取个性化的审美问题进行解读与探索，选择适合的评价方式，诊断、完善和促进语文审美教育个性化发展。教师以个性化的"教"促进学生个性化的"学"。

（4）坚持引导和鼓励个性化的审美感受与判断。

为积极参与、引导和帮助学生进行个性化的审美感受与判断，教师要逐渐学会热爱、关注自然与生活，有正确的价值观、世界观与人生观，注重自身的思想、实践与个性发展，能够有独特的审美习惯、方法与视野。具有良好的审美态度、感受力与情趣。坚持阅读与鉴赏，感受美的事物蕴涵的思想、情感和艺术魅力，有个性化的感性认识视角，能够从个性化的角度对美进行深入的感受与体验，有独特的审美心得。同时，在个性化的审美感性认识基础上，用一定的教育和审美理论视角审视和评价感性认识，深刻、理性地思考和判断美的意义与价值所在，提升审美境界与道德修养水平，尤其是学会从感性和理性两个角度、从理性超越感性并与感性融为一体的角度进行个性化审美，感受美的存在，探索审美的价值。

（5）激发和培养审美超越与创新的意识与方法。

教师不断引导和鼓励学生有勇气和方法探索审美教育个性化超越与创新的内涵与策略。

教师加强教学反思并强化审美超越与创新意识。积极尝试适合自身和学生的审美态度、审美关注点、审美感受与体验、审美理性判断等角度，关注审美教育实践中教与学的方式，选择个性化的审美教育内容，营造适合的个性化审美氛围，主动参与、引导和鼓励学生进行审美情感体验、归纳总结，并从审美理性角度对感性认识进行质疑、判断、反思，实现审美超越。

二、审美教育群体化与个性化的甄别

在审美教育中，实现学生主体地位、充分提高学生对审美的认识能力与实践水平、科学选择教学与评价方式都是实现审美教育功能的重要前提，而实现这个前提的条件则是区分群体化与个性化的内涵差异，科学选择教学方式。从教学过程看，审美教育群体化与个性化在教学思想、教学目标、教学行为、教学价值等方面有明显的区别。

（一）意义甄别

群体。按《现代汉语词典》的解释，群体是泛指本质上有共同点的个体组成的整体。从词语内涵看，有三个关注点：一是本质上有共同点；二是有共同点的个体；三是整体。这说明群体首先关注本质上的共同点，不同个体基于本质的共同价值追求是其本质内涵，个体的不同特征与个性特点并不在其内涵观照范围内。其次关注有共同点的个体，即以共同点为视角，以有同点的个体的价值实现为重点。第三是关注整体，以整体利益发展为导向。总体而言，群体将共同点作为价值实现点。

审美教育群体化。从教育学角度审视，群体化教育关注群体同一性特点的存在与发展，以实现群体共性教育价值追求为特征的教育方式，它将个体组织化，严格来说，这将使个体的教育意义与价值都被群体所取代。在审美教育过程中，教师根据学生群体表现出的同一性特点的需求为需求，这是同质化教育行为的基础。教师自身的个性化教育思想、个性与条件并不作为审美教育要素出现，学生个体的需求与个性的发展也不是审美教育目的。

个性。在教育学的视角下，个性是显示个体多种素质总和的个体的独特性。一方面个性是个体综合素质的总体表现；另一方面个性还是个体的本质所在。首先，个性是人性观、发展观和特殊性的集中表现。欧美的教育流派主张个性包括：个人区别于动物性、工具性的人性；个人在生理、心理和社会各方面的和谐发展；每个人先天或者后天潜在的或者现实的特殊倾向和志趣。日本则在经过频繁的教育改革后指出，个性就是独立的人格、生理心理的独特性和创造性思维能力。总体而言，首先，个性关注了人性观、发展观和特殊性。其次，个性是共同性、唯一性和发展性的集中表现。我国学者对个性的说明有自己的观点，有代表性的例如冯建军提出，每个个体的生命都是独特的，是唯一的，不可重复的。

审美教育个性化。目前关于个性化教育有因材施教说、个性教育说、合理匹配说、系统说等内涵界说，本书采用了冯建军提出的定义："个性化教育是面对独特的生命个体，通过适合每个独特生命的手段，挖掘个体生命的潜能,促进每个生命体自由发展的教育。"[1] 从这个意义上说,个性化教育过程就是要在师生个体独特生命的基础上促进共同成长、发展和完善,让教育为个体意义而存在,创设适合师生个体独特生命的个性化教育。审美教育个性化同样关注教师和学生个体意义的成长,在审美教育过程中,教师以自身独特的教育理念与方式促进学生个体的成长、发展与完善,满足学生个体多元化的审美需求,实现教师及学生个体的存在意义和价值,教学相长。

从上述内涵来看,群体化关注群体共性的存在,显示同一性特点,因为不了解学生个体情感状况而倾向于关注审美及审美教育的共性价值;个性化关注师生个体角度的审美学习意义与价值,倾向于理性与感性双重角度的审美认知,关注审美共性及个性价值的共同实现。另外,审美教育群体化教学中,教师以学生群体的同一需求为需求,教师自身的审美学习个性与特点并不主动介入审美教育过程,学生因为个体需求被群体同一化需求取代而失去审美兴趣,不能有效实现审美学习的主体地位;审美教育个性化则要求教师以学生群体及个体的需求为需求,结合自身个性与教学特点,关注学生个体发展,关注基于个体充分觉醒意义下的学生发展,教师自身的审美学习个性与特点主动介入审美教育全过程。

(二)角度甄别

从认识角度看,在师生角色、学习目的和学习方式等方面,审美教育群体化与个性化存在明显区别。从前者角度看,教的意义在于满足群体的学习需求,针对共性问题展开同一化教学,而且为了求得教学效益的最大化而保持模式化、一元化教学;从后者角度看,教的意义在于使教师自身和学生两个方面受益;前者教师没有将自身个性与特点列入教学因素,而是关注教师群体同质化的教学模式,后者以学生需求为主,教师自身也列入教学因素,以教师个性化的教引导和促进学生个性化的学。简而言之,审美教育群体化教学凸显教师的同一化要求,有同质化特征;审美教育个性化凸显教师教学

---

[1] 冯建军:《论个性化教育的理念》,载《教育科学》2004年第2期,第14页。

个性，有个性化特征。

　　根据《普通高中课程方案（实验）》（以下简称《方案（实验）》）和《课标（实验）》的具体要求，普通课程改革要求教师树立正确的教学角色意识，在审美教育过程中以学生为本，学生是学习的主体，教师是学生学习的参与者、合作者、促进者；审美教育力求在知识与技能、过程与方法、情感态度与价值观方面使学生形成并提高语文素养，提高学生审美整体素质，促进个性发展，学会交流和合作，积极创新与实践。例如《方案（实验）》在培养目标中指出，"使学生具有终身学习的愿望和能力，掌握适应时代发展需要的基础知识和基本技能，学会收集、判断和处理信息，具有初步和科学与人文素养、环境意识、创新精神与实践能力"[①]。《课标（实验）》在课程的基本理念中也强调全面提高学生的语文素养，充分发挥语文课程的育人功能。很明显，上述要求的目标指向是两点，一是学生的全面发展、均衡发展，二是学生有个性的发展。实现上述发展目标的前提是教师的个性化教学，这才能充分关注并实现每名学生的需求。群体化力图按照教师群体既有的同质化教学模式推进学生群体的发展，但缺失教师和学生的个性关注与发展。人本主义"以学生发展为本"指向学生学习的主体角色，也指向教师针对每名学生的发展进行的教学实践，最终实现教师教学活动的价值。正如《课标（实验）》所要求的，教师要发挥审美教育的育人功能，进行多元化教学，注重培养学生审美与探究能力，促进学生均衡而有个性地发展。教师的个性化取代群体化、多元化取代一元化教学势在必行，这样才能引导和促进每名学生学习与思考的个性化、多元化，实现全面均衡而有个性地发展。这和人本主义对教与学过程的描述、对师生角色的认定是一致的，也和比斯莱强调个性化的审美体验，包括师生在内的每个审美者都能拥有审美自由、进行非功利性审美的要求是一致的。

---

① 中华人民共和国教育部：《普通高中课程方案（实验）》，人民教育出版社2003年版，第1页。

(三)行为甄别

教学行为区别体现在师生对审美对象和审美教育内容的选择与实践上,体现在审美教育每个环节中。从审美教育对象的角度看,在群体化背景下,教师关注群体同质化的学习特点,并因此选择、确定相同的审美对象。同时,并不支持与促进学生个体意义感性认识的多元性,更趋向于从理性角度解析审美对象的审美特点与价值,解决共性问题。在个性化背景下,立足于审美共通性基础,教师关注师生两个角度的个性化解读,更趋向于引导学生从理论与感性融合的角度解析审美对象的审美特点与价值,强调教学的多元化,实现感性认识的多元性和理性判断的自主性。

从审美教育内容审视,群体化教育中,教师关注教师群体共性化教学经验与特点,选择同一化教育内容,而且是承载单一审美意义与价值的内容。个性化倾向于师生个性化意义选择,二者张扬教学个性,可以存同,选择同一学习内容,实现共同发展;二者也可以求异,根据不同的感受与体验选择能够激发审美兴趣与潜力的学习内容,形成自主性、多元化审美判断。

从审美教育过程审视,基于审美资源的多样性和审美空间的广博性,更多时候,学生审美角度与结论是多元的,即能够在一般意义的共识性审美结论后,形成自己个性化的体验与结论。从这个角度看,群体化无法取代个性化,群体化关注一元化的审美过程性感受、体验和判断,审美过程重在求同,以师生的一元化认识替代师生个体的多元化理解。基于此,可以理解为教师教学的个性化替代了学生学习的个性化。从根本上说,审美教育追求情感的收获与境界的提升,教师不能用固定教学模式替代学生形成学习习惯,而是要积极进行个性化教学,充分利用自身和学生多重教与学的特点,引导每名学生关注审美教育,结合内在与外在各种因素,调动直觉性审美经验,积极进行审美教育不同方式与方法的尝试与探索。这个过程本身就是重要的审美教育成果,深层次的审美教育需要教师拥有审美教育个体化思维。

（四）价值甄别

审美教育价值一般表现为审美教育的终极目标——精神价值。这个层级是无限广阔的，它融合教师、学生、审美资源等诸方面信息而使教学中涉及的"美"的意义得到沉淀与升华。审美教育不是无中生有和牵强附会，这与教师开展审美教育的理念息息相关，理念是指引实践的依据，只有个性、独立意义的理论才有实践的意义与价值，正如黑格尔所指出的，"理念只有凭自己的活动来独立发展时，它才是真正的理念；……在理念发展过程中的每一特殊阶段上，就有一种不同的实在的表现方式和该阶段的内在定性紧密地结合在一起"[①]。

群体化视角下，审美教育价值并不能代表教师自身和每名学生追求的价值，其价值内涵也是一元化取代多元化，是空泛的。群体化的教学理念是依据群体同一需求开展审美教育，其误区是将学生个体群体化、组织化，掩盖了群体化忽视学生个体发展的本质，是对学生个性存在与发展的漠视。从根本上说，这不利于学生的发展，不利于学生审美教育中实现学习主体的地位，审美教育群体性的本质是同质化的"教"。教师进行的群体化教学是以学生群体同一性取代学生个体个性化、多元化的简单做法，审美教育并不能使每个学生得到满足，实现的是有限的审美价值。

个性化视角下，审美教育价值是多元的，并且指向了有个性化发展意义的精神价值。审美教育个性化不是单一的教育方式，不是单一目的教与学的方式，它是在存在的层次上、在师生个体感性和理性融合基础上，充分尊重师生个体的价值体验，以教师个性化审美价值体验引导和促进学生进行自主学习，实现个体对美的价值感悟，教师的个性化价值感悟引导和促进学生审美学习的价值收获。审美教育个性化更多地关注师生两者审美个性的发展与变化、感受与升华，提升和丰富师生审美精神、情感的水平与内涵，因为是基于教师和学生个体个性化的真实体验，其审美价值是真实存在的。

---

① 〔德〕黑格尔：《美学》（第二卷），朱光潜译，商务印书馆 2006 年版，第 4 页。

综合上述内容，本书认为，在审美教育过程中，教师要积极推进审美教育个性化，以之取代群体化，以学生为主体，积极实现提高审美水平、提升人文素养的目的。基于群体化在审美教育过程中显示的诸种不足与误区，笔者积极开展审美教育个性化的研究工作，解析其特征，提出实践原则，整理研究审美教育个性化在实践中的问题，提出实施策略，实现审美教育的价值，促进教师与学生的共同发展。

第四章 审美教育个性化的践行意义

审美教育是全面实施素质教育的重要内容，是教师提高学生审美素养与能力、提升审美情趣与境界的重要教学平台。作为教学活动的策划者、引导者和促进者，教师在审美教育中的个性化教学思想与实践直接影响审美教育的功效和发展。国际21世纪教育委员会向联合国教科文组织提交的教育研究报告说，教育是"保证人人享有他们为充分发挥自己的才能和尽可能牢牢掌握自己的命运而需要的思想、判断、感情和想象方面的自由"。这说明在审美教育过程中，只有充分张扬师生的个体才能，实现个性发展、自由发展，才能掌握自己的命运。埃德加·富尔在《学会生存——教育世界的今天和明天》直接提出，"教育有两个根本弱点，如果我们承认这两个弱点，教育学就能得到大大的改善，第一个弱点是它忽视了个人所具有的微妙而复杂的作用，忽视了个人所具有的各式各样的表达形式和手段。第二个弱点是它不考虑各种不同的个性、气质、期望和才能"[①]。这两个弱点所揭示的正是教育过程中教师个性化所面临的问题，作为审美教育的策划者、引导者和参与者，正确认识审美教育个性化的践行意义，是解决审美教育弱点、推动审美教育个性化的实践发展的必要条件，是提升学生整体审美素养并促进个性发展的实践保障。

[①] 联合国教科文组织国际教育发展委员会：《学会生存——教育世界的今天和明天》，教育科学出版社2008年版，第105页。

一、有重要的时代价值

随着学生综合素养和个性发展成为教育关注的两项重要内容，审美教育作为提升综合素养和促进个性发展的教学平台已经成为研究与关注的热点。一方面，审美教育有利于提升学生的审美情感与理性判断水平，提高审美能力与境界；另一方面，审美教育有利于学生人文素养的全面提升，有利于学生的全面发展，适应时代与社会发展对教育提出的要求。近年来，越来越多的学者关注审美教育问题，仅近五年研究审美教育的论文高达78475篇，取得了重要的研究成果。另外，《国家中长期教育改革和发展规划纲要(2010-2020年)》提出要加强审美教育，提升整体审美素质。基础教育中的《学科课程标准（实验）》也从不同角度要求开展审美教育，促进个性发展。但是在审美教育成为热点研究的前提下，从审美教育理论和教学实践分析，仍然有诸多问题难以解决，而且这些问题缺少归纳、整理与研究，教师们也缺失深入进行审美教育实践的意识与信心。自1999年中共中央、国务院做出《关于深化教育改革全面推进素质教育的决定》，要求尽快改变学校美育工作薄弱的状况，并将审美教育融入学校教育全过程，直至2013年《中共中央关于全面深化改革若干重大问题的决定》依然提出要"改进美育教学，提高学生审美和人文素养"。可见，审美教育在取得成绩的同时依然存在着亟待解决的问题，需要加强研究与改革实践。在此背景下，本书致力于语文审美教育个性化研究，提升审美教育实效，推进审美教育个性化的理论研究与实践探索水平。

2013年11月12日，中国共产党第十八届中央委员会第三次全体会议通过《中共中央关于全面深化改革若干重大问题的决定》（以下简称《决定》）。《决定》在"深化教育领域综合改革"部分明确提出"改进美育教学，提高学生审美和人文素养"的教育改革任务。2014年3月8日《中国教育报》发表的赖配根、焦倩、陈中原的研究报告《31个省级政府工作报告教育内容分析》指出,"31个省级政府工作报告无一提及改进美育教学"①。

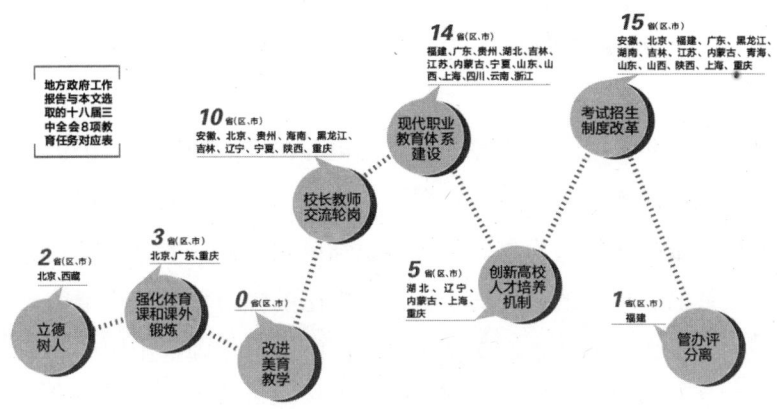

地方政府工作报告与十八届三中全会八项教育任务对应图

从上述报道可以看出,国家层面已经认定审美教育亟待改革创新,力求加强和改革当前审美教育现状,审美教育对学生全面素质与能力发展的重要性是不言而喻的,但是在政策执行层面,审美教育仍未得到各地各部门的重视,教育教学现状仍未得到有效改善与发展。

基于此,本书以语文学科为关注点,重点开展审美教育个性化理论与实践研究,从不同层面和角度关注研究的必要性与现实性,满足学生与教师均衡、全面、个性化发展的要求。"美摆脱了伦理经验的规约,恢复了自身的感知性、自由性和思维性,虽然仍然受到超验的伦理概念的制约,但是它与现实伦理的二律背反已经开始解构它们之间的从属关系。"②正因如此,审美及审美教育不再是学科自身的问题,不再囿于教育因素,要重新梳理各种关系,根据以人为本教育思想的理论要求,根据学生综合素质发展和教师专业化发展的要求,根据《语文课程标准(实验)》(以下简称《课标(实验)》)的理论与实践要求,根据语文审美教育实践需求具体展开全方面的系统性研究工作。

---

① 赖配根、焦倩、陈中原:《31个省级政府工作报告教育内容分析》,载《中国教育报》2014年3月8日。
② 赖大仁、周莉莉:《美善的悖论:西方文论中的审美和伦理》,载《求是学刊》2016年第4期,第135页。

二、实现"以人为本"的教育理念

埃德加·富尔在《学会生存——教育世界的今天和明天》中提出的教育两个根本弱点,以人为本的教育思想正是弥补上述教育弱点、促进人全面发展的重要理论依据。以人为本的教育思想强调教育的目的是促进人的个性发展,认为教育的根本目的是帮助人认识到自己的独特性,最终帮助人们激发和实现潜能。以人为本要求以学生为本,同时也对教师提出明确要求,认为教师是教育活动的组织者、参与者和促进者。在审美教育个性化实践中,教师秉持知情统一的目标观、有意义的自由学习观、学生为中心的教学观,把教学活动的重心由教师转向学生,把学生的情感、感受、体验、判断、思想和行为看作是教育教学工作的主体,充分认识和利用自身个性化教学的能力与方法,引导和帮助学生进行自我完善,实现教育功能:"教育扩大到一个人的整个一生,教育不仅是大家都可以得到的,而且是每个人生活的一部分,教育应把社会的发展和人的潜力实现作为它的目的。"[1]人文主义教育家蒙田也指出,"教师应让学生在他面前小跑,以便判断其速度,决定怎样放慢速度以适应学生的速度,取得一致的步调,这是我所知道的最难的事。一个高尚而有眼力的人,就要善于屈尊孩子的步伐,并加以引导"[2]。

我国基础教育改革也一直张扬"促进人的全面发展"的核心理念。从最近10年基础教育新课程改革发展情况看,其核心理念是全面关注每一名学生的发展,从知识与能力、过程与方法、情感态度和价值观等角度分别提出培养健康审美态度、审美情趣、审美能力及审美个性等多层次的审美教育目标体系,这表明我国课程目标价值取向发生了重大、明显的转变,由教师本位开始转向学生本位。教师要树立"为了每一个学生的发展"的课程教学的核

---

[1] 联合国教科文组织国际教育发展委员会:《学会生存——教育世界的今天和明天》,教育科学出版社2008年版,第5页。
[2] 石中英:《论蒙田的教育思想》,载《教育科学研究》2001年第6期,第70页。

心理念，尊重学生，实现教育民主，促进每一位学生审美能力与素养的提升与发展。教师学会赞赏每一位学生，赞赏独立个性、兴趣、爱好、专长，肯定和支持学生在学习过程中所付出的努力、创新，鼓励置疑。审美教育的价值就在于教师用个性化的"教"引导学生个性化的"学"，师生积极合作，努力使每名学生的审美教育体验与判断能力有质的提高，健康、充分地发展个性与特长，实现审美教育的预期目的与价值。

但是，在基础教育教学实践尤其是语文审美教育实践中，审美教育"以人为本"的理念没有得到充分实现。一方面，由于作为最终评价方式的"中高考"是高利害考试，长期以来，各级各类学校以升学为首要任务，学生为了升学考试而重复进行着知识与技能的训练与学习。在此背景下，一线的教师没有给审美教育提供更多的发展空间，甚至认为审美教育只是一种无法实现的理想，既使进行审美教育也是一种知识性的问题解答，认为审美教育实现"以人为本"是一种"乌托邦"式的教育理想。这种认识使审美教育面临功利性评价标准的阻碍。同时，教师采取同质化的审美教育策略，模式化和公式化的审美教育使学生缺失情感的愉悦，滞于精神境界的提高，习惯用知识与技能的视角解析审美问题。基于此，审美教育尤其是审美教育个性化不可或缺。另一方面，教师在审美教育过程中缺失教育自省与探索，教师应该关注学生的个性发展，提供适合的审美教育空间，其前提是教师同样要建构这个空间并且可以参与其中，教师应该是其中的促进者与评价者。目前，教师还缺少这方面的探索与研究，缺失教育反思，不适应学生的审美学习过程、判断与需求，既没有提供有针对性和个性化的审美学习指导，也不能提出有启发性和指导性意义的审美判断。甚至既使教师提供了审美教学平台与空间，也因缺失教师个性化的参与而使这个平台与空间仅仅成为一个展示空间，容易导致审美教育的"片面发展"或"畸形发展"，没有师生、生生审美兴趣与潜能的相互激发，没有深入的、理性与感性融合的审美判断，缺少交流与探索，审美境界还只是停留在感受与体验层面，此类教学思想与行为均无助于审美教育以人为本意义的实现。简而言之，实现以人为本的教育理念，要求教师对审美教育个性化进行深入地研究与实践，明确个性化角度下审美教育的特征与实践原则，最大限度地实现审美教育的作用与价值。

审美心理学认为阶段的青年学生随着知识与技能愈来愈丰富、文化品位与思想日益提升与成熟,他们的审美个性和审美标准将逐渐深化、形成,能够按照审美教育的特征来理解审美对象,依据自己的需求与标准去评价与判断,有提升审美综合素质和准确感受、表达、反思审美情感的愿望与潜质,可以理解审美境界,清晰展现理性的审美判断,能够在一定程度上思考审美的价值,这都指向教师审美教育个性化的研究与探讨。

三、促进学生综合素质发展的现实要求

从教育学意义说,"素质教育以促进人、社会、自然的和谐发展为价值取向,以德智体美劳全面发展的合格公民为培养目标,以教育质量的全面提升为显著特征。关注人的发展是素质教育的灵魂、核心和目标"[①]。在人类社会发展进步的过程中,"素质"是每个人维持自身生存、促进个体发展的基本要素,素质教育要求教师引导、鼓励和支持学生对自身各种素质进行优化组合,进而构建科学健全的素质结构,使学生全面、均衡、和谐地发展。

在素质教育过程中,审美教育有助于学生精神品位和综合素质的提升、发展,进而实现审美精神境界的提升。教师审美教育个性化的研究与实践直面学生审美综合素质的深入和全面发展,启发教师如何最大限度地契合学生的需求,创设适合的审美教育情境与平台,激发学生的审美情感,提升审美判断的能力与水平。正如前文所述,2013年,中国共产党第十八届中央委员会第三次全体会议通过《中共中央关于全面深化改革若干重大问题的决定》(以下简称《决定》),《决定》在"深化教育领域综合改革"部分明确提出要"改进美育教学,提高学生审美和人文素养"。2014年1月10日,教育部发布《教育部关于推进学校艺术教育发展的若干意见》(教体艺〔2014〕1号),其中明确提出"全面贯彻党的教育方针,实施素质教育,改进美育教学,提

---

① 素质教育的概念、内涵及相关理论课题组:《素质教育的概念、内涵及相关理论》,载《教育研究》2006年第2期,第5页。

高学生审美和人文素养，促进学生健康成长"。这说明国家重视审美教育的改革与发展，并直接将审美与人文素养、将素质教育与审美教育联系起来，一方面说明学生综合素质的发展要求开展审美教育，并且对教师的审美教育能力与水平提出要求；另一方面说明审美教育的方式方法需要进行改革，教师要有个性化的教学思想、方式与方法，以适应学生的审美学习需求。

基于此，审美教育个性化研究是学生综合素质发展的现实要求，实现这个要求，除却国家行政及相关部门的明确规定，还要有教师的执着与努力，改革审美教育理念，强化教学个性发展意识，凸显教学特色，为学生的综合素质发展提供助力。正如陈雨亭指出，"除非教师的内在自我产生了转变的意愿，除非教师具有坚定的关于怎样做教师的内在标准，除非教师关于教学的理念发生了真正的转变，否则无论学校或者教育主管部门如何要求教师改革，也很难使教师的课堂教学产生真正的转变"[1]。从审美教育的角度看，教师角度的审美教育个性化问题是教师个性意识、角色和教学方式、方法的觉醒、重构问题，直接影响学生审美综合素质的提升与发展，势在必行。

（一）实现学生审美教育主体地位的直接需求

从教育的角度看，人本主义教育思想提出，"学生自身具有学习的潜能，促进者只需为他们设置良好的学习环境，各种学习资源，使他们知道如何学习，他们就能学到所需要的一切"[2]。人本主义教育思想指出学生是学习的中心，要在教学过程中实现学生学习的主体地位。教育部《基础教育课程改革纲要（试行）》指出，"教师在教学过程中应与学生积极互动、共同发展，要处理好传授知识与培养能力的关系，注重培养学生的独立性和自主性，引导学生质疑、调查、探究，在实践中学习，促进学生在教师指导下主动地、富有个性地学习。"其中对学生的"独立性、自主性和个性学习"进行了明确说明，力求让学生成为学习的主人，使学生的主体意识、能动性和创造性不断

---

[1] 陈雨亭：《教师自我的发现与重构》，载《全球教育展望》2014年第1期，第58页。
[2] 陈琦、刘儒德：《当代教育心理学》，北京师范大学出版社2007年版，第206页。

得到发展。也有学者认为"人类认识活动构成各种的文化形态、历史传统进入了教育的内容,在教育的过程中,这些内容所蕴含的意义不断被唤醒、激活,使学生的认识进入意义增殖的重复发生的链条而经历教育的发生"[①]。审美教育对于实现学生学习主体地位是一种激活与唤醒。从哲学本质上看,审美要有超越功利性、超越目的性的态度,要能感受纯粹的精神愉悦,体现审美主体对客观、主观世界束缚的摆脱。从这个意义上说,教师要充分激发学生的学习主体意识,引导学生进行不同层次的审美活动,感受情感愉悦过程,感受精神层面的触动与激发,实现精神品位的提升。

在此背景下,审美教育要凸显个性化特点,具体作用表现在两个方面。

1. 改善和提升学生审美主体的精神品位和文明程度

按李泽厚的说法,在审美现象里,人类历史的理性积淀和保存在感性个体中,通过审美,使人感受历史和文化的价值、内涵与力量。基于此,在审美教育个性化实践中,学生对理想与精神价值有渴望与追求的潜在兴趣,并在渴望、追求、激发和感悟的过程中不断提升个人的思想境界,感悟审美教育的实际价值,以期超越和提升自己。审美教育个性化充分激发和调动教师的教学能力、兴趣,使之积极、深入地参与审美教育全过程,使学生的学习意识与能力得到有效的激发与促进,实现学生对审美对象蕴含价值、内涵与力量的追求与收获,学习效果趋向于最大化。

2. 有利于实现学生的学习主体意识

审美教育具有双重职能——既培养和提升学生的审美意识和审美能力,同时又不断创造具有美的特点、意义的思想和情感。创造,既体现主体对客观、主观世界束缚的摆脱,又体现了主体对客观、主观世界的改造和驾驭,这是获得自由的过程,是学生激发学习主体意识的过程。从心理结构看,审美包括审美意识、审美观念、审美需要、审美态度和审美情感等,这种心理结构有理性和感性融合的特点。教师恰当的介入,将充分发挥多种角色的应有作用,鼓励和帮助学生摆脱学习障碍和接受式学习方法、习惯的束缚,张扬个性意识,在终极意义上超越环境、超越功利,激发潜能与解放思想,获

[①] 宁虹:《教育的发生:结构与形态》,载《教育研究》2014年第1期,第22—23页。

得学习自由。审美的意识与水平标志着人类整体的文化修养水平和社会文明程度，审美教育也随着时代、社会的发展而不断深入推进，教师的角色、作用与个性在这种深入推进的过程中促进学生审美学习理性与感性的融合、个体与整体的融合，促进学生主体意识的觉醒。教师审美教育个性化就是教师促进和实现学生学习主体意识的一个重要助力，使学生在审美教育过程中处在不断创造和不断自我提升的过程中，符合人性自由的要求。从这个意义上说，关注教师的审美教育个性化，是提升学生综合素质的初始。

(二) 提高学生审美综合素养的助力

关于学生的审美综合素养，李泽厚有一段表述非常贴切："教育学的任务之一就是要探究和建设人的心理本质，作为美学内容的美育，便是这样。寻找、发现由历史所形成的人类文化—心理结构，如何从工具本体到心理本体，自觉地塑造能与异常发达了的外在物质文明相对应的人类内在的心理—精神文明，将教育学、美学推向前沿。"[①] 审美教育的价值在于整合了物质文明与精神文明，提升文化的品位与社会文明程度，对于探究和建设学生的心理本质是重要的契机与平台。

1999年，中共中央国务院做出关于深化教育改革全面推进素质教育的决定，要求尽快改变学校审美教育工作薄弱的状况，将审美教育融入学校教育全过程。2010年颁布的《国家中长期教育改革和发展规划纲要（2010—2020年）》（以下简称《规划纲要》）直接提出"坚持全面发展。全面加强和改进德育、智育、体育、美育。坚持文化知识学习与思想品德修养的统一、理论学习与社会实践的统一、全面发展与个性发展的统一……加强美育，培养学生良好的审美情趣和人文素养。……促进德育、智育、体育、美育有机融合，提高学生综合素质，使学生成为德智体美全面发展的社会主义建设者和接班人"。可见，对基础教育尤其是阶段教育而言，审美教育是提升学生综合素

---

① 李泽厚：《美学四讲》，中国社会科学出版社1984年版，第42—43页。

养、促进个性发展的重要推动力。

从认知的角度看，学生只有掌握丰富的审美信息，才能对审美对象进行信息的选择、感受与判断，使自己与审美对象构成一定的审美关系，进入审美心理结构之中，深刻感受和判断美的内涵。这种信息选择表现为将自己的审美趣味与情感指向真正有审美价值的审美对象。教师只有认真开展审美教育个性化实践，学生才可能获得实现审美价值的能力，从而扩展和提升学生作为审美主体的能力。当前，审美教育已经是基础教育不可漠视的重要教育内容，而且所有教育目标指向都集中于教师的"教"、学生的"学"与师生的合作等方面。从教师角度看，不仅在课堂教学中开展审美教育，还要利用课堂教学促进德育、智育、体育、美育有机融合，提高学生综合素质。实现这个义务的一个重要支撑点，就是要进行个性化的有针对性的审美教学设计与实践，引导和鼓励学生激发潜能，提高兴趣与境界水平。在实现全面发展的前提下，有针对性地开展审美教育个性化实践，提高实践层次与水平，提升学生的审美能力与综合素质。从这个意义上说，关注审美教育个性化，是提升学生综合素质的重要助力与保障。

（三）提升学生的审美品位与境界的保障

教师是审美教育的参与者、促进者与评价者，教师在审美教育个性化各个环节关注和整合自身、学生和审美资源的综合因素，选择适合学生的审美学习平台，进行个性化的教学设计；选择恰切的审美资源，激发和发展学生的审美情感，培养高尚的审美趣味，将学生的审美趣味与情感集中于适合的审美教育空间，激发学生审美问题的生成能力与水平，从更适宜的角度扩展学生作为审美主体的感受力与审美能力，使学生的审美需要上升到更高层次，这些都有助于学生收获审美教育的价值，使个人和社会之间的联系更为紧密。与社会与时代发展要求的"美"的价值相融合，这是学生全面、个性化发展的重要目的，从这个意义上看，教师审美教育个性化水平与能力直接影响学生审美品位与境界是否有质的提升。

从学科发展情况看，以语文为例，《普通语文课程标准（实验）》〔以下简称《课标(实验)》〕要求语文教学能够让学生感受到美的熏陶,培养他们自觉的审美意识和高尚的审美情趣,培养审美感知和审美创造的能力。学生审美能力和审美经验需要通过教师、学生和审美资源三个方面的因素相互作用而不断积累与提升,这种相互作用的有效性与实现程度基于教师个性化解读与实践的能力水平。从教师的角度看,教师充分关注影响审美教育个性化的各种因素,引导学生进入非常适宜的审美心理结构之中,师生双方共同深刻感受并判断审美及审美教育的意义与内涵,进而提升审美品位与境界。正如学者金德提出的"当学生借助于范例对规则和策略有了基本的理解后,接着出现范例与非范例,当范例与非范例以背靠背的形式呈现、形成最小程度差异的配对时,学生通常能更快地学习概念"[1]。

四、符合教师专业化和学科课程标准的客观要求

在审美教育实践中,教师专业化理念和《课标(实验)》都要求教师将审美教学活动与自身个性条件、教学特点有效结合起来,彰显教学个性,建构适合的教学平台,引导和促进学生的审美学习,凸显学生的学习个性和学习主体地位,促进学生均衡而有个性的发展。

有学者提出教师的作用是"把自我的整体发展水平提升到人格自觉的高度,表现出自我独特的立场、态度、信念、兴趣、希望和动机,体现出自我存在的历史性、现实性、主动性和独特性"[2],这是审美教育个性化的研究价值之一,教师有义务和责任按照教师专业化发展的理论需求和学科课程标准的客观要求,从学理和实践需求的角度开展具体审美教育个性化实践。

---

[1] 于素红:《论直接教学》,载《外国教育研究》2013年第11期,第6页。
[2] 叶文梓:《觉者为师——教师专业化的超越与回归》,载《教育研究》2013年第12期,第98页。

（一）教师专业化的发展要求

关于教师专业化问题，联合国教科文组织（UNESCO）和国际劳工组织（ILO）于1966年发表了《关于教师地位的建议》，指出"教师工作应视为一种专门职业。它要求具备经过严格而持续不断的研究才能获得并维持专业知识与专门技能的公共业务；它要求对所辖学生的教育与福利拥有个人及共同的责任感"[1]。可见，早在20世纪，教师专业化问题就已经被关注和解析，是每一位教师自身发展与提升的目的与方向。教育部教师工作司组编的《教师专业化的理论与实践》指出，专业化的内涵"一是关注一门专业成为专门职业并获得应有的专业地位的过程；二是关注教学的品质、职业内部的合作方式，教学人员如何将其知识技能和工作职责结合起来，整合到同事关系以及与其服务对象的契约和伦理关系所形成的情景中"[2]。从中可以看出，教师要关注教学的内涵与品质，关注师生关系的表现方式，关注教育的全过程。美国学者格拉特·霍恩对教师专业化的定义是："教师专业发展是帮助教师改进教学技巧而实施的训练；是学校改革的整体活动，目的在于促进个体的最快的发展，营造良好的气氛，提高学习效果；是一种成人教育活动，不仅关注教学效果的提高，更促进教师对自身工作和活动的理解；是利用最新的教学效能研究成果，改进学校教育的一种手段；专业发展本身就是一种目的，帮助教师在受尊重的、支持性的、积极的气氛中实现个体的专业发展。"[3] 从历史发展趋势看，教师的专业发展及其研究经历了由被忽视到逐渐关注、由关注教师专业群体的专业化到关注教师个体的专业性发展、由关注专业发展的"外部"环境和对社会专业的认可到关注"内部"专业素质提高的过程。这是教师专业化发展的趋势与方向，是教师专业结构不断丰富和完善的必要条件。

传统的"工具理性"将教师作为教育目的的代言人，教师承担着"传道、

---

[1] 洪明：《教师教育的理论与实践》，福建教育出版社2007年版，第123页。
[2] 教育部教师工作司：《教师专业化的理论与实践》，人民教育出版社2003年版，第45—46页。
[3] Glatthorn, A. Teacher Development, in W. Anderson (Ed.), *International Encyclopedia of Teaching and Teacher Education (2 ad.Ed.)*, Oxford: Elsevier Science Ltd., 1995: 41.

授业、解惑"的责任,从艾伦、林瑞钦等教育专家对教师素质结构内容的定义看,基本围绕"专业理念、专业知识、专业精神"等方面,对教师素质的要求较高。郑燕祥认为"教师拥有教学的知识、能力和信念的集合,它是在教师具有优良的先存特征的基础上经过正确而严格的教师教育所获得的"[①],优秀教师的专业素养被认为是全方位的,同样包含了教师个性化的专业发展。2012年,教育部推行《中学教师专业标准(试行)》(教师〔2012〕1号),明确提出中学教师专业标准,在基本理念中提出"为人师表,教书育人,自尊自律,以人格魅力和学识魅力教育感染中学生,做中学生健康成长的指导者和引路人"。在具体说明时又提出"以学生为本,尊重中学生权益,以中学生为主体,充分调动和发挥中学生的主动性;遵循中学生身心发展特点和教育教学规律,提供适合的教育,促进中学生生动活泼学习、健康快乐成长,全面而有个性的发展"。"能力为重,把学科知识、教育理论与教育实践相结合,突出教书育人实践能力;研究中学生,遵循中学生成长规律,提升教育教学专业化水平;坚持实践、反思、再实践、再反思,不断提高专业能力。"在"对学生的态度与行为"中又提出"尊重个体差异,主动了解和满足中学生的不同需要"。

从中可见,教师专业化"需要教师自我探究与静心沉潜,并在那里找到自己的思想感情……从多视角想象和思考教育问题,不断分析、评价自己的师范人格与教学质量,强化教学效果,拓展自己的教育认知,提升自己的教学水平"[②]。从审美教育的角度看,教师专业化发展要求教师在教育过程中创造并体现符合自己理想的志趣与能力、个性化的教育教学方式、价值体系和教学风格,强调教师个体的、内在的专业性提升,关注教师在一定共性意义之外的属于个体的专业特征,如专业知能、个性化专业情意、个性化发展等问题。教师个体的审美理想与理念、专业知识与能力、审美教育个性化的风格与模式都应该也有必要进行梳理与研究,以此推动审美教育个性化的有效开

---

① 郑燕祥:《教育的功能与效能》,广角镜出版有限公司1991年版,第22—23页。
② 唐松林、魏珊:《聚焦生命:教师专业发展传统模型的反思与超越》,载《教师教育研究》2013年第5期,第54页。

展，实现审美教育的目的。基于此，教师审美教育个性化的形式与内容、审美教育理论与实践的专业结构需要丰富与完善，这是教师专业化发展的客观要求。

（二）学科课程标准的实践要求

对于基础教育而言，学科课程标准是教学的纲领。以语文学科为例，《课标（实验）》在"课程性质"中明确提出："语文课程应进一步提高学生的语文素养，使学生具有较强的语文应用能力和一定的审美能力、探究能力，形成良好的思想道德素质和科学文化素质，为终身学习和有个性的发展奠定基础。"[①] 面对这个要求，教师审美教育个性化是必然之势。对审美教育个性化进行解读与实践更是迫在眉睫，基础教育的一线教师们在理论解读和教学实践中有所探索与反思。

在"课程功能"中，《课标（实验）》直接说明："语文具有重要的审美教育功能，语文课程应关注学生情感的发展，让学生受到美的熏陶，培养自觉的审美意识和高尚的审美情趣，培养审美感知和审美创造的能力。"[②] 这里提及的审美情感、感知力与创造力对于每名学生都是可感受和可判断的，教师审美教育个性化教学就是要让每名学生都能享受到这种学习的平台与时机。亚里士多德早就明确提出"教学要能培植各人的天赋特长，要沿着学生的自然倾向最有效地发展他的能力"[③]，对于审美教育，这句话的意义同等重要。在"课程基本理念"中，《课标（实验）》提出，"审美教育有助于促进人的知、情、意全面发展。文学艺术的鉴赏和创作是重要的审美活动，科学技术的创造发明以及社会生活的许多方面也都贯串着审美追求。未来社会更崇尚对美

---

① 中华人民共和国教育部：《普通语文课程标准（实验）》，人民教育出版社2003年版，第1页。
② 中华人民共和国教育部：《普通语文课程标准（实验）》，人民教育出版社2003年版，第2页。
③ 昆体良：《教育论著选》，任钟印译，人民教育出版社1989年版，第89页。

的发现、追求和创造"①。明确反对灌输,主张保护和发展个性,注重语文应用、审美与探究能力的培养,促进学生均衡而有个性地发展。

审美教育需要以《课标(实验)》为指导,依据审美及审美教育的理论,依据人本主义教育思想,依据实践需求,确定语文审美教育个性化特征及实践原则,并用此特征和实践原则引导和支持教师的审美教育实践。同时,审美教育有必要直面教师和学生在审美教育过程中教和学的特点与需求、感受与判断,有所取舍,有所侧重。在不同审美教育情境下,使不同师生间审美教育的实践与反思更有内涵与成效,提升不同学生群体及个体的审美情感与学习能力。从这个角度看,对教师审美教育个性化进行探索与研究是《课标(实验)》的客观要求。

五、推进教育深入、有效发展的必要之义

1989年,上海市普陀区出台的《中小学美育实施纲要》提出,"美育是全面发展的教育方针的重要组成部分。没有美育的教育是不完全的教育"。

1999年,中共中央国务院做出关于深化教育改革全面推进素质教育的决定,要求尽快改变学校美育工作薄弱的状况,将审美教育融入学校教育全过程。

2010年,《规划纲要》提出,"加强美育,培养学生良好的审美情趣和人文素养。……促进德育、智育、体育、美育有机融合,提高学生综合素质,使学生成为德智体美全面发展的社会主义建设者和接班人"。

2013年,中国共产党第十八届中央委员会第三次全体会议通过《中共中央关于全面深化改革若干重大问题的决定》。《决定》在"深化教育领域综合改革"部分明确提出"改进美育教学,提高学生审美和人文素养"的教育改革任务。

---

① 中华人民共和国教育部:《普通语文课程标准(实验)》,人民教育出版社2003年版,第2页。

2014年3月8日《中国教育报》发表文章——《31个省级政府工作报告教育内容分析》，指出虽然审美教育改革势在必行，但是政府部门包括学校还没有对开展有效的审美教育提出可行的策略与要求，学生还没能成为学习的主人。

截至目前，审美教育依然没有充分、有效、可持续地进行开展，还停留在主观感受和情感教育层面，没有触及和关注审美品位与境界，审美教育表现出同质化与模式化的特点。其中，教师缺失审美教育个性化教学目标设定和教学问题预设，缺失审美教学个性化方法与策略；学生缺失个性化的审美教育思考和学习行为。当前，教师群体对教师专业化发展和学科课程标准的认识水平与实践还没有从根本上得到改变，其主要教学思想和行为还在围绕着中高考等评价方式而具体展开，教师个体的特殊教学体验更多的是审美技能与经验的综合。据滕明兰在《对推进我国教师专业化进程的思考》的看法，"相当一部分教师一是专业发展意识淡漠，二是教育观念落后，三是研究和创新能力较差。教师的研究和创新反思能力来源于他们的教学反思和不断的学习新知识、接受新观念。而我国教师的教学反思能力普遍较差，而且大多数教师把教学的改革停留在教学技能和方法的层面上，很少从理论的层面进行研究和创新。也就是说，教师没有把自己个体特殊的教学经验上升到理性认识，形成理论体系并付诸实施"[①]。

这些事实有充分的警醒意义，目前，教师个性化教学意识与能力还需要有效地激发与提升，这恰恰是教师在专业化过程中、在教学过程中无法回避的。传统课程与基础教育课程改革要求的创新课程、学生的综合素养与学习能力的提升，都要求教师依据学科课程标准具体开展审美教育活动，充分了解学生、教学内容、教学环境、教学资源等等因素，采用适合学生的教育态度、方式与方法。教师有责任和义务对每名学生负责，端正学生的审美态度与倾向，强化个性化审美意识，提升审美判断能力、审美品位和审美境界。傅维利教授指出，"（教师）在教育的每个环节上都始终关注教育的总体目标

---

① 滕明兰：《对推进我国教师专业化进程的思考》，载《中国高教研究》2004年第5期，第72页。

特别是核心目标,既是每一个教育工作者的责任,也是他们处理好教育问题的基本依据和核心评价标准"[①]。对审美教育而言,提升学生的审美品位和境界也是核心目标之一,教师需要通过审美教育个性化教学改革保障实现。在教育教学实践中,教师要改变审美教育过程过于强调学生接受学习、死记硬背、机械训练的现状,改变缺失教师个性化引导、学生无序而随机地进行审美感受与判断,改变审美教育只立足于情感体验简单层次的现状,倡导师生双方共同参与和探究,通过教师角度的审美教育个性化和审美教育相关活动,使学生获得审美感性与理性融合的价值体验,有深层次的美的感悟与判断。坚持教师审美教育个性化的发展与创新,对学生审美境界与品位、对学生的全面发展有着重要而实际的意义与作用。从这个意义上说,关注审美教育个性化,是提升学生综合素质尤其是审美素养的关键,是审美教育的根本需求。

尽管许多学者认为,审美教育不仅具有理论性的品格,应该面对现实、应对挑战,使学生通过审美教育具有在新的复杂环境中审美地生存的能力。但是,我国当代基础教育美育研究却仍在重复前人的理论,很少有从事美育理论研究的学者走向基础教育,走向中小学课堂,走入学生当中,研究不同条件下的审美教育个性化问题,这是有待解决的问题。审美教育个性化基本特征和实践原则的厘定、审美个性的张扬、审美潜力的激发、学生的全面发展等等,都应该从理论上得到阐释,在实践中得到证明。

[①] 傅维利:《课堂教学效益评价改革的基本方向》,载《中国教育学刊》2013年第11期,第47页。

第五章　审美教育个性化的学理表征

本书提出语文审美教育个性化学理表征，为教师引导和促进学生进行审美学习，从理性与感性二者融合的角度开展完整意义的审美感受、体验、理解与判断提供理论支持，保证审美教育的自由性和非功利特点，积极追求创新发现，提升学生整体审美鉴赏能力与水平。

本书依据比斯莱的审美教育相关理论、康德的美学理论、人本主义教育思想和《普通高中语文课程标准（实验）》的实践要求，提出教师开展审美教育个性化教学的四个学理表征，即基于审美教育个性化认识的个体性和差异性，基于审美教育个性化实践的开放性和自由性、交互性和公平性，基于审美价值、意义的超越性和创造性。

一、个体性和差异性

从审美教育的认识角度审视，语文审美教育个性化表现出个体性和差异性。康德在评析美及审美鉴赏时，直接指出美的"无目的的合目的性"，而且说"鉴赏是通过不带任何兴趣的愉悦或者不悦而对一个对象或者一个表象方式作批判的能力。这样一种愉悦的对象就是美的"[1]。这也标志着"鉴赏判断不是知识判断，它不是逻辑的，而是审美的"[2]。同样，比斯莱谈到审美教育的阶段性发展时，指出在审美教育过程中，学生（10 至 12 年级）具备一种对选

---

[1]〔德〕康德：《判断力批判》，李秋零译，中国人民大学出版社 2011 年版，第 33 页。
[2]〔德〕康德：《判断力批判》，李秋零译，中国人民大学出版社 2011 年版，第 33 页。

择出来的艺术杰作的批评性欣赏能力,了解审美判断的标准,而且能对某些美学问题进行讨论。国内学者叶朗在《审美教育的基本理论》中引用关于加德纳审美心理学的研究成果时,也关注到审美者与美及愉悦的关系。"13至20岁是个体审美发展的危机阶段,这时期的特点是相对主义与道德发展的相对主义阶段相一致。"[①] 从中不难看出,在阶段,学生已经具备了独立进行审美鉴赏的可能性与潜质,他们具备感受和鉴赏美的重要能力要素与思考方式。基于此,教师自身的特点与个性首先要得到激发,选择适合的、个性化的教育方式和方法,激发学生审美兴趣、潜质与能力,取得审美教育实效,这与个体性、差异性直接相关。

(一)个体性

人本主义教育思想一直强调教育的目的就是教师积极利用各种形式与可能来引导和促进学生的自主及个性发展。人本主义教育思想指出教育的根本目标是就是引导和鼓励、帮助学生发展学习的自主性与个性化,使学生清晰地认识到在学习过程中自己是独立自主的存在,有独特的意义。从这个意义上说,教师的教育教学过程就是引导和帮助学生实现自主性和个性化并最终成功激发、实现发展潜能与愿望的过程。因此,教师开展审美教育个性化实践活动就是引导、支持和带动学生实现学习的自主性与个性化。例如,法国教育家余伯尔认为,人通过教育与发展,经过若干阶段才能成为人,教育的目的就在于在教育活动中促进人和人的接近与合作,用情感促进人的个性化。由于人的自我实现和人的个体要求是实现人的潜能的前提,在审美教育个性化过程中,教师首先要张扬个体性,觉醒个体意识,以个性化的视角开展与引导审美教育。个体性体现在两个方面,即强烈的自我意识和独特的审美教育观念。

[①] 叶朗:《审美教育的基本理论》,载《中国高等教育》(社会科学理论版)1988年第3期,第26—27页。

1. 强烈的自我意识

由于审美情感、经验和能力的不同,每位教师都有不同的审美个性和特点,人本主义教育重视学生的个别差异和个人价值观,认为只有实现教师的审美个性特点,觉醒"自我"意识,促使"自我"的形成和"自我"价值的实现,才会在审美教育中进一步促进学生实现"自我"审美意识与价值。在审美教育过程中,教师的"自我"体现为个体性,个体性促使教师充分激发审美潜能,关注和调动一切与审美教育相关的积极因素,在审美教育中积极引导、参与和促进学生的审美学习,实现学生的学习个性,实现学习主体地位。康德与比斯莱都追求审美自由,追求无功利性的审美行为,审美自由和无功利的要求都要求审美教育不是为了实现审美而进行审美,教师要通过有特色的教育教学设计与课堂教学活动,端正审美态度,激活审美兴趣,深化审美感受与体验,积极进行理性鉴赏,促进审美感性和理性的融合,取得审美实效。

阶段的学生随着年龄、性格、知识、技能、情感、态度与价值观的不断变化,对他人、自然、社会与时代形成有自己特点和个性的看法,这些都有助于他们在审美教育过程中对美的事物及内涵进行充分而积极的感受、理解与鉴赏,而非一般意义的知识性学习和逻辑判断,这个过程需要教师有特色的教学引导与促进。学生是审美教育的主体,教师通过有针对性且符合审美教育规律的教学使学生具备成为学习主体的能力、方法与信心,促进学生个体审美能力的提升。实现此目的的重要前提与基础是阶段学生有独立审美的能力,具备初步的审美感受力,具备非功利性观察审美对象、保持审美自由的可能性,教师在审美教育中个体意义的引导、支持和鼓励可以帮助学生进行深度审美感受、体验与鉴赏,实现理性认识对感性认识的超越。要强调的是,在促使实现学生觉醒自我意识之前,教师首先要觉醒自我意识,以强烈的自我意识引导学生进行思考与判断,以个性化的"教"促进学生个性化的"学",而不是用同一化的模式进行同质化的教学。简而言之,教师本身充分激发和利用自身的个体审美素养与个性特点,觉醒自我意识,体现个体性,同时积极关注涉及学生审美的各项积极因素,多角度激发学生审美情感与兴趣,深度感受美的存在与价值,共享审美情感愉悦,师生在审美教育过程中均有收获与感悟。

2. 特色性教育观念

教师作为审美教育的解读者和实践者，应认识到审美教学过程也是一个主观认识不断深入的过程。在近代哲学史上，康德首先提出并论证了人的认识结构在建构科学知识及其认识对象中的主导性决定作用，他认为认识事物和探索自然规律，就必须考察主体的认识能力。他还直接提出"人的心理不能是空白的、被动的——它在认识上，对知识的形成一定起了作用。理解的概念或者结构必须由人的心理来提供；他们不可能来自被理解的客体本身"[①]。审美教育个性化同样不是必须由审美对象所决定，同样需要教师个体独特而强大的心理因素来支持，在这个过程中，教师的教育心理是逐渐成熟的，在符合心理一般发展规律的基础上，教师的审美教育个性化思维逻辑逐渐生成，逐渐明晰，并逐渐成为特色较强、鲜明的审美实践原则和方法。

一般来说，在审美教育过程中，教师个体审美感受更贴近直觉，与学生容易产生共鸣。在教师个体意义的审美、审美教育意识、方法与策略的引导下，师生合作，从关注自己与审美对象相似生活经历的简单对比过度到情感、想象、精神和思想等内容的同步渗入，在此期间，教师充分丰富、完善个性化教育方法，将自己各种心理因素同审美对象所可能具有的意义、类别与问题等充分联结起来，进而逐渐形成一种富有特点的特色鲜明的审美思维逻辑，将感性与理性融合，引导学生提高审美兴趣，进行深入地审美感受与体验，将审美价值与意义推向更高层级。教师的审美教育观念突出个性化意义，才有可能使审美教育提升境界水平，呈现出多角度多内涵的特点，使审美思维多元化，教育策略与方法、内涵更加丰富。

在审美教育过程中，教师要坚持个体特色性的审美教育观念，树立鲜明的审美态度，追求较高的审美境界。例如在话剧《雷雨》的教学中，知识性教学、体验性表演与人性形象分析等审美教育内容的探讨常常成为教学定式，周朴园等人的"人性与情感"等问题成了教学的灰色地带。而随着时代与社

---

① 张桂春：《激进建构主义教学思想研究》，辽宁师范大学出版社2002年版，第14页。

会的发展，课堂教学并不使用传统的阶级观解释和评价审美对象，但是同一化的审美教育特点仍然缺失审美自由与创新，有的教师让学生就此各抒己见，却不作交流与评判，不了了之。从剧作本身看，曹禺笔下的周朴园是戏剧中的典型形象，其人物形象非常丰满，有反动、丑恶、伪善的一面，其内心也曾有温情的一面。因为时代的差异，学生较难完全理解复杂却又鲜明的人物性格，只有教师确立独特而合理的审美观念，进而开展特色性的教学设计，有适合学生思考和鉴赏的问题平台，有审美资源相助，鼓励学生进行多元化的审美鉴赏，学生才会逐渐形成自己的审美标准与鉴赏能力，并在一定范围内，围绕剧作和相关资源因素进行创新式、探索性审美鉴赏，体会美的存在、价值与意义。无论怎样的审美对象与内容，在审美教育中，教师都存在个体意义的、特色性的审美感受。对此，教师不能简单求同或者求异，而是觉醒"自我"意识，让自己也成为重要的审美因素加入到审美学习中，在有自己个体化、特色性理解的前提下，鼓励支持学生积极认真地展现自己的审美过程与结论，使之符合一定审美规律与道德要求，增强审美自信，形成鲜明的审美态度。教师这种审美教育有个体性意义，对学生的审美学习是有效和有益的。

（二）差异性

在审美教育过程中，按康德与比斯莱等人的看法，师生进行审美鉴赏不带任何功利性的愉悦或者不悦而对一个审美对象或者一个表象方式进行审美批判，这要求审美鉴赏不能是简单地知识和逻辑性判断，而要进行非功利性的、自由的审美判断。这取决于师生的审美态度、视角、素养及对于审美教育中教与学的理解水平，不同的意识、态度、方法与方式感受着不同的情感、内涵与价值。在审美教育过程中，教师审美教育能力与方法的差异性存在是事实，这就要求教师不能简单求同，不能采用同质化的教学方式与方法，进而囿于自身审美结论、能力与水平，而是要充分联系审美理性与感性因素，充分关注审美对象与学生的审美情感特点、能力与水平，形成有独特感受的、深入的审美判断。差异性具体表现在两个方面，不同的审美教学特点与风格、不同的审美教育视角与能力水平。

1. 不同的审美教学特点与风格

仅以语言表述为例,在语文学科教学中,学生使用专业用语的能力大相径庭。黄雪萍在语言研究中指出,"在任何一种语言环境中,每个人都能获得基本的个人交际能力。然而,在此基础上的学术语言技能的发展却因人而异。有的人在专业语言方面表现出超常的能力,有的则不然,这就是说,在这个层次上的语言水平发展有很大差异性"[①]。这个表述在审美教育中同样适用。事实存在的各种差异性,存在于学生群体,更指向于教师。不同的教师有不同的选择与判断,有各自特色性的教学方式与方法,教师以积极的审美态度引导学生对审美对象、审美资源等各种审美因素的进行感悟、归纳、理解与判断,形成属于自己的审美过程与结论。在审美教育过程中,教师不能进行同一化、群体化的教学,而应以学生审美情感的最终形成、以精神和情感的愉悦为目的,积极运用特色性的教学方式与方法,实现审美教育目的,形成自己的审美教学特点与风格。同样,潘智彪在《审美心理研究》中划分审美心理定势时,综合各家之言,确定了三个划分角度:

"其一是审美情感因素,指审美主体对审美对象的情绪反应,它表现为一种好或恶的情感体验,即对某一类对象感到愉快或不愉快的体验程度。其二是审美认知因素,指审美主体对审美对象的审美知觉、审美理解、审美信念和审美评价。它不仅包括对某一审美对象之所知,而且包括对某一审美对象的评论,表示赞同或反对。其三是审美意向因素,审美意向因素是指由认知因素、情感因素决定的对于审美对象的反映倾向。它是审美行为的直接准备状态,并指导审美主体对审美对象做出某种反应。"[②]

这三种因素中的关键词是情感、认知和意向。三者都因师生教与学个性特点的不同而显示出不同的内涵,教师选择有针对性的、适合的、特色的教学形式与方式,形成不同的教学特点与风格,不进行模式化、同质化教学,而是要通过特色化的教学设计与方法引导学生最大限度的提升对情感、认知

---

① 黄雪萍、左璜:《课目与语言整合式学习模式的兴起、课堂建构与启示》,载《外国教育研究》2013年第11期,第41页。
② 潘智彪:《审美心理研究》,中山大学出版社2007年版,第104页。

和意向的感受与判断能力，教师审美教育的差异性是个性化的必然特征，是在师生共同参与下的审美教育过程中体现出来的。

社会心理学家罗森伯格解释过心理定势的内在结构，见下表。

表4：罗森柏格解释的心理定势内在结构表[①]

刺 激	定 势	反 应
外界刺激是可以观察到的、可以测量出来的独立变项：个人情况、情境、社会问题、社会群体及其他对象	定势是中介因素，有三个成分：情感、认知和意向	反应是可以观察到的、可以测量的从属变项：神经及内分泌腺的反应情感的言语反应；认知反应及观点的言语反应；外显行为的言语反应

"刺激"视角下的四种变项均因教师本人、学生、学校、地域及教学资源的变化而变化，存在变量，有较大差异。定势中的三个中介因素更是因人而异，教师在情感、认知与意向存在的巨大差异性直接影响到审美教育中的学生群体，这不仅包括语言，还有思想、情感和精神层面的感悟与反思，教师需要正视自身在审美教育过程中差异性的存在，保持特色鲜明的教学特点。从这个意义上说，教师的教育行为存在着必然的差异性，体现在审美教育中又因为美本身是感性和理性的融合且感性又是因人而异的，进而使教师教育行为的差异性更趋明显。

2. 不同的审美教育视角与能力水平

语文审美教育个性化中的差异性具体表现为教师个体审美偏爱、习惯、教育教学方式、方法等角度存在差异，也表现在审美知觉力、审美想象力、审美领悟力和审美情感等方面。差异性显示了审美教育过程中存在的教师不同的教育视角，显示着不同的能力与水平，需要指出的是，教师可以充分利用差异性，一方面可以多角度审视整理自己的审美教育理念、方法与策略，对比他人，取长补短，逐渐形成特色性审美教育风格与方法；另一方面，正

---

① 潘智彪：《审美心理研究》，中山大学出版社2007年版，第104页。

视审美教育中师生审美能力差异性的存在，并不用自己或者学生群体的审美判断直接替代学生个体的审美过程。例如在诗歌《再别康桥》的审美教育中，对"悄悄，是别离的笙箫，夏虫也为我沉默，沉默是今晚的康桥"这段文字，师生不同的经历、不同的爱好、不同的性格、不同的文字审美解读能力、不同的审美感受能力等，会使"悄悄"与"沉默"的理解有不同的境界与意味，不同的审美内涵，可以是诗句字面意义上的，可以是诗人心态与情感的参照理解，也可以是学生结合自身情感经验的综合理解等。教师不能根据自己和学生群体的共性判断来断定何种审美理解与鉴赏是唯一正确的，不能忽视学生个体的存在。另外，教师自身的审美能力与水平也存在差异，审美鉴赏本身就不是单一和唯一的。《再别康桥》诗句的理解，除了对诗人徐志摩原意的揣摩，更多的是教师根据自身的特点与条件，在可理解的范围内，积极引导学生开展发自心底的个性化理解与感悟，并将学生这种个性的审美感触与感悟解放出来，教师要理解自身及学生审美判断角度和标准的不同，提供不同的审美学习平台与时机。教师和学生的审美判断存在差异，教师在进行审美教育时，要考虑到这种差异将使自己的教学有针对性和倾向性，了解学生群体及个体的情感体验和年龄特点，支持他们不从既有判断出发，而是能沉浸在对审美对象本身的情感感受与体验中，判断美及审美的内涵与价值。当然，面对不同的学生群体与个体，可以积极肯定其审美判断的合理性，因势利导，通过分析、评价或者示范来引导、矫正学生的审美逻辑与策略等。其实，单从教育存在的地域性差异性的事实看，审美教育个性化的差异性特点也是不同审美教育文化、不同教育理念之间正常存在的一种差异。

二、开放性与自主性

从审美"普遍性"的角度看，语文审美教育个性化具有开放性与自由性的特征。所谓"普遍性"，康德认为，"无须概念而普遍地让人喜欢的东西，就是美的"①，这种"普遍"不能囿于既有结论或者人为的统一规定，它是在教育过程中自然而然产生的，适合包括教师在内的每一位审美者，能够拓展学生的审美思维与情感，引导学生自觉而充分地感受、判断与评价，从而自然地体现出美的事物的普遍性特点。

（一）开放性

在语文审美教育个性化的角度下，教师开展审美教育有开放性的特征。人本主义教育思想强调学生的自主学习，罗杰斯反对教师是教学权力的拥有者，反对学生是被动的接受者。同样《课标（实验）》在"阅读"的教学建议中直接提出，"要尊重学生个人的见解，鼓励学生的批判质疑，发表不同意见。教师的点拨是必要的，但不能以自己分析讲解代替学生的独立阅读"②。可见，审美教育从来不是封闭教育，不是单一授受式教育，教师和学生都要认清自己的教学角色与地位，积极开拓审美视野，进行多元化审美感悟与判断，促进师生审美素养与能力的提升。开放性特征主要表现在两个方面：一是教师建构和展示开放的教学平台、思维及视野；二是教师要提供必要的示范与引导。

1. 开放的教育平台、思维及视野

开放的教育平台，从根本上看就是教师对教育角色实现个性化解读。按人本主义观点，学生是学习的主体；《普通高中语文课程标准（实验）》也认为审美教育是认识世界、发展思维、获得审美体验的重要途径。可见学生通过审美教育认识和理解美的存在不受既有审美结论或者学习、思考习惯的束缚，有参与审美教育的兴趣和学习的欲望，实现学习的主体地位。相应地，教师要给学生提供这样的学习平台，建构符合教师"教"的语文审美教育个性化平台，使之适应学生"学"的需要，进而使学生在学的过程中，不断积

---

① 〔德〕康德：《判断力批判》，李秋零译，中国人民大学出版社2011年版，第48页。
② 中华人民共和国教育部：《普通语文课程标准（实验）》，人民教育出版社2003年版，第16页。

累认识世界、发展思维和获得审美体验的方式方法。

教师积极建构开放性平台，拓展审美思维与视野，给学生更多的选择和学习机会，是基于审美教育过程中学生的实际需要。比斯莱指出，在高中阶段，学生具备对选择出来的艺术杰作的批评性欣赏能力，具备了审美判断的标准，能对某些美学问题进行讨论。他指出学生在审美教育中具有选择能力、审美标准解读能力和问题探索能力。这三种能力至少说明阶段的学生拥有独立的审美思维，有独立进行审美批评性欣赏的能力与水平，通过自主学习和个性化学习可以在审美境界与思维水平上有所提升。但是这个结果的前提是有开放的审美教育平台。选择能力、标准解读能力和问题探索能力的产生基于三种情况：一是教师鼓励支持学生的多元审美，积极拓展思维与视野，进行多元审美学习，让学生有选择适合自身审美能力平台的机会，进而逐渐形成学习个性，激发审美潜能，促进个性发展；二是支持学生选择适合的学习方式，自主、合作和探究式学习，由学生根据自己的学习能力与特点自主选择，教师开放审美教育学习方式的选择权，让学生在选择和学习过程中，最大程度地激发审美学习潜质，提高审美教育兴趣，调动各种积极因素进行感性体验与理性感悟，得出审美判断结论；三是支持学生关注审美教育过程，注重审美教育的过程性收获，在审美过程中不断积累和感受审美情感，用理性的视角进行印证。开放性的审美教育过程，是学生审美能力不断积累和提升的过程，是理性和感性不断交融的过程，是体现学习个性的过程。

教师开放教育平台的过程，是用教师个性化的"教"引导学生个性化地"学"的过程。审美教育过程中，教学内容、教学设计、教学问题、教学方式、教学方法、教学评价等都有开放性特点。教师在审美教育个性化中的"教"体现在三点。首先，虽然教学是有预设的，但是这个预设是基于教师个性特点和能力的，是有特色的，是有针对性的，不是僵化、模式化的设计，同时教师的"教"要关注学生个性化的"学"的需求，有针对性地进行教学设计，从这点看，教学预设结合了师生两个角度的个性化教与学的特点，结合了审美资源的具体情况，这就使学生有适合的审美学习空间，能够进行自主、个性地学习，从这个意义上看，教师的"教"是开放的。其次，在教学过程中，教师开展审美教育个性化教学，既不控制学生的审美思维与视野、学习感受与判断，给其感受和判断空间，同时又给予必要示范和引导，给学生提供学习的助力与支持，这也是教师审美教育参与者、促进者角色的要求。从这个意义上说，教师适时的"教"，本身也是开放的。第三，教师的"教"是引导学生建构自主的个性化的学习模式，这个模式是个性化的，是适合学生个体审美教育需求的。学生个体审美学习模式的建构过程，就是不断进行自主学习，选择自主学习方式、方法和不断总结规律的过程，其价值在于学生感性感受力与理性判断力的共同提升。

"开放"教学平台，包括开放审美教育内容，这本身也是一种"教"，教师自身积极拓展审美教育思维与视野，并不局限于原有认识与教学水平。同时，淡化审美教育的控制作用，淡化审美教育的目的、方法、策略及评价等方面的直接预设，留足审美生成空间，充分实现审美过程中情感的陶冶与升华，引导学生自主感受普遍性的美的内涵。

2. 实践方法的开放与个性化示范、引导

教师淡化审美教育的控制作用，按人本主义的观点是给学生的"学"留足思考与实践空间，鼓励学生自主和个性化学习，而且学生有这种学习的愿望、能力与要求。在康德看来，审美的主要功能是美学学科的自我拓展与超越，一般而言，美学只有对人类审美活动自身精神个性有了充分认识后，才有望很好地解决拓展性问题。在审美教育过程中，教师引导学生充分认识自身精神个性，并鼓励和帮助他们进行个性化的审美感受与判断，才能解决审美教育中学生个性与审美素质拓展式发展的问题。

教师审美实践方法的开放从目的性审视是意图淡化审美教育的控制作用，通常表现在对审美教育目的的淡化。比斯莱提出对审美体验的"客体指向性"，强调不以实现审美教育目的为目的，同时提出审美的非功利性，这两点都使审美教育呈现开放性的特点，在感性上自由审美，自由感受美的情感与特点，体验其中美的存在与意义；在理性上，根据审美对象的客观特征审视美的特点与价值。教师对审美教育的淡化使审美教育过程中的各个环节都拓展了学习与探索的空间，例如对审美问题的理解与生成，有更开放的空间与氛围。在学习《面朝大海，春暖花开》时，教师提供引导，熟悉诗歌背景，并与学生反复诵读，然后鼓励学生带着自己的情感与观念进入课堂、进入文本、进入学生心目中的诗歌情感世界。教师的做法是尊重、倾听学生的审美感受、体验与判断,并在此基础上,创造各种可能的机会与平台,让学生探索诗歌情感世界的价值,产生更精彩的审美观念与判断,激发学生审美潜能,让学生受到美的熏陶,进而培养自觉的审美意识和高尚的审美情趣。另外,教师要坚持营造开放的审美氛围。在审美态度、审美感知力和审美趣味等方面给学生更大的空间,鼓励学生重视审美个性,重视个体的感受、体验、评价和思考,使学生个体意义更鲜明,达到更高的审美境界。

教师将学习的主动权交还学生,但并非置身于教学之外。《课标(实验)》指出,"教师应遵循教学基本规律,并根据自身的特点与条件,发挥优势与特长,努力形成自己的教学特色"[①]。在审美教育过程中,教师与学生共同开展审美学习,教师还要实现引导、参与和促进者的角色与作用,加强示范与引导。作为重要的审美因素成为学生审美学习的助力,从这个意义上说,开放并不是回避与放弃,而是一种特殊的鼓励与支持。一方面,有利于学生进行深入地审美学习,形成正确的审美趋向,树立正确的审美意识,教师与学生合作,共同感受和解析审美困惑,在审美教育过程中提升学生的审美能力、境界与水平;另一方面,有利于学生的自主与个性化学习,在教师的帮助下,学生逐渐提升审美学习能力,这种能力又促使学生能够研究和探索未知的审美意义与问题。

教师必要的示范与引导本身是个性化的存在,因课、因师、因生、因境、因审美内容而异,最大限度地激发学生的学习兴趣,选择适合的方式方法开展属于自己的审美学习。从本质上说,示范与引导是一种审美学习方法与趋向的开放,示范是在学生产生审美困惑或者价值理解出现阻碍时给学生提供可参照的审美示例,促进深入的思考与探索,提升审美层次与价值;引导是教师在审美学习目的与策略上的指引,帮助学生拓展审美认识空间,更新学习策略与方法,并不是统一审美结论,也不是统一判定审美价值。在审美教育个性化教学的过程中,教师或者优秀的学生进行审美引导与示范,不是将

---

① 中华人民共和国教育部:《普通语文课程标准(实验)》,人民教育出版社2003年版,第15页。

开放性等同于学生个体的随意性，而是通过引导启发学生的审美开放意识，通过引导和示范来支持、鼓励学生开放审美思维，多角度、个性化地理解美的普遍意义的深刻内涵。

例如，在选修课《骆驼祥子》的片断《高妈》中，审美教育形式是学生自学，个性化意义明显。从审美教育感性视角分析，课文的内容及情感是比较清晰的，学生通过自主学习可以领会。主人公祥子的憨厚拙直与高妈厉害爽快的性格特点，学生可以通过小说的情节设计、心理描写及语文描写分析出来，进而感受、领悟和判断小说内蕴的情感与理性意义，进行审美意义的思考。在语文教学中，这种人物性格描写的笔法是常见的，审美的难度并不高。一般情况下，学生可以有效开展自主审美活动，但是在类似本文这种写作年代久远、写作背景复杂的文章，由于学生的审美感受、情感经历、对写作背景的理解能力不尽相同，审美教育的深入推进存在困难。小说中的祥子与高妈处于社会低层，社会环境比较复杂，分析他们的人物性格特点除了自身学识、经历、情感、阅读力、理性解读能力、综合素养等因素外，还必然与所处时代与社会、写作背景、特点、经历息息相关。这使学生中难以深刻把握小说的人物形象，只能有基本解读但并不深入，自主学习存在阻碍。一方面，学生并不理解祥子在小说中表现出来的"简单"，他连存钱这样的事情都不理解，是愚笨的，进而就会觉得祥子的结局是其自身知识及理解能力不高使然；另一方面，单从小说中根本看不出内涵的社会因素及影响力，无法深入对小说进行深入审美鉴赏，类似问题不一而足。学生可以做的是结合小说可以掌握的信息进行感受式体验和基于历史背景一般了解进行审美判断，这容易使学生以单一的感性认识取代审美教育的全部意义，审美存在随意性。在此情况下，教师充分发挥作用，认真研究审美教育个性与特点，研究学生的学习特点与习惯，选择个性化教学方法，例如可以进行示范性审美，通过审美方式和方法的示范向学生展示复杂性文本的审美过程及方式方法的选择依据。例如，教师本人或者优秀学生可以进行必要的示范，结合老舍本人撰写的创作心得、专家的研究结论、其他有代表性的感受与分析等，引导学生在示范中感受小说创作的技巧与方法、人物形象的特点、矛盾的内涵及小说主题等等。再如，在审美过程中，教师坚持以学生为主体，少些限制与模式，尽管浅显也让学生各抒己见，感性认识与理性判断皆可，以此提高和激发学生的审美兴趣与潜能；其次，通过小说背景研析、相关人物介绍、有声有色的朗读、相关影视剧的片断鉴赏等方法形成一定的审美氛围与情境，让学生认识到本选文虽然是从一个小角度来表现祥子的性格特点，但也同样涉及当时的社会大环境与各种社会矛盾，在多种因素分析的支持下，学生对祥子的性格特点、小说主题的审美鉴赏就会有深层次的解析，审美教育就有一定的价值与意义。

（二）自由性

语文审美教育个性化的自由性具体包括教师的认识自由与实践自由，它并不附庸于审美认识的规律，也并不依存于教学规律，有自己的特点与内涵。有学者认为"教育只有为促进人的自由、促进人的理性发展、促进人的主体性提升而努力时，这种教育才称得上'现代教育'，这种追求目标实现的过程才能称得上'教育现代化'。实现人的自由与解放，是教育的最高价值追求"[①]。说的就是这个道理。

1. 认识自由

教育的价值在于张扬自由与主体性，在审美教育个性化的视野与范畴中，在一定概念与定义制约下的美不是学生可以深入体验、感受和鉴赏的纯粹的美，它是教师控制下的学生模式化的被动审美。审美教育个性化的自由性不受制于审美的一般模式，不受制于现实观感和自我经历、体验，它是在教师引导与参与下，对美的事物进行多角度、自由地感受，由形而神，由外而内，不带有功利性，不为了实现教育目的而审美，进而实现审美认识的自由。基于美的复杂性存在，审美教育个性化的自由性体现对美的自然而不带有预先结论的鉴赏，无论审美鉴赏的深与浅，都从美的事物本身着手，根据学生自己的审美能力水平指导进行多角度的个体化感知、领悟、判断和评价，使之感受真实的审美趣味性，得到美的陶冶。

---

① 褚宏启：《教育现代化的本质与评价》，载《教育研究》2013年第11期，第6页。

比斯莱曾提出审美判断的三个普遍性理由或者说审美判断的一般标准。即统一性、复杂性和强烈性三个标准。在审美教育个性化实践中，统一性在于判断审美对象的形式与逻辑的美的特点；复杂性在于判断审美内容丰富性的美的特点；强烈性在于判断审美内容感染力的美的特点。统一性、复杂性和强烈性，这三种标准特征都可以在那些优秀的审美作品中找到，如何审视这些特征，如何做进一步的判断，教师首先要有个性化的解读与思考，有自己独立的认识，才能建构多元的学习平台，使不同的学生有审美阐示和发挥的空间，具体表现为教师有引导和促进学生进行审美学习的教学设计。可见在审美教育个性化中，教师依据个性和特点开展审美教育，进而引导和实现学生的自主审美学习，认识自由必然是引导学生多元化审美必要的保障。

基于自身素养与个性，教师群体有着不同的审美经验、经历、思维、情感、境遇、理性追求，教师都有机会和条件进行有个性化特点的审美教育思考与实践，这是内在、深层的并且渗透在感知、想象、情感诸因素中并与之融为一体，它基于生活，高于生活；基于真实，高于真实，由"知性"到达"理性"，进而给学生提供更广阔与深刻的审美教育平台，正如熊川武提出的"自由也是发挥自主性的必要的情境条件。它给学生自主发挥能力提供时间与空间。与之相反，在压迫的学习情境中，学生的自由被剥夺或者部分被剥夺；在学习内容、时间和方法等方面学生丧失或部分丧失了自主权，学生自主权难免式微"[①]。学生实现审美自由性的前提，正是教师审美教育的认识自由，每名教师的审美判断，都积淀着他们对自身、对他人、对社会、对生活的多重认识，它是来自人的各种心理功能（其中既包括知性，也包括想象力）的共同活动的结果。这种审美教育使审美愉悦区别于生理愉快，使审美教育区别于心理教育，使审美教育个性化区别于一般的审美实践。

2. 实践自由

语文审美教育个性化表现出实践自由性特征。正如上文提出的，比斯莱指出审美体验的标准即统一性、复杂性和强烈性，三个标准分别从形式、内容和感染力等角度审视审美对象和内容。其中任何一个标准都表现为多元内

---

① 熊川武、江铃：《论学生自主性》，载《教育研究》2013年第12期，第29页。

涵，教师要从认识自由的高度理解和判断审美价值，这为审美教育实践提供了前提。教师的实践自由表现在审美教育的各个环节。在教育实践过程中，教师遵循自己的审美认识进行审美教学设计、预设问题；遵循自己的审美判断引导学生进行个性化审美感受与体验，进行审美判断。这个过程体现为因材施教，只有教师个性化需求与学生的个性特点相融合，教师教的内容才合乎学生学习的需求，才实现个性化的意义。实践自由展示了教师"教"的合逻辑性及个性化，教师有实践自由才会实现学习自由，才有适合学生学习的平台，否则单一的实践方法并不能适合学生的多元化需求。这是审美教育过程中教师不能回避的问题，并因此确定和调整师生关系，给学生更多的支持与资源，提供适当的审美空间，激发学生审美情感，提升审美实效。

例如《林教头风雪山神庙》中的景色描写素来为人所称道，从审美的角度看堪称经典。学生在读课文时，易被景色的描写情节所感染，进入学习氛围时，甚至可以体会到文中飞雪的严寒、厚重与冷酷，单单是这雪的审美便会让学生结合自己的感受有感而发，这是一种有普遍性意义的美。作品的统一性、复杂性和强烈性均有表现。从教学来看，教师并不要拘泥固定的学习形式，要选择适合学生个性化特点的实践方式与方法。例如，可以放开思维，让学生针对这景色充分联想和想象，充分感受与鉴赏，任选感受和评判角度，任选表达方式，只要进行个性化审美感受与判断即可，并不急于进行其他分析，只要这雪的景色分析透彻，也就熟谙了它和主题、情节、小说矛盾、人物性格间的关系，诸多问题可以迎刃而解。否则，按照教学目的要求，还要将这景色描写同小说的主题、人物性格的发展、情感的发展等联系起来，这会让学生还不曾认真看看和思考这雪的魅力便直接被主题、情节、性格等问题的技能性解答消淡了对雪的兴致，就剩下机械的、形式和技能性的分析，失去审美感受和体验的兴趣，感受不到美的存在，这不是有意义、发展性的审美教育。

审美教育不是将学生培养成审美批评家与美学家，不是为了发现普遍性的美而去求得普遍性，而是教师根据学生不同的条件与情况，根据教师自身的各种条件限制和审美内容的内涵、价值限制，因材施教，关注和引导学生对不同层面的美的感受与鉴赏力，提升学生的审美水平与能力。从表现上看，教师可以鼓励学生放开思维，充分展开联想和想象，充分感受与鉴赏，进而研究自己的审美感受并形成结论，只要存在合理性就可以予以肯定和支持。

三、交互性与公平性

从审美关系上看，语文审美教育个性化存在着交互性与公平性的特征。审美关系是人类长期实践过程中形成的一种特殊的主客体对象性关系。所谓对象性关系是指对象如何与人构成一种关系。

在一种对象性关系之间，康德认为"美是一个对象的合目的性的形式，如果这形式无须一个目的的表象而在对象身上被感知到的话"[①]。在认同"无须目的而合目的性"这一点的前提下，语文审美教育个性化具有交互性与公平性的特征。

（一）交互性

交互性是教师开拓审美视野、交流审美心得、丰富审美教育内涵的重要保证。交互性在逻辑上表现为教师引导学生从感性与理性及二者相融合的角度交流情感与观念，感受"美"的存在，判断其价值。在教学行为上则表现为师生、生生在审美认知、情感、想象、理解、判断和评价等方面的交互。交互性具体表现为审美情感的交互和审美心得的交互。

1. 审美情感的交互

从《课标（实验）》的要求看，"教师要引导学生学会多角度地观察生活，丰富生活经历和情感体验，对自然、社会和人生有自己的感受和思考"。

在语文审美教育个性化实践过程中，教师因为不同的个性与特点表现出不同的情感特征，这些情感特征在标志着个性化印记的同时，也代表了对自然、社会和人生的感受与思考。《课标（实验）》要求，"教师要引导学生学会

---

① 〔德〕康德：《判断力批判》，李秋零译，中国人民大学出版社2011年版，第65页。

多角度地观察生活，丰富生活经历和情感体验，对自然、社会和人生有自己的感受和思考"[①]。就是这个道理。但是正因为师生的情感特征是个性意义的、复杂的，需要加强师生角度、生生角度以及其他可以利用角度加强情感的交互，目的是端正、丰富和提升学生对自然、社会和人生的感受与思考，有利于拓展和丰富审美感受、体验、感悟、判断等过程的内涵，实现审美价值。

例如，在《故都的秋》的审美教育中，对于不同审美境界、不同年龄与经历的师生、生生而言，除了积极对作者郁达夫以情驭景、以景显情、情景交融抒情手法进行学习与鉴赏，除了体会作者"悲凉"中流露出的沉静、寡淡的心绪外，还要选择"故都的'故'是不是可有可无"、"文章写秋，换成写冬，会是什么效果"、"文章的景含情，这种情对于作者和读者而言有什么异同"等问题，使师生、生生形成一种认识：无论从哪个角度和问题看，本文都合"寡淡、悲凉"的情，合"沉静、幽然"的景，合乎作者的心态，顺理成章，美得自然。师生在对这种"合乎"产生共鸣或者碰撞，进而交流和判断，在赞同或者争议中结合自身的特点再反复体会其中"合目的"的审美意味，结合"沉静""寡淡""悲凉"等关键词进行深入鉴赏，可以选择作者、读者、旁观者等角度形成自己较清晰的审美判断，如果有理有据，则可以进行交互学习。这种交互性不是一般意义的交换意见，而是交换有依据的审美判断，是从不同审美角度鉴赏所收获的审美情感与判断的交互，互相促进、融合，促进审美情感的升华。这要求教师进行个性化意义的教学设计，关注并充分利用审美教育相关因素，支持学生形成自己的审美习惯与风格。

在审美教育中，教师引入可感受、体验的审美因素，不能仅是感动自己的因素，而是要触发学生的审美兴趣与体验。审美教育每个环节的衔接都内隐着审美者情感的愉悦，师生的交流与互动只有基于审美愉悦与审美共通感，才能获得理解审美感性与理性关系的路径。无须提前表明美的存在，而合乎审美共通感的审美对象也必然是美的，审美判断才成立，美的"无目的的合目的性"言即指此。从这个角度说，如果教师没有引导学生树立正确的审美

[①] 中华人民共和国教育部:《普通语文课程标准（实验）》，人民教育出版社2003年版，第9页。

态度，没有充分激发学生的审美情感与体验，则不会形成有意义的审美判断，缺失有意义的交流与沟通，审美教育缺失效果。

2. 审美心得的交互

语文审美教育个性化实践过程中，审美心得的交互是师师间、师生间、生生间相互借鉴、共同提升的重要条件。对于审美教育而言，师生的审美心得不单一指向审美判断结论，是指师生从理性和感性二个角度实现前者对后者的超越、融合的学习体验和审美价值的判断。各种角度下的审美心得都是师生个性化学习的收获和判断，这种收获、判断与教师审美教育的个性与特点息息相关，显示了感性和理性双重特点。个性化特点彰显了教师的个体意义，但是从效果上看，教师对学生单向的指导性学习不可避免地出现同一化学习结论，审美视野趋同，审美兴趣缺失。交互的目的与作用就是教师引导学生充分认识美及审美的意义与价值，互为审美学习的助力，相互激发与促进，拓展审美视野，提高审美理性的认识与判断水平。

审美心得的交互展现教师审美教育的个性特点，交互性首先基于教师个体的对于审美理性的充分认知，显示个性化的审美判断能力与水平，这是实现交互性的前提与保证。对于师生而言，教师的个性化审美引导和促进学生感性到理性再到理性超越感性三个过程的审美体验与判断。首先，教师个体的充分认知也是一种审美教育资源，会给他人形成助力与引导，拓展审美思路与视野，实现审美超越性和创新性。其次，交互性还显示了有效的交互方式。师师之间可以进行审美教育形式与内容、个性与特色的交流；生生之间交互性的学习方式则是合作和探究，合作与探究方式下的交互体现了两个要求，即要有适合师生、生生的交互角度，这是思想与实践智慧的交互，交互双方要有共同的审美内容和独立的审美判断，同时要有开放性思维，能够广泛摄取不同的审美心得，引发共鸣、去粗取精，提高审美情感体验和判断水平。第三，交互性需要师生的共同努力。教师依据教学个性，思考美的形式与特点、大数据时代的教学技能、班级学生审美学习习惯与综合特点，让学生个体和群体充分理解和感受审美学习过程中交互的作用与内涵；同时，教师推动教学进程，适时参与学生的审美感悟，帮助拓展审美视野，引导提炼审美心得，帮助学生感受审美愉悦。另外，教师积极创建适合交互的审美平台与时机，引导学生参与交互，互相借鉴，研究收获，共同提高。

总体而言，交互性不是一般意义的交换意见，而是有一定依据的、清晰的审美判断间的交互，是从不同审美角度进行鉴赏，是审美情感、判断的交互，互相促进、融合，推动审美情感的升华。教师要有个性化的教学设计，关注和审美教育相关的因素，支持学生个性化的审美习惯与风格，不求一致，而求有所心得，有所沟通，形成合力，共同发展，促进审美教育个性化。教师审美教育个性化中的"个性化"依托于每次课堂教学教师选择的正确的师生角色与关系，还学生自由、自主的审美空间，给他们更多的审美感受、思考和判断的权利，张扬想象，拓展视野，而且因人而异，因势利导。审美教育个性化虽然无定法，却也要使学生获得属于自己的审美愉悦与审美效果。

（二）公平性

在语文审美教育个性化实践过程中，师生有不同的审美个性、角度、感性体验能力和理性判断水平，教师单一、固化的教学模式不能保证每名学生都有自己的学习空间与权利。审美教育的公平性是教师在审美教育过程中实现学生自由审美权利的保障，使师生的审美意识、情感与能力有实践感受和探索的契机，有益于提升师生审美综合素养与个性水平，同时促进审美教育的发展与创新。公平性体现为学的公平性与教的公平性。

1. "学"的公平性

当前的教育主旨之一是育人为本，其对象包括每一名学生。基础教育课程改革直接提出为每一名学生的发展奠基，审美教育同样要为每一名学生提供公平的学习平台与机会，教育机会均等。审美教育个性化面向每一名学生，为每名学生的审美素质与个性发展负责，每一名学生在审美教育过程中享有学习和交流的公平权利。学的公平性体现在审美教育个性化的每一个环节，作为审美教育主体，每一名学生都可以在审美认知、情感、想象、理解、判断和评价等平台与空间自由学习与探索，进行个性化思考与判断；同时，每一名学生都有交流和沟通的权利，都能根据自己的特点进行自主、合作和探究式学习。

人本主义提出,"学习依靠学生内在驱动,充分开发潜能,达到自我实现的学习。这是一种自觉的、主动的、创造的学习模式。这种内在教育的模式会促使学生自发的学习,打破各种束缚人发展的清规戒律,自由地学他想学的任何课程,充分发挥想象力和创造力"[1]。学习的内驱动首先要有学习的欲望与兴趣,其前提是有公平的学习机会与学习机会的选择,形成支持和鼓励学生学习的内驱力。审美教育个性化主张以教师个性化的"教"推进和引导学生个性化的"学",个性化的"教"是充分关注教师教学个性与特点,形成独特的教学思想与行为,以满足教师自身和学生需求为宗旨。从根本上说,"学"的公平性是鼓励学生深入、主动参与审美教育全过程,引导学生审美整体素质与个性的发展,符合学生学习的内在需求,更大程度地为每名学生的发展提供机会。对每名学生而言,这就是学习的公平。

公平性,还指师生公平地享有审美教育的环境与资源。审美教育个性化以实现学生审美综合素质的提升和个性发展为目的,审美教育环境与资源的创设与开发为实现这个目的做保障。营造公平的审美环境或者氛围,这是审美教育个性化的应有之意,教师个性化的教就是为了满足学生个性化的学,师生的审美教育个性化实践过程本身就是不断在营造一种公平性的审美环境与氛围,每名学生都从中获益,得到发展。另外,从《课标(实验)》的要求看,"语文教师应高度重视课程资源的利用与开发,充分发挥自身的潜力,参与必修课和选修课的建设,创造性地开展各类活动,增强学生在各种场合学语文、用语文的意识,多方面地提高学生的语文素养"[2]。可见满足学生多样化的需求与选择,多方面的提高学生语文素养,这是语文教育对审美资源的总体要求,教师要面向每名学生,使之根据自己的个性发展和整体素质提升的需要提高开展审美学习,满足学生的审美学习需求。从审美资源的共享、需求和选择角度看,具有个性化特点,是一种公平的表现。

---

[1] 陈琦、刘儒德主编:《当代教育心理学》,北京师范大学出版社2007年版,第204页。
[2] 中华人民共和国教育部:《普通语文课程标准(实验)》,人民教育出版社2003年版,第27页。

2. "教"的公平性

"教"的公平性首先体现为教师审美教育行为的非替代性,教师不是替代学生进行审美,不是教授审美,而是教师自身个性化教学理念的个性化实践。课堂是教师审美个性、审美感性认识与理性判断水平展示的平台。教师有"教"的权利,教师个性化的"教"是学生个性化的"学"的前提条件。当然,这里的教不是灌输式的"教",而是一种个性化的教学理念和教学设计,这是一种权利也是一种义务。其次,"教"也是一种教育理念与能力的展示,教师以"引导""参与"教学的权利促进学生主体审美意识的觉醒与发展,引导学生建构属于自己的审美方法与策略,即审美教育是通过美的感受、陶冶与鉴赏来提升学生对于美的感知力和判断力。教师只有引导学生通过自身的努力,充分利用可以凭借的平台与机会,才能逐步实现对这个方向的追求,例如在《诗经》各种选文的学习过程中,一部分优秀学生会因为自身的综合素养与能力预先对《诗经》的内容有所涉猎,有一定的个性化意义的审美心得,在审美鉴赏中会比其他学生有比较清晰和特色性的领悟与判断,对于《诗经》选文言、情、意的合目的性有一定意义的了解,但是更多的学生会因为没有接触过诗经,并且没有较好的文字感悟能力,在学习和审美过程中显得步履艰难,停留文字解读层面。基于此,审美教育个性化实践中,教师并不能因为审美教育形式而只关注那些有审美能力的优秀学生,还要关注那些有审美阻碍的学生,推荐适合的审美资源,设置不同的问题,引导学生体验自己的审美愉悦,得出自己的审美判断,在审美教育过程中各有所得,共同发展与进步。审美教育个性化显示的公平性激励每名学生积极参与审美教育活动,感受美的陶冶与启示。

当然,审美教育的目的不是让每名学生成为审美专家,而是让每名学生都能不同程度地感受美的存在和美的情感与价值。无论何种能力与水平,每名学生都应该有属于自己的审美认知、情感、想象、理解、判断和评价的平台与空间,都有交流和沟通的权利,都可以根据自己的特点进行自主、合作和探究式学习。当前的教育主旨之一是育人为本,教师就要为每名学生负责。基础教育课程改革直接提出为每一名学生的发展奠基也正是这个目的。审美教育个性化要求教师公平的教,公平地为学生提供审美教育的平台与空间。

四、超越性与创造性

语文审美教育个性化凸显和实现学生的审美学习主体地位，同时明确教师的角色与作用，教师是审美教育个性化的发起者、参与者、促进者与评价者，要在教学中引导学生自主与合作学习，积极实现审美价值、审美感受力、审美判断力与创造力。教师的审美心理结构包括审美观念、审美需要、审美态度、审美能力、审美情感等，这种心理结构使之摆脱审美对象的客观束缚，超越环境和功利，超越情感的感受力，实现审美心灵自省，激发潜能而且洗涤思想，提升审美教育的创造力。在此过程中，这种演进不断促进审美过程中理性与感性的融合，个人与整体的融合。教师在审美教育个性化实践中，从教育理念、方式与方法等方面不断超越和创造，体现出超越性和创造性的特点。正如教育学所倡导的"个性化的功能突出地表现在它能为培养个体的创造意识，从而焕发个体的创造性服务"[①]。

（一）超越性

在审美教育中，教师的教学活动体现着自身的特殊性，基于既有审美资源，但是超越资源；基于审美情感，但是超越感性；基于理性判断，但是超越理性，基于审美目的，但是超越目的性。这些特殊性体现在对既有教育价值的超越上，集中表现在非目的性和保持审美距离两个方面。

1. 非目的性

超越性首先表现在教师开展审美教育的"非目的性"上。目的性是教师引导学生在审美教育过程中根据审美固有模式或者对审美情感已有的体验、经验按审美目的的要求形成审美判断。从本质上看，仅为完成教育目的而开展的教育活动是一种功利化的教育。在此过程中，审美教育成为追逐功利化

---

① 袁振国：《当代教育学》，教育科学出版社2004年版，第74页。

的工具，缺失审美本质意义的超越与创新，使审美感性与理性两个角度停留于形式，缺失内涵。在为了实现"功利性目的"而进行的审美教育活动中，审美内涵与意蕴不是通过师生审美感受、体验、感悟和判断而来，而是根据固定模式和经验机械分析与总结得来的，有人提出，"审美意象孕于内而发于外，不仅成为创新主体的审美趣味的集中体现，而且成为社会文化的传统意蕴、时代精神的具体表征。"[①]这正说明，审美教育价值不能局限于技能性训练。审美教育个性化讲求非目的性就是使审美教育中的愉悦成为一个可以不受功利性或者直接目的性干扰的、充满意蕴的世界，学生对这个世界进行审美观照，兴起个性化审美情感，进而感悟和品味其中的美的意义，形成审美判断。基于此，审美教育个性化并不是仅仅对美的事物的一般性的感官判断或者感受性描述，而是教师引导和鼓励学生从情感、思想和价值上对美的事物进行自我鉴赏判断，这也是对学生自身道德、人生观、价值观的综合检验，这是超越性的意义所在。

非常典型的是悲剧教学，大多数学生对于悲剧的表现过程与结局有防备心理，以免产生情感上的失望与迷惘。如果在审美教育中，教师能关注学生的年龄、性格特点与心态等问题、首先对悲剧的本身意义与价值或者文字进行鉴赏，不受既有模式化的审美方式与直接功利性目的的干扰，然后从思想和价值上鉴赏诗歌美的内涵，那么结果将是不同的。例如《孔雀东南飞》，描述人物性格特点的文字准确而丰富，人物形象丰满，教师可以引导学生先不从个人好恶出发，而是从诗的背景、诗中的语言赏析开始，对文字的表现力进行鉴赏，对刘兰芝、焦仲卿、焦母等形象进行鉴赏，在感性判断的基础上对诗的主题思想与价值进行分析，得出审美精神层面的审美结论，体会诗歌的语言魅力与历史价值，这对学生自身的情感体验与理论思维水平也是一种升华与陶冶，这个审美过程就是一种超越。如果教师能引导和鼓励学生结合自己的情感感受能力，享受和深入探析诗歌文字的魅力，感受与其他爱情诗歌（例如《长恨歌》）的审美异同，更易提升审美境界。

[①] 唐艺、何晓佑:《探究设计创新审美意象的生成》，载《设计》2016年第15期，第64页。

审美教育中文本的作用与价值、教学所采用的方式方法、审美意蕴与价值的感受与判断方法等问题,都需要教师在教学前进行思考与选择。但是,要注意依据美的情感与价值、审美内容与对象、审美主体进行教学设计,既关注教师自身教学个性、条件与能力水平,也注意尊重学生自主学习、个性化学习的权利,不用关于审美教育过程和环节的学习目的要求来规范学生的审美行为,不干扰学生不同角度的审美过程,使之利用开放的审美教育平台实现自由审美。审美教育过程本身是感性与理性的体验、思维与判断过程,是理性超越感性认识的过程。简而言之,审美教育个性化关注教育过程中学生真实而有个性的审美情感和逻辑,力求提升审美教育的层次、作用与价值。

2. 保持审美距离

超越性还表现在审美距离上,即教师作为审美主体首先要同审美对象间保持审美距离进而引导学生同样与审美对象保持审美距离。要说明的是,这种审美距离并不是要求回避现实、生活与体验,而是避免现实(即经验)决定审美判断的情况发生,不由现实去决定一切,否则审美主体只能接受现实和自我体验的审美成效,从而失去审美自由和深层次的审美愉悦。教师引导和鼓励学生保持非功利性的审美态度,力求对美的事物有超然于自我、超然于现实的、静观的更细腻的感情。教师要引导学生同现实与理想保持合适的距离,使其深入理想的审美境界而不过度,立于现实也不受现实直接左右,在批评中欣赏,在欣赏中批评,执着于情感而又享受于超脱。

比斯莱在提及审美体验时,也认为审美的过程有超脱感和非功利心。他所谓的超脱感,并不意味着对审美对象失去审美兴趣,相反,审美者必须对自己的功利心保持一定程度的压制,使自己的情感、判断和审美心理与这种功利心保持一定的"距离"。这就是通常说的"非功利的注意"或者"审美注意"。教师通过非功利性的审美注意,使学生的感性体验更真实纯粹,更能为审美对象具有的美的特征所感染;理性判断更合乎事物本身的逻辑,不受单一情感角度审美结论的控制。这样的审美过程及体验支持和帮助学生全力关注审美教育本身,从不同的角度多元审美,获得不同的审美发现和理解,这种发现和理解都是来自学生对审美教育直接的审美注意、感受与判断,不受功利因素干扰,具备一定的人文性与审美意义。从这个意义上说,审美教育个性化具有超越性与创造性的特征。

叶朗曾在《审美教育的基本理论》中引用了关于审美心理学的研究成果，认为13至20岁是个体审美发展的危机阶段，这时期的特点是相对主义与道德发展的相对主义阶段相一致。其实不同的审美心理特点必然有不同的审美表现、感受与判断，教师在审美教育中引导学生进行审美的时候就要关注学生的审美心理特点。也就是说，审美教育要支持和鼓励学生按照个性化的审美思想与视角进行审美，既不为了完成审美任务而进行审美教育，也不为已有的审美结论寻找审美证据。要与审美对象保持必要的审美距离。否则，美的感受、体验、趣味与判断都成了满足所谓的"功利性"——完成既定目标，学生不是在真实感受美的存在，不是在判断纯粹的美的意义，而是为了审美而审美，为了目的而审美，将审美愉悦直接演变为解答问题的逻辑思维。教师有必要在审美教育中及时纠正这种认识。在教育阶段，教师开展审美教育，提高学生的语文素养——在知识与技能、过程与方法、情感态度价值观等方面提升整体素养，促进个性发展，对于学生的综合发展而言有奠基的意义。教师要引导学生注重审美过程，从出发点看，既要贴近学生生活和情感，又不能仅用生活体验来替代对美的认识，更不能只为实现教学既定目标，要循序而进，由浅入深。教师要与学生一起分析教育资源、审美对象美的特点、价值与意义，要让学生从非功利性的审美教育过程中有所感、所思，获得审美教育的价值。

（二）创造性

在关于感性、理性和美的关系的认识中，康德认为当理性超越感性并且与之融合时，这个过程就是审美个性意义的升华与实现，从而体现为审美创造性。比斯莱与其观点一致，认为作品被审美者进行有意义的审美鉴赏并能分析出审美意义与价值时，审美就有新的发现和理解—创造。

审美教育创造性的价值在于理性对感性的超越和融合，这个过程体现的是审美感性和理性的双重创造价值。审美教育个性化的创造性表现在两个方面：审美精神意蕴的创造性和审美判断的创造性。

1. 审美意蕴的创造性

基于审美教育个性化的角度，教师关注学生的情感与理性判断水平的提升。仅就审美情感而言，提升情感层次与价值，就要在体验和感悟过程中引入理性意义的审美因素，用理性视角审视情感体验结论，感性愉悦就是感性经验受到理性的审视与提升后产生的。感性愉悦与理智判断的融合事实上深化并丰富了理性对审美对象蕴含之美的直觉。审美意蕴，就是通过理性和感性融合后的感性愉悦实现的。

意蕴是所有艺术作品积极追求与表现的，马利坦说"这种艺术潜心于在事物中发现并力求从事物中将事物自身被束缚的灵魂和关于动力和谐的原则，即其被想象为一种来自宇宙精神的不可见的幽灵的精神揭示出来，并赋予它们以生命和运动的典型形式"[1]。正是这样，优秀的阅读资源在那些表象的文字、媒介的后面，内蕴着高尚的灵魂、风骨和精神，这就是意蕴，是感性视角审美的精神结果，是经过理性判断、富有精神内涵的感性认识。基于此，审美意蕴源于理性对感性认识的超越而形成的精神世界，从理性对感性的超越角度看，审美意蕴富有创造性。审美教育个性化要求教师在自身用审美感性与理性融合的角度进行审美体验与判断后，积极引导学生的审美意蕴获得提升，引导学生在关注感性认识的基础上，用理性认识来判断感性认识，从判断的过程中体验审美教育的精神意义，基于此，审美教育过程也是审美境界与意蕴不断提升的过程。

简而言之，基于审美教育个性化的角度，教师引导学生进行审美理性判断使审美教育不再滞留在对于美的表象形式产生的愉悦中，而是引向对审美对象本质的动态性、本质性的观照上。教师引导学生进行审美教育活动，同时也是调整和优化审美理性自身的结构与潜能。审美教育个性化就是要对美的意蕴与境界、动态与本质进行标志。这种标志不是显而易见的，是隐含在审美资源中的，需要教师引导学生结合自身素质，认真从语言表述到文本内涵、到情感体验、到审美感受、审美评价等诸方面积极观照、体验、感受、

---

[1] 〔法〕雅克·马利坦：《艺术与诗中的创造性直觉》，刘有元、罗选民等译，生活·读书·新知三联书店1991年版，第25页。

分析、研究和鉴赏，实现审美意蕴的创造性，创造性的内涵与意义是无限的，因师而异，因生而异。

2. 审美判断的创造性

基于审美教育个性化的视角，教师引导学生利用感性与理性融合的审美认识来体验和判断审美资源和要素，感受审美意蕴，这个认识的结论就是审美判断，是实现审美价值的基础。从教育过程看，教师开展审美教育，多角度利用审美资源与要素来感受和体悟审美对象中美的形式、内涵、品位和精神境界。这就是希尔特所说的"艺术形象中个别细节把所要表现的内容突出地表现出来的那种妥帖性"[1]。这种妥帖是指那些"个别细节"体现艺术所要表现的内容的程度，只有审美教育角度与内容贴合得更有效、更突出，或者更深刻，那些"个别细节"才细中有"物"，其妥帖性才有价值，审美教育才有实效。在存在的层次上，基于理性的审美判断是更为深层次的理智活动方式，审美对象内涵的这种妥贴性要依靠审美教育个性化的审美判断来实现。

语文审美教育个性化要求教师在审美教育的方式方法中加入理性和感性因素，激发审美创造的意识，关注学生群体的创新能力与水平，根据观察结果进行引导与评价。在审美的内容上引导学生进行选择，选择角度，观照审美因素，摄取美的信息，进行综合性审美判断。在审美判断过程中，教师并不限制学生的审美视角，而且鼓励创造，教师要在审美教育重点内容的教学中采取适合学生的方法，张扬个性，激发灵感。同时，教师注意张扬教师和学生的双重个性，以教师个性化意义的教带动学生个性化、自主意义的学，这种带动包括引导学生以理性的视角审视感性的体验，促进感性与理性的融合，进而使学生体现出较高的审美境界和审美理想，超越其生活本身已经划定的狭隘感性认识范围，开拓自己的精神空间，正如宗白华所描述的"我们的胸襟像一朵花似地展开，接受宇宙和人生的全景，了解它的意义，体会它的浑沉的境地"[2]。审美教育个性化要求教师完成审美理性对感性的超越并融为一体形成审美判断，审美教育在形式与内容上都达到完整，正如黑格尔所说

---

[1] 〔德〕黑格尔：《美学》（第一卷），朱光潜译，商务印书馆2006年版，第22页。
[2] 宗白华：《美学散步》，上海人民出版社1981年版，第183页。

的"理念或者内容的完整同时也就显现为形式的完整"①。在审美教育价值的最终层级，应该体现为审美教育个性化促进学生不断实现审美境界与精神朝向绝对完善发展的无限可能性的价值与意义，达成这个审美价值与意义，审美判断就体现出创造性。

总而言之，学生的审美过程，是对美的情感的感知与体验的感官判断，更是对美的对象的思想鉴赏和价值判断。在审美教育的过程中"受教师伴随着强烈的感情活动，处于美感的激情状态。从性质上看，审美情感不同于日常的情感，日常情感常常带有个人的狭隘的功利性，具有强烈的个人爱憎和需要的特点。审美情感则是日常情感的升华，在审美活动中，它是自由的、非功利的，包含认识、评价等理由因素"②。审美教育个性化要求教师不能从道德教育的角度进行公式化的教学，而是要启发和提升学生的审美意识与学习能力，培养高尚的审美趣味，使个体的审美需要上升到审美理想的高度，唤起和形成那些有审美价值的性质和属性。学生个体审美需要和满足的过程，有助于学生个体审美价值向个人和社会之间联系更为紧密的方向发展，这是学生个体社会化的重要桥梁。实现审美个性化，教师引导和促进学生全面发展，关注和尊重不同学生群体的审美情感、感受他们的愉悦，提升审美判断的内涵与品位，支持不同角度的鉴赏判断，支持感悟高层次的审美意蕴，支持教师引入更多的有启发与促进作用的审美条件与因素，引导学生积极进行审美体验与探索，形成较为深刻的审美判断，实现创造性。

---

① 宁虹：《教育的发生：结构与形态》，载《教育研究》2014年第1期，第22—23页。
② 陈兆金：《再论审美教育的本质和目的》，载《美的时代》2008年第3期，第17页。

第六章 审美教育个性化的践行基准

本书整合审美教育个性化的理论、实践基石,依据其学理基本表征,有针对性地提出审美教育个性化的践行基准。该准则是具体指导语文审美教育个性化实践重要依据,有重要的理论与实践意义和价值。既有工具性的特点,可以引用作为审视、评析审美教学实践的工具,同时又具有人文性特点,显示语文审美教育个性化的价值取向,凸显教师个性化"教"的意义,又指导学生个性化的"学",进一步实现教师的引导与促进作用,实现学生学习的主体地位,引导学生正视美的存在和内涵,关注自身审美修养与能力,有意识地提升审美境界与品位。

综合各种观点,本书针对语文审美教育个性化提出以下践行基准:其一是民主性原则;其二是过程性原则;其三是协调性原则;其四是自由性原则;其五是主题化原则。

一、民主性原则

在审美教育中,审美情感是审美感知的起始,通过激发自由意义的审美情趣,促进学生充分感受与体验美的情感与内涵,教师引导学生用发自内心的、非功利性的、自然的情感审视审美对象的"美",无论是自然界还是时代与社会中审美对象蕴含的美才会被真实而最大限度的展现和研究出来。审美教育中的民主性,是实现这个结果的重要保证。

(一)尊重学生的审美体验与判断

体现民主性,是教师开展审美教育的基本规范与准则。在语文审美教育中,教师尊重学生群体的理智与感性认识,尊重他们对美的事物的直接感受与情感体验,尊重他们的审美心得与对审美内涵理解,尊重他们对审美教育特征的自由理解与选择,使审美教育形成一个良好的交流与研究平台,提供机会实现学生群体的思想、道德、精神朝向绝对完善发展的无限可能性。需要注意的是,"如果没有把'向善'、'求真'作为教育民主的本质,那么教育民主很可能将会是对学生发展的不负责任"[①],在审美鉴赏活动中,要在学生群体对美的"善"与"真"追求的过程中体现民主性。

(二)教师开放的教学观

体现民主性原则,教师就要形成开放式的教学观,依循个性化教学设计引导学生主动参与审美学习,给学生更多的审美空间与权利,教师帮助学生实现学习主体地位,同时实现自身引导者和促进者的角色与作用;教师引导和建议每名学生积极展示审美情感与体验,并利用直觉的理性审视自己的审美过程与结论,促进每名学生用审美理性观照审美感性并与之融合,形成个性的审美观与审美判断;教师积极支持和促进学生多元化的审美参与,鼓励相互印证、合作学习,求取对语文审美特征的多元理解,多角度深化美的本质性内涵,每名学生都能从审美学习的合作、交互中受益与发展。

(三)民主的审美情境与氛围

教师与学生共同建构审美教育个性化的民主性审美情境与氛围,并不预设判断与结论,通过语文审美教育个性化的体验与思考,由学生自主形成审

---

① 柳谦:《反思教育民主》,载《教育学报》2010年第4期,第35页。

美判断，使学生感受到审美教育中自由、唯美的氛围，获得独特的审美感悟和愉悦。民主审美情境与氛围是基于审美教育个性化而逐渐形成的，在此过程中教师积极凸显学生的审美教育主体地位，引导学生自主学习与个性发展，激发审美潜能，相应的，教师在实现引导与促进作用的同时，重视审美过程，关注审美情境与氛围的健康向上。

二、过程性原则

语文审美教育个性化对于学生提升审美判断水平与境界、拓展审美思维与情感体验领域有积极而重要的作用。审美过程就是教师引导学生充分体会美的形式与内涵、情感与理性，突出个性与主体性，力求提升审美综合素养，促进个性发展。在这个过程中，师生、生生相互借鉴与促进，感受、领悟和鉴赏丰富而多元的美，充分进行感性与理性的分析、交流与鉴赏，感悟审美对象内隐、外显的各种细微变化和蕴藉着的无尽情感与理性意义。

（一）凸显审美过程

审美教育与审美的过程性并不相同，基于教育的需要，教育资源尤其是审美对象有多样性的特点，审美空间广博，审美角度多元，更多时候学生群体审美的角度与结论不尽相同，并且习惯于在一般意义的共识性的审美结论后，形成自己个性化的体验与结论。这种对审美对象进行深入理解和阐释的过程是弥足珍贵的，是学生充分进行审美理性与感性交融式的领悟，进行正确审美判断与评价，感受审美教育意义与收获的最佳平台。在语文审美教育中，教师关注学生的审美结论，更要积极观照学生的审美过程，细心体味，有针对性地进行指导，对学生的审美过程予以积极而充分肯定和中肯而有启发意义的指导，这种做法的意义在于肯定学生在审美教育过程中对情感体验与理性判断的投入与努力，在过程中品味、感悟和提升，重要意义不言而喻。例如在《逍遥游》的审美教育中，基于理智与感性经验的能力与水平，无论是内在的审美内涵,还是外在的审美客观对象,学生群体仅于文字表象意义发现其审美精神内涵是较难的,这需要学生的不断体验与思考鉴赏,需要教师及时的引导与示范。对于此类古典文化的审美教育,仅关注审美结论容易走入单一学习技能训练的层面,学生为了审美结论而寻找审美结论,缺少过程性的情感体验与理论判断,这种结论是空洞而无意义的。此类文章其实不必要引经据典得出有深刻度的结论,即便得出结论,也并不具有真实的审美意义,并不符合学生群体的年龄与思维水平,只是文字意义的空洞表述。

(二)感性与理性融合的过程

语文审美教育个性化需要审美情感感受与体验的过程。审美教育首先是情感的教育,而且是情感不断丰富和完善的过程性教育,审美过程的动态变化有利于深化和拓展学生对美的领悟与鉴赏视野。审美教育个性化需要教师调动和整合各种审美因素,关注和引导审美情感体验过程,尤其是引导学生结合审美内在与外在各种积极因素,调动直觉性审美情感和理性判断思维,积极进行审美教育个性化的情感体验与探索,这个审美过程本身就是不断促进感性与理性体验与判断的过程,是促进二者融合并促进理性对感性超越的过程。深层次的审美教育个性化需要这种情感体验的过程性,缺失审美过程就失去审美教育的实际意义。另外,语文审美教育个性化需要强调理性审视和判断审美过程,在感性体验的基础上,教师引导学生用理性的审美视角审视感性审美过程,不断融合与发展,进而实现理性对感性的超越,形成学生比较完整的审美观点与思维。需要指出的是,这是在审美过程中不断完善与发展的,而并非简单的逻辑推理与判断。

三、协调性原则

语文审美教育个性化凸显教师教的个性与学生学的个性,但却并非只凸显个体行为。个性化强调审美教育中各种条件与因素充分、全面的参与,最大限度地实现和激发学生个性潜能与审美兴趣。协调性原则就是协调审美教育各种因素之间的关系，从而形成推动力，有效推进审美教育的交互与合作。

（一）多种审美教育因素间的协调

语文审美教育个性化的实践主体是学生，而学生在开始进行审美鉴赏和判断的时候，会充分依靠自己既有的审美认知能力、道德判断能力和审美感兴能力，随着审美经验的增加、审美判断能力的提升和审美视野的拓展，学生会逐渐学会如何与审美对象保持审美距离，进行非功利性审美，体会"静观"的意味，在此过程中，学生的审美能力离不开与智育和德育等因素的协调，不同因素间的相互作用使学生有更多的可借鉴角度与评价标准，激发更多的审美情趣与潜力，审美教育将不只局限于美的情感本身，并不只有理性的判断，并不只有技能性的审美训练。

（二）学生个体与群体关系的协调

在语文审美教育个性化实践中，教师要关注学生个体与群体之间在审美学习过程中的协调性。基于年龄层的知识、思维能力与特点，年龄相近的学生群体在审美过程中会有较高程度的共鸣和相互认可，而且又因为群体的审美感兴能力和范围远远超过学生个体水平，常常会使学生个体的审美表现和反应湮没在群体的审美智慧中。教师协调学生个体和群体的关系，就是要使学生个体和群体在协调的关系中双双受益，群体得益于个体的创新性思维和个性化的深入感知与判断，个体又得益于群体广阔的审美视野，进而提升审美的价值与意义。

（三）多种审美教育资源间的协调

审美教育资源会因为审美教育个性化深入开展的需要而趋向于多元选择

和利用，不同的视角有不同的审美体验、判断与资源需求。在语文审美教育个性化视野中，教师首先要对审美资源进行个性化选择与整合，提供有代表性意义和引导意义的审美教育资源库。其次，教师要着力引导学生对审美资源进行个性化取舍，既支持学生个体意义的资源摄取与利用，又坚持加强学生合作开发不同视角的审美资源。教师加强对典型审美资源的选择和利用，强化的是示范意义，精心选择角度，主次分明，大胆取舍，加强预设，科学借鉴，最大限度地挖掘资源的价值。加强审美教育资源的选择和利用则直接加强了学生的审美理性判断能力，拓展感性体验的范围，提高审美境界与层次。基于此，师生、生生间审美教育资源协调的意义在于师生审美角度与思维方式的协调与共同提升。教师尤其要引导学生对审美教育资源的综合性关注和个性化选取，并在语文审美教育个性化实践过程中积极使用。

（四）教学目的与学生审美需求之间相协调

审美教育需要一定的审美空间与平台以完成审美教育目的。在语文审美教育个性化实践中，教师引导和促进学生充分利用审美空间与平台进行审美，保持"静观"状态，即与审美对象保持审美距离，不受功利性影响，自由审美。如果教师教学目的设定过低或者过高则影响审美空间与平台的建构层次，并直接影响学生审美经验、感应力和判断力的运用与展开，影响审美教育的深入推进，这会使学生失去审美兴趣，进而又一次将审美教育变成为审美技能教育或者模式化教育。从这个意义上说，教师审美教育目的设定有必要与学生的审美情感、经验、素质与能力水平相一致，与学生审美需求相协调，进而实现引导与促进作用。

（五）审美理性与感性的协调

审美教育有其内在规律，其中有一个非常重要的观点，即康德提出的一切的美既不在纯粹的理性，也不完全在纯粹的感性，而在理性与感性之间的一种自由、协调的关系。在语文审美教育个性化视角中，审美理性决定了审美活动的深度与视野，审美感性决定了审美的领悟力和感染力。在审美教育过程中，教师审美理性与感性的协调程度直接影响审美判断力和审美结论，审美感性与理性的相互补充，相互印证，会使学生对美鉴赏的视野与深度会有较大的进步。这里要强调的是，语文审美教育化要求审美感性体验与理性判断共同存在并且不断融合，进而通过审美理性与审美感性的融合，实现审美理性对审美感性的超越，这是协调的终极意义所在。

四、自由性原则

在审美教育个性化实践中，教学实践体现着自由感受与感受自由的原则。

正如前文所述，"美在自由"在某种程度上揭示了美的基本规律。德国古典美学提出"美在自由"说，即一切的美既不在纯粹的理性，也不完全在纯粹的感性，而在理性与感性之间的一种自由的关系。在语文审美教育个性化视野中，自由性原则是必要的教学原则。

自由性原则表现在以下三个方面。

（一）审美心理的自由

这里的"自由"是指不以审美技能的练习涵盖审美教育活动，不以实现审美功利性目的为审美教育的前提，不为了审美而进行审美，给学生以自由的审美心理支持，引导和促进学生自由感受艺术作品和时代文化中美的存在意义与价值，这种自由是审美心理的自由，是精神和理性的自由，是实现学生"审美主体"地位的实践表征之一。在此过程中，教师的引导与促进作用是学生形成审美自由的重要保障，尤其在审美教育中，教师展开审美教育各环节，支持和鼓励学生形成和充分运用自主意识与个性化学习心理，学习用自己个性的视角感受与体验美的意义与价值。教师的引导与鼓励重在支持学生健康审美心理和自由意识的形成，而并非仅关注学生的审美判断的价值。

（二）教学方式与内容的自由

在审美教育过程中，教师教学方式与内容的自由首先反对将审美教育模式化，例如教学方式模式化、教学方法模式化、学习方式和方法模式化等等，固定的教学模式将使学生的审美思维与学习习惯形成定式，无法实现审美的创新性与理性超越，不适合审美教育这种感性与理性高度统一的教学活动，语文课堂教学中每一次审美教育活动的方式与内容不是凭借复制得来的。教师要根据自身的教学个性与特点，针对不同的审美内容、不同的学生群体设计不同的教学方式、方法，要允许学生有灵活和个性化选择学习方式和内容的权利与自由，允许他们根据自己的特点和兴趣自主开展审美学习活动，在开放性审美教育平台与空间的保障中各展所长，激发审美潜在能力，形成适合的审美氛围，提高审美教育实践水平。

（三）评价的自由

基于审美教育个性化视角的审美评价的目的是为了诊断学生在审美过程中教与学行为的得失，教师的评价自由是支持和鼓励学生进行适合自身的、有发展意义的审美学习，对他们的审美过程与判断进行引导与促进，提出建议。这里的自由不是随意和敷衍，而是有较强的针对性、指导性和整合性。

不同的学生个体、群体，不同的地域和学习内容、教育资源等因素都要求教师的评价要灵活且有重点，有较强的针对性，针对具体的人群、具体的问题、具体的环境等等。这有利于学生迅速了解自身审美活动的得与失，及时调整学习方式方法，调整思维角度，举一反三，循序渐进。教师的评价体现自由的特点，但是不能泛泛而谈，或者只是空泛鼓励，学生审美学习过程中的理性与感性均需要教师通过评价引导与促进，尤其是促使审美理性与感性的融合及超越。学生的审美理性通常来源于阅读、记忆、思考或者教师的讲解，对于理性范畴的知识性积累，教师可以通过对学生审美判断不断有指向的评析引导学生正确积累与认识，并且不断内化为学生自身的审美理性。学生的审美感性是独特的，每个学生都因不同的原因而有不同的审美感受和不同的审美体验，教师评价有必要因人而异，因势利导，鼓励、引导学生思考审美感性基础上的审美理性判断，提升审美品位与价值。

五、主题化原则

在语文审美教育过程中，不同教师与学生的眼中存在不同的"无目的的合目的性"的美的事物、思想、情感和精神。有限的时间和有限的学习空间，无法完全将每名学生的感性与理性在各自的审美主题与框架内阐示和交流。主题化原则，将有助于将学生审美教育对象清晰化，在差异和共鸣中探索审美教育的价值与意义，教师要有审美教育个性化教学的勇气，积极进行方式与方法的探索。

（一）同一或相近主题

语文审美教育中，教师教学设计"预设"的价值表现在提供适合的学习空间，设计适合的审美问题，科学的预留问题生成空间。设计同一或者相近审美主题使课堂教学单位时间内审美教育得以深入开展，更有成效，每名学生都可以在自身充分和积极参与、体验和思考的前提下进行有效交流与合作。这里要说明的是教师要关注同一主题或者相近主题与学生群体的审美素养、能力水平是否一致，与审美对象的主要特点是否有紧密联系。其他有价值的审美问题或者学生个体的审美体验与判断可以在生成性审美问题的处理中整合，重点分析，共同解决。

（二）同一或者相近内涵

审美教育中，不同主题的审美对象有时会有对比性的审美学习，不同主题并不意味着一定有不同内涵，同一或者相近的审美内涵会使学生审美感兴力受到相同的触动和启发，并从不同角度感受和判断同一审美问题，这种审美自由给教师和学生带来相似的审美愉悦。从这个意义上说,审美需要区别也需要共鸣,教师选取同一内涵与相近内涵其实是教师对学生审美学习内容、方式与方法的有益引导,在此过程中显示个性化的审美视角与能力水平,不同的角度仁者见仁,互有触动,交互心得,共同提高。

(三)同一价值观

审美教育中美的鉴赏角度是多元的,限于学生不同的审美素养和感受力,每名学生都有自己的审美自由和判断,这些判断合乎审美原则,却又明显在审美境界上有所区别。但是,教师作为审美教育活动的参与者、促进者、评价者应该积极承担引导与促进审美教育的责任,引导学生明确树立合乎时代与社会发展要求,合乎美的本质的审美价值观,鼓励、引导学生在正确的审美价值视角内开展自主、合作与探究式审美学习,并依此进行审美感受、体验、领悟与判断,审美感性与理性都应合乎正确的审美价值观标准。其中,审美超越与创造性不应与主流审美价值观相悖离。为提升审美教育价值观的境界与内涵,教师及学生都应及时树立正确的审美价值观,明确审美教育的理性思考方向,这对语文审美教育个性化质量提升,对教师审美教育能力与水平的促进,对学生审美个性、水平与境界的提升和拓展有积极而重要的作用。

第七章　审美教育个性化存在隐性实践矛盾

依据语文审美教育个性化基本特征及实践原则，以"审美教育目标、教学要求、教师观、学生观"为角度，对有代表性省份的教学案例或者实录进行有针对性的研析，并以问卷调查统计数据作为印证，研究语文学科审美教育个性化实践中存在的主要问题并分析其原因，为进一步提出审美教育个性化实施策略提供有关教学理念、方式和方法的保障，使实施策略体现出系统化和实效性，有益于一线学校语文审美教育个性化的实践与发展。

从语文审美教育个性化实践情况看，矛盾集中于三个方面：师生关系的认识问题、审美内容的选择与创生问题、审美教学实践的方式与方法问题。问题存在的主要原因表现在四个误区：关于教学角色的认识误区；关于美及审美内涵的理解误区；关于审美内容与学习方式的选择误区；关于审美评价的实践误区。

一、师生关系的错位与误判

从思维特点上看，审美教育既支持感性与理性的鉴赏角度，也积极促进理性对感性的超越及二者的融合。这个特点使教师的教学活动体现出复杂性特点。本书凭借康德、比斯莱等人的审美及审美教育理论依据，凭借人本主义教育思想，凭借《普通高中语文课程标准（实验）》等实践依据，凭借语文审美教育个性化基本特征和原则，积极收集有代表性的教学案例进行研究与解读。既说明存在的问题，又研究问题的特点与本质，为进一步分析问题存在的原因提供实例、信息与研究角度，为语文审美教育实践提供反思平台，有利于提高审美教育的针对性与实效性，提高审美教育中师生关于审美的综合能力与水平。

从总体看,在语文审美教育个性化实践中,教师对师生关系与角色的认识呈现非理性特点和无序化状态。

在审美教育中,教师"因材施教"是必然的选择,但这既不意味着学生可以随意发挥无所遵循,也不意味着教师置身教育教学之外,仅成为教学问题的发布者,不意味着教师对审美教育课堂的绝对掌控。从这个角度看,需要正确理解和处理师生关系,促进师生关系的协调和发展,进一步提升审美教育个性化水平。对教师而言,参考者、合作者、评价者、引导者和示范者,都是角色内涵,教师要树立正确的角色意识,加强审美教育个性化实践,张扬自主与个性,与学生教学相长,相互促进,支持和鼓励学生建构自己的审美学习模式与方法。否则,将影响教师个性和特点的发挥,影响学生的自主和个性化学习,师生个性化的"教"与"学"都无法实现,这不是审美教育应有之意。

案例1-1:L省某教师执教的作文课《于细微处见感动》

师:其实,生活并不缺少喜怒哀乐,只是缺少发现它的眼睛。想问,你们被好友的文字感动过吗?有一次我听《中国好声音》,我突然被感动了,放给大家听一听。

师:请同学们谈谈感受(对歌声的感受)。

师:来自生活总有感动我们的事。再看看来自生活的照片(见下图),说说感受。

（生默然。）

师：其他人呢？

生1：父母聪明，因为说话儿子听不见，写字却看得到。

生2：是关心与期盼，让儿子过得好。

师：这是一种牵挂，一种期望。那中考离别有没有这种感受？只不过我们没有图片中离别的情感，希望大家敢于想象，"保重"背后有太多情感无法表达，借这二个字依依不舍的情感，父亲不求回报，父亲是牵挂的目光。（生默然。）

师：送一首诗给大家，请大家读一下。

（生读诗，余光中《今生今世》。）

案例1-2：H省某教师执教鲁迅《祝福》片断

师：文中有哪些动词形象地凸显出祥林嫂的坎坷经历与悲惨遭遇？试找出并作简要分析。

生1：这些动词有"拄"、"讨"等。"拄"这个词非常形象地写出祥林嫂身体的虚弱，她已无力行走，要借助长长的竹竿来支撑身体。"讨"字则写出她的生活十分困窘，她要以讨饭为生了。

师：说得不错。"拄"字形象地写出了祥林嫂从肉体到精神备受摧残的事实。祥林嫂的年纪并不大，可是因为受到的打击太多，她未老先衰了，以至于才"四十上下"年纪走路却要拄着竹竿。对于你说的"讨"，我可是有点疑问，文章中"我就站住，豫备她来讨钱"，可事实上她并没有来"讨"，她只是来问"我"一些关于"魂灵"、"地狱"的事，怎么解释你所选定的这个"讨"字？

生2：我认为祥林嫂最后还是以"讨"为生的。尽管当时她没有向"我"讨饭讨钱，但我们从"她一手提着竹篮，内中一个破碗，空的……她分明已经纯乎是一个乞丐了"可以知道这一点。文章的倒数第二段也明确地说她后来成了乞丐。因此，用"讨"来概括她人生的最后时光是恰当的。

师：你读得很仔细，并能综合前后文分析，很好！

……

生5：我觉得"你自己荐她来，又合伙劫她去"的"劫"字比"抓"字更有表现力,"劫"字更表现出一种暴力倾向。

师:说得好!"劫"字同样说明祥林嫂对其婆婆的淫威是无力反抗的。大家想想,"抓"和"劫"这两个词用词的角度有什么不同?文章中还有哪些词表现出"抓"和"劫"的意思?

(生读课文后,纷纷发言,明确以下内容:"跳"、"抱"、"拖"、"堵"、"捆"等几个词十分生动鲜明地表现出"抓"和"劫"的意思。"跳"说明船中的人出来得快速迅猛。"抱"、"拖"、"捆"、"堵"等词说明他们的行动是带有暴力性的,他们不容祥林嫂有任何其他的选择甚至辩解,这正是"劫"……)

案例 1-3:S 省 H 老师在鲁迅《祝福》教学设计中的问题预设

目的	问题
解析小说中矛盾的社会根源	祥林嫂如果没有失去第一个丈夫,结局会怎样
	如果她逃到很远的地方,婆婆家的人找不到她,会如何
	如果没有一个严厉的婆婆,祥林嫂是否会避免悲惨的命运
	如果第二个丈夫没有死在伤寒上,儿子也没有被狼吃掉,祥林嫂是否就一定能过上幸福生活
	假如那个"吃素,不杀生"的"善女人"柳妈不给她讲"大道理",她是否就会避免被饿死、穷死、冻死的命运

案例 1-4:S 省 M 老师在鲁迅《祝福》教学设计中的问题预设

目的	问题
解析小说主题及小说写作技巧	探讨祥林嫂的死因
	分析文章的语言在刻画人物方面的作用
	分析小说是怎样运用语言渲染环境进而深化主题的

案例 1-5:S 省 W 老师在鲁迅《祝福》教学设计中的问题预设

目的	问题
解析小说中矛盾的社会根源及学习方法	小说讲了一个怎样的故事?给故事拟一个题目,然后紧扣题目中的关键词复述课文
	小说用什么方法突出了故事的悲剧性
	谁是杀死祥林嫂的凶手
	祥林嫂反抗了什么

康德"美在自由"说,指出审美要关注理性与感性之间的一种自由关系,认为审美是基于审美共通性而具体展开的;比斯莱提出审美经验的特征,即自由、超脱、新的发现,并且提出审美教育的第二个普遍性标准是"复杂性",认为审美内容会含有变化、丰富的对比,审美对象具有复杂性特征等等。基于此,语文审美教育个性化的各个环节都应显示多元化与个性化特点,这表明审美教育需要教师坚持引导学生多元审美、自主审美、自由审美、超越式审美。教师的审美预期因审美教育的复杂性特点而在实践过程中存在着不同的阻碍,要求教师立足审美实效,激发学生的审美学习兴趣,积极引导学生主动建构适合自己的审美模式与方法。

在此前提下,根据不同学生群体、不同审美对象等审美因素的特点,教师灵活掌握和调整师生关系,给学生提供不同角度的引导、支持与资源,提供必要的审美空间,使学生有进行审美的情感愿望,有较充足的条件与能力进行深入的审美学习,提升审美教育实效。在上述教学片断或者教学设计中,教师引导学生开展审美教育,教学实践思路清晰,并且关注学生的审美体验与判断,而学生个体也表现出较好的审美素质,较好地把握了审美教育的发展趋向。但是从师生交流与沟通的总体情况看,语文课堂教学中的审美教育还呈现着非理性特点和无序化状态。其中,非理性是指教师在处理师生角色与关系的问题时的方法并不合乎审美教育的理性需求,并不体现教育的系统性与针对性,缺少必要的理性观照与思考。从这个意义上审视,无序化是指教师在审美教育过程中体现出的随意性。

(一)师生缺少审美情感的兴趣与共鸣

在案例1-1中,教师关注自己的审美情感体验,一定意义上实现了引导与促进的作用,力求实现教师角色作用,教学思路很清晰:由照片或者歌曲生成"感动"的审美氛围——引入学生本人的情感参与,形成共鸣。但是教师忽视了学生的真实情感感受,审美感性与理性缺失"审美共通感"。一方面,在审美教育中,教师角色显示出主导性的特点,在审美教育之初,教师引导学生进行审美学习——教师展示本课学习内容,学生进行接受式学习,按教师的主导倾向进行审美分析与判断。但是因为缺失审美兴趣，学生审美学习的主动性不足，存在以被动的审美问题解析取代审美教育的倾向，学生学习的被动性使审美教育诸项环节难以有效展开。从师生课堂教学的对话看，显然教师并不准确了解学生群体在审美教育方面的能力与特点，虽然教师在教学形式上征求学生的意见与感受，但是教师的主动性与操控性较强，师生关系依然倾向于教师主导，学生学习主体的角色无法实现。另一方面要注意引导学生真切感受与体验"感动"，激发审美兴趣，通过理性、感性及二者结合的角度进行审美判断。教师可以根据具体审美情境选择适合的师生关系，确定引导的方式与方法。教师如果只是强势指导，学生缺少感受、体验环节，只有理性判断，这只是审美技能的养成途径。缺少情感的介入则使审美教育失于教条与程式，无法实现审美自由，审美超越与创新发现也将停留在逻辑意义上，尤其是缺失审美共通感将使审美教育中师生关系趋于僵化，或者说缺失学生的自由、主动性参与。在审美教育中，学生因素的缺失，审美教育易流于形式，仅从当前案例中学生默然以对的现实情况看，这个问题不可回避。

在案例1-2中，从教学方法的角度分析，本堂课非常精彩，师生都表现出了较高的语文素养和审美能力。教师的个性化教学意识突出，学生将小说词语的理解与人物性格和主题联系起来，有学生个体的自我思考，有同学合作，有师生交流，将一堂与学生生活经验相距较远的小说鉴赏课上得灵活而有内涵，学生是学习的主体，教师充分发挥引导作用，过程简洁，内涵深广。是一堂优秀的小说审美教育课。从审美的角度看，学生个体的审美态度端正，与审美对象保持着审美距离，充分运用审美经验，审美判断清晰。如果从教学方式上看，本堂课的切入点是小说词语的运用；从审美问题的角度看，将词语的表现力与小说人物性格、主题进行关联，主要采用自主、合作式学习，教学方法是对话式教学，对话式教学是通过师生或者生生问答发现问题的价值所在。

从审美情感角度观照，《祝福》由鲁迅先生写于20世纪初，主题直指传统礼教的危害与人性的险恶、自私。虽然学生可以根据历史与政治知识、根据教师的介绍与引导进行感受与判断，可以参照既有审美范例，但是如果学生自身不充分利用可控的审美资源，不仔细剖析情节和人物形象，不感受悲剧情感的存在与特征，教师不引导、激发对悲剧的审美兴趣与学习方法，《祝福》内在的悲剧内涵就无法深刻鉴赏，这不是仅用文本词语及理性判断就以涵盖的。对话式教学简洁明快，但是给学生思考和判断的时间较短，学生多是根据之前的阅读、体验和教师的启发进行瞬间反应，对审美教育中"美"的品味积淀不足，失之仓促，对于语言和内容"美"的深味不透，审美判断因事论事，审美角度局限于理性分析。例如，学生对小说中多个动词的感受和判断，均来自于对文本表述意义的分析与思考，附以小说的相关内容为证，这是有一定审美技巧的，但是从问题本身看，小说使用这几个动词，这些词语的发出者是谁，他们的身份是什么，他们在小说人物群中有怎样的地位，他们这么做的根源是什么，又说明了什么社会与时代主题等，诸如此类的问题很多，教师引导学生学会自主、合作与探究学习的方式方法，引导学生与审美对象产生情感共鸣，进而分析作者小说语言的使用魅力，审美空间与境界才会有所拓展。

与实践现状相矛盾的是，教师对于审美教育的理性认识有着鲜确、正确的态度。在问卷调查中，关于语文审美教育个性化教师角色的理解问题，教师们有如下看法：

表5：语文审美教育个性化教师角色理解情况调查统计表（多选）

调查内容	百分比(%)				
	选项A 讲授者	选项B 引导者	选项C 参与者	选项D 合作者	选项E 评价者
教师在语文审美教育实践中的角色	9.72	92.91	79.64	88.54	44.21

在表5的问卷中，教师群体普遍认为，在课堂教学的审美教育中，教师不能充当讲授者的角色，92.91%认为应该是促进者角色，持反对意见者仅为9.72%。一方面说明以学生为本、学生为学习主体的教学理念已经得到教师群体的认同，这是基础教育课程改革的实绩；另一方面，理论认识与实践

的反差说明教师与学生的审美情感共鸣缺失，教师的教不是个性化和有意义的存在，无法在实践中实现引导者的角色，这也说明教师对引导者角色的认识还仅停留在理性认识层面。在实践中，如果不关注学生的审美情感，不鼓励支持学生自主性情感体验，不开展个性化教学去激发学生的审美兴趣，就无法实现引导者的角色，从这个意义上说，教师对审美教育个性化中教师角色的认识不清晰，或者说没有正视审美教育要实现学生的主体地位的教学理念。"关心支持每名学生的学习"的教学期望还停留在传统的传道解惑层面上，还只是理解了角色的书面意义，缺失实践印证。需要说明的是，在审美教育中，教师并不是不能成为讲授者，而是并不能只成为讲授者，关键在于是否需要讲授。如果学生在审美教育中出现不易解决的困难，教师当然可以进行讲授，这里的讲授并不是全程意义上的，是为了解决一定条件下具体问题的讲授，这对学生审美能力与水平的发展有益的。教师并不能谈教色变，如果从教直接变为不教，这也是认识的误区。总之，教师的角色是多元的，讲授者、引导者、参与者、合作者、评价者等诸角色都是教师角色，应该是什么角色还是看审美教育的具体需要，实现以生为本，教学相长。另外，从统计情况看，认可教师为评价者角色的数据为44.21%，不足50%，而作为审美教育的组织者和参与者，教师在审美教育中参与评价过程是必要的，而且作评价主体之一，参与评价全过程，不可或缺。教师角色的意义与内涵，需要厘清和反思。

（二）教学问题的预设缺乏审美教育相关要素的呼应

《课标（实验）》明确指出，学习小说和戏剧"要形成良好的文化心态，学会尊重、理解作品所体现出的不同时代、不同民族、不同流派风格的文化。理解作品所表现出来的价值判断和审美取向，做出恰当评价。要学习鉴赏小说、戏剧的基本方法，初步把握中外小说、戏剧各自的艺术特性。注意从不同的角度和层面解读小说、戏剧作品，提高阅读能力和鉴赏水平。力求表达出自己的独特感受和新颖见解"[①]。从这个意义上说，教师要有明确教学角色意识———审美教育的组织者、引导者和促进者；学生是学习的主体。教师有责任依据个性化的教学意识，帮助学生积极建构和拓展审美教育空间，给学生提供多角度多元化的学习契机，引导学生主动学习、自主学习，用个性化的"教"促进学生个性化的"学"。否则，审美教育难以取得实效，学生缺失学习主体地位，在审美教育中无法形成个性化审美感受、体验与判断，应有的审美心理预期与目的价值不易实现。

例如案例 1-1 和案例 1-2 的审美教学内容还停留在对教学技巧的剖析与解读上。究其根本，教师在师生关系的处理上没有给学生主体学习地位留足空间。一方面，教师应该引导学生、鼓励学生、参与学生学习，以学生的学为本，学生学习的主动性增强，主动求得审美自由，主动感受审美共通感，远离功利性，细致品味审美的趣味，这是师生关系的正确趋向，应从细节做起。当然，教师本身也是学生学习的助力和资源，以学生为本并不意味着教师与学生分离，教师有必要帮助并进行必要示范，否则将使学生的审美学习难以深入开展。另一方面，多元审美并非随意审美，多元本身也是一种逻辑角度，是从不同角度审视美的存在与情感内涵。因此，师生关系与教师角色，要随着审美教育实践的深入推进逐渐清晰起来。例如上述案例，从问题解决的途径上看，教师在审美教育过程中利用各种工具和条件开阔学生的审美视野，教师、学生从不同角度提供审美资源，形成比较开阔的审美教育空间。本文写作年代较早，审美教育空间需要积极拓展与建构，例如关于时代的特点、作者的写作风格与写作技巧、社会文化特点、社会矛盾冲突等方面的资料可以充分共享，使学生的审美感悟有更多的助力，但是并不预先提出指导性审美结论，而是在教师提供助力和进行引导的前提下，学生实现自主感受与赏析，提出自主、个性化结论。从审美教育角度看，语言是否富有表现力与张力不在于语言本身，还在于小说的情节、环境、人物等要素共同营造的审美空间，它们同时也是

---

① 中华人民共和国教育部：《普通语文课程标准（实验）》，人民教育出版社 2003 年版，第 11 页。

重要的审美资源和审美对象，离开了这些，语言就只是语言，它没有任何深层内涵。例如只是在本小说情节与环境中，在祥林嫂丰满的人物形象感染之下，"跳""抱""拖""堵""捆"等几个词语才有深刻而生动的生命力。实现这些语言的审美功效要依托良好的师生角色关系，教师通过适合的方式，适合的平台给学生以信心，张扬个性，尤其提供方式与方法的支持、示范。在进行审美经验交流时，要注意审美资源、审美对象及其相互关系，充分进行审美感受与判断，避免仅仅从感性或者理性角度得出审美结论，并将之视为审美教育全部内容，缺失审美功效。

另外，在案例 1-3、案例 1-4 和案例 1-5 中，三份教学设计都选用了问题引导的方式，由具体问题的设置显示教学设计的逻辑性，并通过问题的解决感受小说塑造人物形象、展现艺术风格、体现时代意义的美感。但是这些问题的设计都存在同一问题，即缺失审美学习空间，教师角色意识不清。案例 1-3 和案例 1-5 教学设计中的问题是都没有涉及小说的背景、祥林嫂生活的环境、小说的人物关系，祥林嫂所在人群的生活特点、心理特点等基本信息；没有开放问题，没有让学生积极、自主地投入审美学习，进而获得必要审美情感体验与感悟；师生没有合作，缺失必要的审美资源积累，没有对审美教育形成助力；没有凸显个性化特点的问题并使问题失去学生的有效回应，学生只是按部就班地回答问题，缺失教师个性化意义引导下的自主学习和感悟。从这个意义上说，首先，教师缺乏个性化意识，缺乏学生是学习主体、教师是引导者与促进者的角色意识，失去引导学生探索和生成个性化审美空间的能力，学生的审美过程失去了审美的意义与价值。其二，语文审美教育最大的优势在于师生容易生成对审美对象蕴涵情感的自主体验与领悟，这是形成理性认识并超越感性认识的基础。实现这一点的保障是教师个性化的"教"和学生个性化的"学"，是教师实现引导与促进作用，学生成为学习的主体。只有这样才能使双方最大程度地实现审美教育的自觉性，探索美的深层内涵。从案例的问题设置看，所有问题回避了师生双方的情感体验，只有对祥林嫂人物性格以及小说主题的理性研究。失去了情感的体验与感悟，学生无法激起审美兴趣，其理性认识也只会显示逻辑性，而没有体验和判断，不存在适合深入审美鉴赏的审美空间。究其根本，教师对自身和学生在审美教育过程中的角色认识不清，缺少体认与解析。其三，案例三个问题设计显示出在人物性格分析中缺失审美因素。例如解析祥林嫂的性格特点和小说的主题，均使用了悲剧解析的视角。从悲剧的视角出发理解问题，首先应明确前提，即悲剧所以成为悲剧，是因为失去了不应该失去的价值，解析和判断这个缺失的价值与意义，就是小说鉴赏的要点。换言之，类似这种小说鉴赏需要师生在审美教育过程中共同研析，教师需要在教学设计中提供学生自主思考问题并确定问题价值与意义的空间，案例1-4师生直接面对问题，但没有建构上述空间的时机与努力，这是可惜的。以案例1-4为例，教师要把学生是学习主体的角色意识引入学习过程中，教师作为重要助力出现，引导学生充分发挥已有的审美情感与理性认识特点，并在学习过程中不断印证自己的观点，这个过程就是教师与学生共同建构开放性、自主性、个性化审美空间的过程，这是深入开展审美教育的基础。

同样，在关于"语文审美教育个性化认识情况"和"语文审美教育个性化实施情况"的调查中，调查统计显示：

表6：语文审美教育个性化认识情况的调查统计表

调查内容	百分比（%）			总计（%）
	选项A	选项B	选项C	
对审美教育中学习能力内涵的理解	审美问题的解决 4.12	感受并判断美 56.46	研究和探索美 39.42	100
教师最认同的关于"个性化"的理解	个体的、感性的 1.34	个体的、理性的 1.03	个体、感性、理性的综合 97.63	100
审美公平最主要的内涵	学习机会公平 20.05	表达机会公平 40.42	平等关注学生发展 39.53	100
在审美教育中审美的内涵	感受并判断美 33.24	回答问题，形成审美结论 55.42	感受即可，不必形成结论 11.34	100

表7：语文审美教育个性化实施情况的调查统计表

调查内容	百分比(%)			总计(%)
	选项A	选项B	选项C	
关于审美情境的营造	学生为主 7.02	教师为主 43.35	师生共同 49.63	100
语文审美教育应遵循的规则	美学理念 3.46	学生及学习内容的特点 28.04	审美教育规律 68.50	100
语文审美教育实践中学与教的定位	不存在 56.78	相辅相成 40.73	存在，与知识教学无区别 2.49	100
学生在语文审美教育实践中的地位	主体 74.81	主导 2.59	依审美教育难度而定 22.60	100
语文审美教育个性化教学过程的内涵	教师个体的情感体验 16.97	教师、学生个体单独的体验 34.22	师生共同交流分享的体验 48.81	100

在表7关于"学生在语文审美教育实践中的地位"的调查统计中，74.81%的教师认可学生在语文审美教育中的主体地位，这符合审美教育规律，对审美教育的深入实践是有利的因素。但是依然有22.60%的教师依然对学生学习主体地位存在置疑，这说明审美教育过程中，师生关系尤其是学生主体地位的确定依然存在一定的问题，不仅是审美教学实践中的问题，也是教育教学理念滞后的表征。这个现象同样存在于表6中。在表6关于"审美公平最主要的内涵"的调查统计中（20.05%的教师认为审美公平是学习机会的公平，40.42%教师认为审美公平是表达机会的公平），他们都认为实现公平并不在于对每名学生的关注，而在于学习、表达等具体的教学环节。应该说，只有关注每名学生，才能实现公平的审美学习。前者是实现后者的前提与条件，也是实现学生主体地位的前提与条件。但是，两份统计数据的对应则出现了矛盾，一方面，有74.81%的教师认可学生的主体地位；另一方面，60.47%的教师对学生的主体地位的内涵并不熟悉。矛盾的数据至少说明了三个问题：

首先，表明教师们并没有严谨认真地思考审美教育中包括师生在内的各项教育要素的内涵及其关系，仅是为了审美而审美，为了教而教，将师生关系和教学方式混为一谈。其次，表明教师们对学生主体地位的理解有误，将学生主体地位理解为形式上的学习与表达机会。可以认为，在教师对审美教育的这样的理解与认识中，会使学生在审美教育过程中会缺少主动性和审美自由，难以树立正确的审美态度，在审美感受、审美体验和审美判断等方面难以激发潜力，审美情感极易缺失。第三，在师生角色的选择上，还是有超过50%的教师实际掌握教与学的主动权，在教学角色上处于主体地位，这样的事实是对学生实现教学目的形成巨大的阻碍，对于审美教育而言，学生审美素养和个性发展不能缺失学生自主、个性化的参与。从教学实践看，语文审美教育中，各篇课文或者教学材料的审美内容都不是单一而明确的，作为教材，它内涵着经典的意义与指向，引导学生进行文化与精神的传承，其复杂性是不言而喻的。这种复杂性对于每名学生而言，又是不同的存在，处理好师生关系就是要最大限度地利用各种有利因素，搭建学生审美的适合平台，激发学生的审美潜力，从可理解和可体验的角度对审美内容的复杂性进行感受与判断。

再看关于"语文审美教育个性化功能与作用"的调查统计。

表8：语文审美教育个性化功能与作用的调查统计表

调查内容	百分比(%)			总计(%)
	选项A	选项B	选项C	
审美教育与认知能力的关系	相互促进	无关系	后者对前者的提升	100
	48.61	4.06	47.33	
审美教育与学生学习主体意识形成的关系	促进作用	无区别	学生主体意识先存在	100
	48.09	11.68	40.23	
学生生活经历与感受对审美教育的作用	有帮助	无帮助	视教师引导水平而定	100
	63.96	5.32	30.72	

表8关于"审美教育与认知能力的关系"的调查统计数据表明，48.61%

的教师认为审美教育可以更大程度地促进学习主体意识的形成，47.33%的教师认为学生主体意识的形成先于审美而存在。相比而言，学生的学习主体地位实现于语文审美教育的全过程，贯穿于语文教育的全过程，教师要在教学关系和角色选择、理解中，在整个教育活动之中将学生视为学习的主体，要让学生进入学习主体的角色，对审美过程与结论关注、负责，并给学生更多的审美自由与空间，支持和鼓励自主学习和个性化学习，而并非由教师主体向学生主体的简单过渡与传接。

从审美教育的角度看，上述教育实践过程中的师生关系有两个方面问题。首先，教师在审美教育过程中的角色过于强势，各种审美问题及审美方向都是教师预设的，学生在搭建好的审美框架内进行审美活动，这不利于审美氛围的形成，不利于学生审美习惯的养成，依赖性过强。适合的审美教育的氛围，会使学生的审美鉴赏潜移默化地成为学习的需要，这种审美需要是自然而然的，是自由的。审美需要和审美意识的强化为学生树立审美的愿望和态度提供助力，教师过于强势，直接为审美活动预设审美问题，会约束和压抑学生个体的审美情感和意识，学生由审美主动变为被动，消极影响不言而喻。其次，学生是学习的主体，但是主体的地位不等同于话语陈述的权力，将话语陈述的权利交给学生并不等同于认可学生的主体地位。在教学实践中，面对教师的审美问题，不同的学生有不同的答案，因为审美因素和个人素养的差异，其审美水平也参差不齐，但是因为既定教学目的的关系，教师直接预设审美问题，学生也往往以回答教师的审美问题为标志，确认学生是审美教育的主体。无论学生回答审美问题有多精彩，这是对他人问题的被动回应，并不完全满足本人的审美需要。对审美教育而言，尊重学生主体的地位，实际是尊重学生的审美需要、审美观念、审美理想和审美兴趣。回答审美问题只是一种审美交流方式，还是要从学生个体和群体审美需要和兴趣出发，鼓励和支持学生的审美感受，关注他们的审美愉悦感，而且努力满足学生审美需要的激起条件。有了学生个体充分审美感受和判断的前提，才有可交流的观点，才能在交流中刺激新的审美观感，形成新的审美需求，不断提升审美境界。基于此，教师直接以审美问题进行课堂教学，早于学生的审美判断，实际是压抑了学生的审美兴趣，也没有形成学生学习的主体地位。

对于教师而言，教材的因素、审美资源的因素、地域因素、学校审美因素等制约条件众多，教师和学生都是师生关系中的主角，但学生必须是学习的主体，教师的审美教育个性化充分激发师生的教学兴趣与个性特征，为实现学生的主体地位的而进行教学实践，但从教学实践案例看，教师还缺乏对师生关系的准确判断。

二、审美内容的选择与创生缺失主见与个性

（一）审美教育内容缺失个性化选择

在审美教育中，师生面对的审美对象往往借助于形象，而形象又是一种感性的形式，它存在于不同的教育内容中。在语文教育中，为了分析感性形象内隐的理性价值，要选择适合的审美内容，并设置适合的审美问题引导学生感受、联想、感悟和判断美的情感与内涵价值。

不同的教师与学生，审美的角度不一，方式方法也不同，体现在审美教育内容的选择上。教师要选择适合教师、学生审美特点及适合审美对象分析的审美内容，设置有针对性有生成空间的审美问题。师生对审美内容与问题的创生说明师生之间、生生之间存在有效的交流与沟通，合适的审美学习方式使审美教育得以深入进行，才会有审美情感的高感受性，才有基于感受性而又有理性特点的审美判断，这是审美教育有效性的体现。

案例 2-1：L 省某教师执教曹禺《雷雨》课堂实录片断
品读下面的台词，揣摩关键语句认真体会领悟。

1.周朴园：(指窗。) 窗户谁叫打开的？

鲁侍萍：哦。(很自然地走到窗前，关上窗户，慢慢地走向中门。)

周朴园：(看她关好窗门，忽然觉得她很奇怪。) 你站一站 (鲁妈停)。你——你贵姓？

两个"你"之问的破折号有何作用？

……

2. 周朴园：哦，三十年前你在无锡？

鲁侍萍：是的，三十多年前呢，那时候我记得我们还没有用洋火呢。

周朴园：（沉思）三十多年前，是的，很远啦，我想想，我大概是二十多岁的时候。那时候我还在无锡呢。

鲁侍萍：老爷是那个地方的人？

周朴园：嗯（沉吟），无锡是个好地方。

鲁侍萍：哦，好地方。

鲁侍萍面对抛弃自己的旧情人为何还称"我们"？

……

3. 鲁侍萍：我倒认识一个年轻的姑娘姓梅的。

周朴园：哦？你说说看。

鲁侍萍：可是她不是小姐，她也不贤惠，并且听说是不大规矩的。

周朴园：也许，也许你弄错了，不过你不妨说说看。

鲁侍萍：这个梅姑娘倒是有一天晚上跳的河，可是不是一个，她手里抱着一个刚生下两天的男孩。听人说她生前是不规矩的。

周朴园：（苦痛）哦！

鲁侍萍：她是个下等人，不很守本分的。听说她跟那时周公馆的少爷有点不清白，生了两个儿子。

鲁侍萍的几句话看起来都是贬低自己的，有何言外之意？

……

4. 鲁侍萍：我姓鲁，老爷。

周朴园：（喘出一口气，沉思地）侍萍，侍萍，对了。这个女孩子的尸首，说是有个穷人见着埋了。你可以打听到她的坟在哪儿么？

文中周朴园"喘出一口气，沉思地"连续念叨两遍"侍萍"表达了周朴园什么样的心理？

……

5. 周朴园：她为什么不再找到周家？

鲁侍萍：大概她是不愿意吧？为着她自己的孩子她嫁过两次。

周朴园：嗯，以后她又嫁过两次。

鲁侍萍：嗯，都是很下等的人。她遇人都很不如意，老爷想帮一帮她么？

周朴园：（忽然）好！痛痛快快地！你现在要多少钱吧？

鲁侍萍：什么？

文中的话表达了侍萍怎样的心理和情感？

……

6. 周朴园：好得很，那么一切路费，用费，都归我担负。

鲁侍萍：什么？

文中周朴园两次谈到给侍萍钱，侍萍的回应都是简单的两个字"什么"，侍萍的话语为何如此简单？

案例 2-2：S 省某教师执教徐志摩《再别康桥》课堂实录片断

下面引入的是上文教学设计的教学实践，取其第三环节，教师的设计意图是"引导学生的诵读既要多元又要契合诗歌的特点，不要使之游离文本"。看课堂教学的第三环节：

环节三

师：康河的景色如此迷人。看看哪节最精彩，最能打动你，用笔勾画出来。

生：我喜欢第二节。作者表达了对康桥的喜爱之情，对逝去景物的怀念。把"金柳"比喻成"新娘"，很大胆，很新奇。

师：平素的新娘都是大红大紫的，这里却把"新娘"与"金柳"联系在一起。

生：夕阳映照之下，波光粼粼，给人以美好的享受，金子般的波光，"波光里的艳影"，美好的情感好像在眼前出现。

师："荡漾"一词给你什么感受？

生：波光很灿烂，河水很温柔，感情像波光一样萦绕心头，挥之不去。

师：才下眉头，又上心头。从微笑里看出你有过如此美好的体验。请你读这一节诗，突出"金柳""新娘""艳影""荡漾"四个词。（学生读诗。）

……

生：我喜欢第三节的最后两句。"在康河的柔波里，我甘心做一条水草"，作者希望与康河融为一体，描述了诗人对康河的依恋之情。

师：眼光非常敏锐。第三节相对第二节情感有没有变化，减弱了还是增强了？何以见得？

生：强烈了一些。"甘心"一词可以看出。

师：请你读一遍这两句体现这种情感变化。（学生读诗。）

师：很好。这位同学对"甘心"做了重音处理，除了重读还有别的处理方式吗？说一说并且示范一下。

生：两个句子连在一起读，间隔短一点。

生：读慢一些，拖一拖长音。

生：把感情加进去，投入一些。

师：你加一加试试。（学生读诗。）

师：老师再提供一种方法供同学们参考。使上劲，然后轻读，这种方法叫"重音轻读"，读出对康河的挚爱之情。请同学们用重音轻读的方法齐读这两句诗，体会一下。（老师示范，学生齐读。）

案例2-3：S省某教师执教的徐志摩《再别康桥》片断

师：请大家根据这些诗节的内容，再融入自己的想象力和创造力，现在，请每一位同学都扛起自己的"摄像机"到"康桥"去捕捉你认为最美的镜头，然后向大家介绍你的创意和镜头的内容。

生：我拍摄的镜头里有夕阳的余晖，婀娜的杨柳，河床上绿油油的水草，河面上轻轻荡漾的涟漪。

师：这些画面太美了。

生：我想先拍摄夕阳西下的全景，然后以对比的手法拍摄波光粼粼的河面和如镜子般平静的湖面，最后用"特写"镜头捕捉河边轻拂的柳枝和河中自在游动的小鱼。

师：你的拍摄方案很有创意。

生：我在这几节诗中，读到了一个色彩绚丽的康桥，所以我的镜头里有泛着红晕的夕阳、镶着金边儿的晚云、笼罩着金光的绿叶、流淌着青翠的水草……

师：你的"康桥"涌动着诗情画意。（学生反复诵读第2、3、4节诗。）

师：在揉碎的浮藻间沉淀着诗人"彩虹似的梦"，在你的理解中，"梦"的具体内容有哪些？

生：诗人想成为像拜伦一样杰出的诗人。

生：诗人想在"康桥"留校任教，培养出更多杰出的人才。

生：诗人想在学成归国后，以自己的才学为国效力，建设一个自由、民主、独立的国家。

生：诗人在"康桥"学习期间，有一段凄美的爱情故事，就像彩虹一样美丽而短暂。

师：同学们对"梦"的理解，可谓仁智各见，在文学赏析过程中有一句话叫做"作者未必然，读者未必不然"。大家理解得都很好，并且在交流的过程中，我们的阅读思路也更开阔了，我们的阅读情感也更丰富了。诗人既然有那么多"彩虹似的梦"，就不禁在潺潺流动的河水中撑篙漫溯，追寻自己的梦想了。与此相似的意境在我国最早的诗歌总集《诗经》里就有，请同学们看《诗经·蒹葭》的第一节。

（课件展示：《诗经·蒹葭》第一节及描述性文字。）

师：请同学们就以上意境谈一下自己对"寻梦"的理解。

生："伊人"就像诗人的理想与追求，诗人故地重游，不免感慨万千，循着昔日的足迹去追寻，但已是物是人非，就像《蒹葭》中的"伊人"一样可望不可即。

师：这位同学分析得非常好，表达的语言也非常优美。（学生自由品读"撑篙寻梦"的诗节。）

总体而言，在上述案例中，教师在教学思想与教学逻辑、在教学预设与方式方法、在使学生培养起较周密和多元的思维习惯等方面显示了较强的教学能力，教师与学生对文本的理解也比较深刻，但是从师生的交流过程中可以发现教师在审美教学内容上缺失个性化选择。

1. 学生审美情感需求缺失关注，审美内容的选择缺少自由

在案例2-1环节1中，学生在小组讨论后，基本结论如下：侍萍的习惯、自然的动作引起了周朴园的注意，觉得奇怪，想直接问侍萍，但又鉴于自己的身份和地位，觉得直接发问有失礼仪，所以略有迟疑，然后礼貌地问道："你贵姓？"因此破折号表达的意思应该是思虑。从知识与技能的角度看，这种设问与解读存在合理性，但是如果从教师预设的"品读与鉴赏"的目的分析，其中缺失文本阅读、感受与情感判断。以技能替代审美情感体验的倾向比较明显，这是存在问题的。在环节2中：对于类似这样的提问，可以理解为一种引导与启发。要说明的是，这种需要承前启后才能理解的问题，审美角度可以放得更广阔，单一对词语的鉴赏与理解，尤其是在缺失全文阅读与感受的前提下，词语的审美鉴赏还无法取得审美实效。例如对于这种提问，学生的回答是异地重逢，30年前这段特殊的时间和无锡这个曾承载美好、欢乐的地方，激起了鲁侍萍对过去美好恋情的温馨回忆，认为可能是她沉浸在30年前和周朴园的恩爱中。这是明显的文本词语和片断语意的解析，没有从全文的审美角度审视，这是审美角度单一的明显表现。在环节3中：从学生的回答看：这是故意说给周朴园听的，主要不是贬低侍萍，而是刺激周朴园以发泄自己多年积压心中的愤懑。学生较好地掌握了主人公的情感脉络，审美判断是有合理性的。从审美教育角度看，教师通过审美问题进行引导，而且设问非常具体，这种引导虽然有效，但是不能使学生形成审美习惯，反而认为回答教师的审美问题就是审美教育，这是错误的。这就如同在剧场演出，"《雷雨》所具有的文化品格、民族化特征和适合演出的剧场性正好契合了这些戏曲剧种现代化转型发展的内在需求和戏曲的传统审美取向"[①]。这种心理预期在教育教学过程中是要注意的，不能以之取代和替代学生的审美真实感受和习惯养成。

又如在环节4中，在教学现场教师认可了一位学生的品读判断，学生认为鲁侍萍的回答打消了周朴园的猜疑，使之觉得眼前不是自己怀疑之人，心理上的紧张顿时消除，所以"喘出一口气"。"沉思地"连叫两次"侍萍"说明周朴园陷在深深的回忆之中，是一种无意识下的吟哦。从审美文本看，关

---

① 曹凌燕：《〈雷雨〉在上海戏曲舞台上的演出与传播》，载《上海文化》2016年第6期，第62页。

键词是"侍萍",周朴园"念叨侍萍"其实是与他的经历、地位、环境、情感等诸多因素有关,从审美环境、审美情感、审美目的等角度都有不同程度的审美判断。审美问题中的关键词,并不能只理解为词语的字义解析或者上下文观照,至少是由审美情感统摄的。从审美角度上理解,审美问题的设置存在可议之处,可再宏观些,有更多的空间和平台让学生去感受、体验与判断,甚至生成子问题。从审美教育的方向性解析,这也是必要的。在环节5中,这是典型的课堂教学文本提问方法,学生均认为侍萍对周朴园还有留恋情感,还想借此测度周朴园对自己的情感深度。从审美教育的角度看,侍萍的情感及其变化是值得研析的,其研析焦点紧紧围绕周鲁二人的经历、地位、环境等因素,更要说明的是侍萍的情感是有变化的,再次面对周朴园,她的情感是复杂的,或者说,研析侍萍的情感基于戏剧文本节选的所有内容,甚至是节选文本之前的内容。从这点上看,情感研析的审美教育活动是全面的感受、体验与判断。如果回避学生的审美趣味与感受,进行片断式解析,其结论也必然是片面的。审美的角度不单体现在审美问题上,更体现在审美态度和思维上,审美教育的方式方法需要教师在课堂审美教育实践中探索与积淀。在环节6中,学生品读讨论后得出了这样的结论:面对周朴园只会用钱来了却旧情的做法,侍萍内心非常复杂,她此时百感交集,无法用太多的语言来表述。这种师生审美问题的问答,从形式看,正如上文所述,将审美问答实化为结论;从审美教育的过程看,态度、感受、体验、价值研析等都缺少自主、合作和探究的平台。作为重要的审美问题,这些平台的缺省或者说审美结论的单一指向使审美教育趋向于简单结论化,并且使审美教育过程弱化于审美结论中,从审美教育的目的与意义看,没有实现对审美态度、审美体验、审美判断等应有的学习预设、启发与生成,这种审美角度的设计思路亟待改善。

相对于学生的简单判断,教师不能指责其浅显不足,并且要在教学内容与审美问题上有精心的设计与选择,选择了情节,就从情节入手,引导学生细致审美感受和判断,要提供并建议学生收集丰富的相关资源;选择了性格分析,就要引导学生感悟相关教学内容中情节和矛盾冲突等等。其实从表6"最认同的关于个性化的理解"的调查统计分析,97.63%的教师认同个性化就是个体的、理性与感性综合的,高度的认同为推行语文审美教育个性实践提供了保障，教师的审美教育开展角度要调整为以学生为主体，理性与感性的角度共存，以理性超越感性并与之融合为目标，具体开展审美教育，要说明的是，上述认识都要落实在审美教育实践中才有实效。

例如案例2-3中，这一片断的教学设计是"本诗背景——学生品味诗中的风景——引入《诗经·蒹葭》的对比阅读"的思路。学生主要学习方式是与教师合作，通过师生交流品味诗歌的意境美和语言美。从学生的回答审视，学生从各自的角度探析诗的主旨，各有所得，教师也肯定了学生的审美态度与审美判断，整个审美过程比较清晰。从《再别康桥》作品本身看，结构、意境、语言、节奏、意象等均体现出美的特点，可供学生深入品读。教师采取问答式交流的方法虽然可以加快审美教育速度，但是对审美对象多了限制。例如，本课审美对象与审美问题由教师引出，限在风景的美和主旨的美等等，而且本诗意象的美直接用"'摄像机'到'康桥'去捕捉最美的镜头，然后向大家介绍你的创意和镜头的内容"。从审美感受的角度看，学生的审美受到了限制，诗中的美，见仁见智，再三品读之下，学生最先感受的、无功利性的自由审美的着眼点各有不同，审美愉悦也有差别。然而，教师过早地收束审美的判断，并用统一的审美问题进行整合，会使学生的审美愉悦习惯于来自统一的问题，审美情感会缺失"自由"感受与领悟的时机，康德要求的审美的无目的性的那份"自由"会失去，其功利性就显露出来，影响审美的效果、学生审美的态度、能力与愉悦感。

基于此，面对《再别康桥》这类内涵与意蕴皆丰满的审美对象，要给学生以充分进行情感感受与体验的机会，强化自主性感性认识，为理性判断提供坚实的基础上。因此在审美内容的选择上要关注学生自主性审美情感的需求，使审美内容更适于学生的自主学习，适合审美教育的个性化推进。从这个目标描述看，教师还是要放大自主审美学习的权限，给予充分审美自由，根据教师、学生、审美资源诸方面的特点与影响因素调整、设计合作、探究的学习方式。学习方式的设计与调整目的是锻炼学生的审美态度与审美感受力，加强审美判断的价值，促进审美感性与理性的结合。有的教师用课件展示《诗经·蒹葭》(第一节)及描述性文字，并请学生就它的意境谈自己对"寻梦"的理解，而有的学生一语就说清了引入的《诗经·蒹葭》与《再别康桥》的关系，这种字义角度的审美理解，无论是否正确，都不能取代审美教育。从审美自由角度看，教师没有给学生提供阅读、感受和初步鉴赏的空间与机会，学生没有审美的兴趣与趣味，导致学生无法对美进行深入地自然探析，审美问题就答案化，是一种自由的缺失。

2. 审美教育内容缺少对文本的关注，学生的判断缺失依据

在审美教育中，文本是特殊的审美教育内容。文本是审美对象之一，既承载着美的信息与内涵，又启发师生共同学习与探索，有实际而有效的依据价值。在文本使用过程中，教师要清醒地看到文本的分析与鉴赏不是审美教育的全部内容，不能替代审美教育；同时，教师又要注意到文本是审美教育的实际助力，要充分利用文本的价值，为审美感性体验和理性判断提供有效的依据。

在案例2-2中，教师支持多元化审美，鼓励支持学生的审美判断，同时又要求一切从文本中来。从文本中来，是语文审美教育的一个原则和依据，其实可以理解为文本是审美的重要资源。审美首先关注审美对象，这是正确的。从本课第三环节的审美教育中看，教学设计关注的文本一定程度上成了游离文本。例如："生：我喜欢第二节。作者表达了对康桥的喜爱之情，对逝去景物的怀念。把'金柳'比喻成'新娘'，很大胆，很新奇。师：平素的新娘都是大红大紫的，这里却把'新娘'与'金柳'联系在一起。生：夕阳映照之下，波光粼粼，给人以美好的享受，金子般的波光，'波光里的艳影'，美好的情感好像在眼前出现。"徐志摩将金柳拟人成"新娘"，又说"波光里的艳影在我的心头荡漾"，作者从不同角度抒发对康桥及其周边景物的爱与留恋。这些都是文本明确表述的，从实践环节看，学生的回答是对"新娘""波光里的艳影在我的心头荡漾"的情感进行总结，审美态度明确，并不与教师所提出的文本比对。教师的问题与学生的反应并不一致，这对审美教育的展开形成事实性的阻碍。教师引导学生感受徐志摩对康桥的喜爱之情，其实是通过对诗中意象内涵感情的品味来分析诗人的生活态度和价值，这是一种超越，使学生感受到诗中、诗外意象、感情、境界与价值，感受美的存在，提升自我的审美境界。在审美问题设置中："师：才下眉头，又上心头。从微笑里看出你有过如此美好的体验。请你读这一节诗，突出'金柳'、'新娘'、

'艳影'、'荡漾'四个词。"这四个词的突出是有道理的，它们是重要的诗歌意象和关键动词。不过，从诗歌的审美情境和意蕴角度看，突出这四个词使学生的审美视野聚焦到其中，割裂了诗歌的整体意象与情感，就词论词，诗歌总体的审美意味减弱，不利于情感的总体体验和感性判断。另外，就词语论词语式的审美只能使学生关注词语的表现力，对于诗歌境界的感受与判断偏于技能审美，超越不了既有审美判断，还停留在情感体验阶段。另外，教师提出要求："师：第三节相对第二节情感有没有变化，减弱了还是增强了？何以见得？生：强烈了一些。'甘心'一词可以看出。请你读一遍这两句体现这种情感变化。"无论学生的朗读水平如何，从"甘心"一词读出情感变化，这是由词语的感悟而来，而离开全文的情感渲染，对诗句的理解必然单一，从审美角度和方法来说，还显狭窄，学生的情感愉悦程度受到限制，从这个角度看，学生不能超越自己既有的审美水平，获得更多角度情感激发。

从表7对"语文审美教育应遵循的原则"的调查统计说明分析，68.50%的人认为要遵循审美教育规律，给予学生审美自由，进而确定审美教育目标，这至少说明有两点是语文审美教育个性化必须要的考虑的，其一是审美教育规律性的认识；其二是学生的审美自由。二者是相关联的，审美教育规律要为学生的审美自由提供理性保障，审美自由也为审美教育规律的实现探索途径。这个结论得到了多数教师的共识，给语文审美教育个性化的深入推进提供了必要的前提和思想基础。按照这个结论，上述案例可以考虑修改审美问题的提问方式与内容，学生的审美自由并不等同于随意，而是要以一定审美教育规律为指导，本案例考虑到了学生的审美自由，但是如果实现审美理性对感性的超越，还应首先让学生有真实而深刻的情感体验和判断，引导学生自主学习。案例2是诗歌，一方面学生有多元化的鉴赏角度，二是鉴赏词语也需要对诗歌有全面的体验与感受，不能在缺失学生自主鉴赏的前提下就对词语进行专项鉴赏，学生只考虑到词语本身的推力，而缺失自主性的完整的情感体验。例如可以先让学生自由朗读和感受，甚至不用形成判断，而在反复诵读中品味作者对康桥和康河的深情，体会人生态度，同时感悟自己的情感共鸣。反复多遍后，或者引导学生朗读诗歌，或者指导学生交流朗读心得，在同一句诗文而有不同的朗读方式的前提下，结合全文交流和研讨诗歌的美，不仅限于美的词语,还有美的情感和人生态度。在学生对美充分感受与判断展示的基础上,思考新的审美体验与心得,尤其是审美的价值与境界,每名学生都可以有自己对审美意蕴不同的理解及不同的审美判断。

表9:关于语文审美教育个性化教学内容的调查统计表

调查内容	百分比(%)			总计(%)
	选项A	选项B	选项C	
语文审美教育个性化与审美问题的关系	前者对后者直接作用 1.67	前者激发师生来共同作用于后者 52.22	二者共同构成审美教育因素 46.11	100
学生对语文审美教育的态度	积极参与 39.84	听从教师安排 53.09	不感兴趣 7.07	100
教师对审美意蕴的理解	师生共同学习中领悟 58.87	可直接发现于教学文本中 1.79	个体化,无须共同参与 39.34	100
教师对学生生成性审美问题的态度	一般 6.08	重要 33.52	很重要 60.40	100
教学设计的依据	实际教学内容 66.73	教学参考书的要求 2.28	学生群体需求 30.99	100
教学设计的内容侧重	形式方面 1.79	价值与精神层面 84.84	情感方面 13.37	100

在关于语文审美教育个性化教学内容的问卷调查中,表9中关于"语文审美教育个性化与审美问题的关系"的调查统计表明,46.11%的教师认为教师个性化教学与审美问题共同构成审美教育的主要因素,需要指出的是,无论出于何种思考角度,不将学生视为审美教育的主体主就无法形成有效的教学体系。另外,学生没有介入到审美教育中,教师的教学设计与审美问题都只是教师个体审美结论的体现,不具有教学特点,学生无法从他人既定的审美环节与判断中获得属于自己的审美愉悦,审美过程和审美判断也就成为技

能训练的结果，审美教育的主旨与目的无法实现。

另外，表9关于"语文审美教育个性化与审美问题的关系"问题的调查统计中，52.22%的教师认为要张扬学生个性，与之前的数据统计分析中强调教师的主导意识相矛盾，教师在审美教育"师生角色"和"学生主体地位"的思考和判断上一直在徘徊和犹豫，没有可持续性的一贯认识。这至少说明：其一，教师没有认清教学与学生发展的关系，教学是为了学生的发展，也必然要以学生的发展与收获为主要条件，以学生的主动参与为前提，不能因为功利性社会评价和传统知识评价放弃学生学习主体地位的确立。其二，教师没有或者不舍教学主导权利，不敢或者不愿放手给学生，这种担心与戒备表明教师的教学设计与实践某种程度上阻碍了学生的发展与创新，限制了他们审美感受与体验的主动性与积极性。其三，教师没能认识到教学过程中师生互为条件这个事实，只有教师的个性化教学思考与学生的自主学习相结合，教师才能给学生的学习提供有价值的助力与平台，学生的主动学习也给教师提供教学灵感与新的资源，二者的贴合与适应程度影响着学生在审美教育中的学习收获与价值。

审美教育角色定位不准确，只是上述问题的一个必然结果，从更广泛意义上看，也是审美教育缺失实效性与发展性的实际原因，师生双方在审美教育过程中，缺少相互有效的沟通与交流，审美教育没有形成教育体系，双方都缺少应有的收获，没有实现审美教育应有的功能与目的。教学内容是一个平台，师生合作提供丰富、恰切的教学内容，学生才会真正投入审美学习过程。只满足教师的需求，学生的审美收获也必然是空泛的。

（二）同质化的教学设计使学生缺乏个性化学习的平台与时机

教学设计是教学活动及过程的预先设计和具体安排，体现教育目的、教育原则、教育方法和教育过程，实现教师的教育理念。教学设计更关注教学过程各环节的预设，以及对生成性问题的处理办法，它是教师教学的重要依据与教育理念实现的重要标志。

从实践情况分析，教师进行教学设计有以下依据：（1）学科课程标准；

(2)学生的学情;(3)教学内容在学科教学体系中的位置与作用。从目的上看,教学设计一般有三个方面的内容:(1)知识与技能;(2)过程与方法;(3)情感、态度与价值观。这三个方面构成了语文素养的框架,从现实情况看,教师依据这个框架进行教学设计,但在教学的方法与角度上缺失审美教育视角的关注,正如前文所述,审美教育现状亟待改革,却一直没能有效地进行改革。截止2014年3月,据《中国青年报》关于各省年度工作报告的数据统计,审美教育改革的问题依然没有得到政府及教育部门的实际关注。从这个意义上看,审美教育视角下的教学设计存在明显的同质化现象,缺失深入研析。

表9中"教学设计的内容侧重"一项的调查统计结果显示,84.84%的教师认为教学设计要关注精神层面与理性认识的提升与发展,有利于提升审美教育的层次与深刻性,但是教师没有关注情感教育过程,学生没有关注情感的感受与体验,教学设计成为了为实现目标而进行的教学程序,显示的是同质化的教学理念,师生的审美个性消失于"理性"的教学问题设问与解答环节,价值与精神只成为空泛的审美目的,无从培养学生的审美兴趣,这是教学实践中的实际问题,应该引起教师群体足够的重视。

另外,只有13.37%的教师认为情感是审美教育的主要内容,所占比例过少,这至少说明教师对审美教育个性化的理解出现重大偏差,审美教育并不是单一的理性判断,而基于情感体验的理性判断,缺失感性认识,缺失审美情感,就不是审美教育。教师为了审美而进行审美,忽视审美教育中的学生的情感体验,审美教育公式化与模式化的现象严重,这种以理性判断为主的同质化教学直接影响着审美教育目的的实现,直接影响着学生审美兴趣的激发,影响着审美素养与个性的提升。无论在理论上还是在实践上,教师对审美教育个性化问题的实践特征、原则及策略还不熟悉,还没有认识到审美教育过程是基于感性认识进而实现理性对感性超越并与之融合的特点,只关注理性判断,缺失情感体验,无法满足学生的审美需求,对于提升和实现学生审美境界与价值是不可逾越的阻碍,这是亟待解决的问题。

表9中"教学设计的依据"一项的调查统计结果显示,在教师对审美教育学习能力进行判断时,66.73%的人认为需要包含情感、体验。以上两个数

据的反差，证明教师的教学理念与实践脱节，教学实践过程更注重教师的设计与安排，并未将学生的感悟与体验作为重点。一方面，这必然使教师成为设计主体，为实现审美教育的价值和精神而开展教学，目的虽然明确，但是单一，缺失学生的有效参与；另一方面，学生并没有成为学习的主体，在教学过程中缺失参与权和主动权，教师的教学意识与水平决定了教学设计的水平，教师趋同的教学意识与目的必然形成同质化的教学设计。

在此状况下，学生缺乏适合的学习平台与时机，教师缺乏审美教育个性化实践，本论文研究了不同省份一线教师的典型教学设计，试图探讨审美教育的实践得失。

案例2-4：S市教师在李白《将进酒》A与B两种方案中的设计说明

设计说明：学习古典诗歌有两个目的：一是文学鉴赏；二是文化传承。这两个方面可以有所侧重。

本单元可选学AB两套方案中的一种。A方案重在文学鉴赏教学，主要学习古典诗歌的节奏韵律、表达方法与意境等内容，其学习姿态是接受的、领悟的；B方案重在古代诗歌文化教学，主要学习古人的思维方式、生活方式与审美方式等内容，其学习姿态是研究的、探索的。

案例2-5：S市教师为李白《将进酒》设计的A方案

一、以"酒"解诗：归纳诗人劝酒的理由

……

二、以"愁"诠诗：领会诗人的内心世界

……

三、以"醉"读诗：读出诗人的醉意狂态

1.从句式的变化中感受诗人的醉意狂态。

（1）找出诗中的三言句、五言句、七言句和十言句，说说不同句式给你的不同感受。

（2）分别从诗歌内容和诗人创作心理两个方面解释由十言、七言向三言的突转。

2. 从意象的夸张中感受诗人的醉意狂态。

（1）列出诗歌的意象，说说这些意象的共同特征。

（2）"饮为三百，裘值千金，愁贯万古"，作者为什么要极力夸张这些内容？

你从这些句子中读出了什么？

3. 从诗句的语气中感受诗人的醉意狂态。

（1）说说"天生我材必有用，千金散尽还复来""钟鼓馔玉不足贵，但愿长醉不愿醒"的语气特征。

（2）说说你读"岑夫子，丹丘生，将进酒，杯莫停。与君歌一曲，请君为我侧耳听"时的感受。

（3）在酒桌上，诗人"呼儿将出""五花马""千金裘"以"换美酒"，你觉得这合适吗？

案例2-6：S市教师为李白《将进酒》设计的B方案

一、乐与愁

……

二、醉与醒

……

三、诗与酒

1. 现代诗人余光中在《寻李白》一诗中云："酒入豪肠，七分酿成了月光，余下的三分啸成剑气，口一吐就半个盛唐。"余光中所谓"剑气"是指什么？你在《将进酒》中的什么地方可以看出"剑气"？

2. 读完《将进酒》，你觉得诗人之饮酒与好酒之徒之饮酒有什么区别？你现在的想法与学课文之前的想法有什么不一样吗？

3. 杜甫称李白"斗酒诗百篇"，韩愈称喝酒为"文字饮"，苏轼称酒为"钓诗钩"，说说饮酒与写诗的关系。你现在的想法与学课文之前的想法有什么不一样吗？

4. 古代文人得意时饮酒做诗，失意的时候也饮酒做诗。结合具体的作品，说说它们之间有什么区别。

四、应用与拓展

1.《将进酒》是劝酒歌。如果你是岑夫子或丹丘生，请模仿《将进酒》回应李白一首解酒诗。

2,在文学史上，好酒的诗人不计其数，饮酒诗的志趣则各不相同。课外查阅资料，比较几位好酒诗人的饮酒诗，说说你更喜欢哪一位饮酒诗人。

案例2-7：S省某教师执教徐志摩《再别康桥》的教学设计

目标定位：

1.品味诗歌语言，进行诵读训练。

2.理解诗歌意象和思想情感。

3.体现"人本"教学理念，引导学生主动参与．以期达到"学生、教材、教师"三者的和谐统一。

4.体现文学鉴赏课的特色，创设艺术情境，增加文化含量。

方法阐述：

本诗属于经典现代格律诗，像新月名家闻一多所提倡的，讲究诗歌的音乐美；而诗的情感之美、意境之美，蕴含其中，构成内在的韵律之美。所以指导学生诵读是本课的重点之一，但诵读方法要落实到位，不要空洞，比如"重音轻读"的方法。其二要把解读权放给学生，对学生的初始解读要包容、要鼓励，当然也要引导。对意境的品悟、对练字的把握可采取对比替换的方式。让学生尝试改写，变换学习方式，同时在有限制的情况下，通过创造性的学习活动让学生体验语言意境之美。

案例2-8：语文资源网教师执教曹雪芹的《林黛玉进贾府》片断

师：你从王熙凤的话里还读出了撒娇的味道，很好。我们现在来分析一下王熙凤这番话有几层意。第一层，她夸了谁？

生：林黛玉。

师：就林黛玉一个人吗？

生：好像不是。她既夸了林黛玉很漂亮，又夸了林黛玉不像是外孙女，而是嫡亲孙女，所以把迎春、探春、惜春她们也都夸了，夸了这几个孙女自然也就夸了贾母。一句话，把所有的人都夸到了。

师：这位同学分析得非常好，那她夸了大家之后又怎么样呢？

生：在林黛玉面前掉眼泪，但当贾母说不要让王熙凤招她的时候马上就又转悲为喜，说自己该打该打，挺虚伪的。

师：这位同学还品味到了王熙凤的见风使舵、虚伪。那么第三层，王熙凤关照林黛玉说"想要什么吃的、什么玩的，只管来告诉我"，这话表明了什么？

生：表明她在贾府中握有实权。

师：你们看看王熙凤，她几句话真可谓滴水不漏，既照顾到了所有的人，又恰到好处地表明了自己的身份、地位。大家想想，这体现出她怎样的个性？你喜不喜她？喜欢的请举手。（3个学生举手。）

师：我想请同学来说说喜欢她什么。

生：会说话，会做人。

师：还有谁要补充？

生：处事圆滑老练，又会照顾别人的情绪，这就是贾母喜欢她、家中的事都由她来处理的原因。

师：好的。看样子你们都有自己的理由，我尊重你们。那么还有这么多同学不喜欢，能不能也说一下理由。

生：泼辣、虚伪，悲喜转变的速度太快，可见不是真心。

生：我也觉得她很虚情假意，把话说得很周到，让每一个人都舒服，这说明并不是为别人着想，而是为自己。

师：是的，恐怕有同学还会用其他的贬义词来形容她，比如欺下媚上、阿谀奉承、圆滑世故，等等。但可能也有同学会用褒义词来形容她，比如精明能干、果断老练，等等。我觉得在咱们今天小说节选的这部分恐怕找不到一个很恰当的答案，不如以后有机会读整部小说的时候再做定论，那样会更好些。

案例2-9：Z省某教师执教曹雪芹的《林黛玉进贾府》片断

师：林黛玉眼中的王熙凤是怎样的，文章主要在5、6段中有描写。我们先朗读这两段。朗读时注意林黛玉是从哪几个方面来观察王熙凤的。（生读5、6段。）

生：先观察了王熙凤的外貌和衣着："这个人打扮与众姑娘不同……粉面含春威不露，丹唇未启笑先闻。"

师：想想看，王熙凤给林黛玉的印象是怎样的？

生：姿容俏丽、穿着豪华、威严虚假。

师：（笑）这也有你的感觉吧。（生点头。）

生：从王熙凤的言行上，留给林黛玉的印象应该是：放诞无礼，备受贾母宠爱；忽悲忽喜的变化之快，表现她的机变聪明、长于奉承。

生：她回王夫人话的细节，表现了她做事干练。

师：好，说得很好。下面我们欣赏一段录像。（播放电视剧《红楼梦》王熙凤出场镜头）（学生看着，不时传出笑声。）

师：林黛玉心中"放诞无礼"的王熙凤可是个"男人万不及其一"的女强人，冷子兴说"上下无一人不称颂"。据说20**年度中国经济年度人物**公司总裁在回答王小丫的提问时就曾经说到王熙凤是个管理人才，要求公司的职员看《红楼梦》，向王熙凤学习管理知识。（众笑。）

《课标（实验）》对诗歌教学有着清晰的说明，"培养鉴赏诗歌和散文作品的浓厚兴趣，丰富自己的情感世界，养成健康高尚的审美情趣，提高文学修养。……理解作品的思想内涵，探索作品的丰富意蕴，领悟作品的艺术魅力。……初步把握中外诗歌、散文各自的艺术特性，注意从不同角度和层面发现作品意蕴，不断获得新的阅读体验"[①]。而上述案例2-4这份设计说明从诗歌学习内容选择的角度看各有侧重，一份是文学鉴赏，一份是文化传承。教学内涵深远，特色突出，个性化意义鲜明，指导意义强。作为诗歌教学的教学设计，有典型和示范意义。需要指出的是，案例2-4和案例2-5将节奏韵律、表达方法和意境作为文学鉴赏的主要内容，这是教师对学生个体和群体

---

① 中华人民共和国教育部：《普通语文课程标准（实验）》，人民教育出版社2003年版，第10页。

的需求的预测。如果学生群体的审美个性、特点、习惯适合并且喜欢鉴赏的内容，可以从中获得审美愉悦，受到美的陶冶和感染，这个方案是好的。但是，从审美教育个性化角度分析，还存在以下缺憾：

1. 教学设计缺失对个体性的关注，没有审美生成空间

教学设计是具体教学实践的纲要，教师和学生都是其中的重要审美因素，教师不仅要关注学生也要关注自身的个性和差异性。例如案例2-6的这个方案就不易实现，毕竟不同的学生在审美方面的素养和能力大相径庭，各有特点，例如有学生喜欢朗诵《将进酒》时诗的整体意境，有学生喜欢诗的语言，有学生喜欢作者的洒脱个性等等，并以此为审美注意，感受其中的愉悦。因此，教师教学设计的目的还应综合考虑教师、学生和教学资源的个性与特点，因人、因情、因事、因物而异，进行有针对性的、个性化的选择与设计。适合的教学设计才会提供最好的审美教育契机。

案例2-6同样存在这个问题。思维方式、生活方式和审美方式影响着诗歌教学设计的文化内涵。文化内涵意义深远，达到审美超越更要有个性化的设计。从[案例3]教学设计分析，这个目的不易达成。以审美教育个性化为审视角度，教学设计要鼓励和支持学生在诗歌的审美过程中超越诗歌文本的含义，有对自己、他人、时代、社会在精神和情感方面的迁移感悟，有触类旁通的审美判断，有审美理性对审美感性的超越，这就是实践中的审美超越性，是更高层次的审美愉悦。其实，肯定学生的审美超越性并不是必须要从人类文化的高度关注诗歌，而是从诗歌的细节做起，预设学生可感、可悟的审美问题，引导学生从文本、从诗歌情感、从诗歌哲理等方面多元理解诗人的精神气质与追求，感受诗歌的时代意义与价值。这样的预设，促使学生从自己的审美角度理解诗歌的内涵，甚至可以深入理解他可以理解的美的情感与时代价值，例如审美价值观、社会风气、道德标准等，都可以列为文化范畴。根据教师、学生和审美资源的特点进行个性化的选择，这是一种文化视角，不同于文化的全面教学，不能混同。另外，诗歌的文化教学，从审美教育角度看，理性和感性兼融，是种感受和判断，有学习、感悟过程，也有审美交流、评价和价值判断过程，对于诗歌中的文化内涵，教学中师生可以客观审视，尽力参悟，不必要为了理解文化而进行刻意的文化审美，文化传承并不是要全部化用，是要引导学生学习、感悟其中可理解、可感受和可判断的内容。

案例2-5这份教学设计也很典型，它代表了一类在教学一线有教学个性的教师们的能力。从设计细节看，达到教学目的的要求，环环相扣，思维清晰绵密，涵括了《将进酒》的各个审美角度，尤其是文学鉴赏的角度，对学生有多角度的关注，对学生的审美能力是很好的训练，是一份很有设计水平和底蕴的教学设计。从审美教育个性化的角度分析，以第三部分"以'醉'读诗：读出诗人的醉意狂态"为例，还是存在一些问题。首先，这份设计其实就是一个比较出色审美模板，学生只需要依照教学设计做出答案即可，没有留给学生审美问题生成的空间，这是可惜的。李白的诗纵横思绪，清新隽逸，给读者留下了广阔的想象与品味的空间，但是本设计却没有留给学生审美的空间，使学生的审美流于形式。学生疲于应答，审美愉悦无从产生更不会产生有意义的联想和想象。学生可以喜欢本诗的酒、愁、醉，也可以喜欢本诗的词、情、意或者其他审美关注点。再如，"说说'天生我材必有用，千金散尽还复来'、'钟鼓馔玉不足贵，但愿长醉不愿醒'的语气特征"，类似这样的问题，学生的审美关注点被"语气特征"一词引向理性知识判断，湮没了审美情感的激发过程，这类使人狐疑的提问会抹杀诗的美感。开放的诗歌意境不能用模式来固定的，模式化学习收获的所谓超越并不是审美理性对情感的超越。

从表9关于"教学设计的依据"的问卷分析看，66.73%的教师在教学设计中体现了教师自己独特的审美教育角度，这无疑有利于审美教育个性化的深入开展，回避学生的需求是不可取的，学生才是审美教育的主体，这是不能回避的。在审美教育中提倡审美教育个性化是主要目的是提高审美教育的实效性，最大限度地实现学生审美学习的主体地位，鼓励和支持学生进行审美感受和判断，激发审美兴趣。相比之下，在教师积极参与的同时，还是要以学生的需求为主，根据教学内容，根据学生的实际需求，合理进行教学设计，这也是审美教育个性化的要求。教师关注自己的教学个性与风格，并以学生为主体完成教学设计，不是为了教而教，是为了实现自己的教学理想而教。同时，表6关于"审美教育中审美的内涵"的问卷数据证明，超过

55.42%的教师认为学生赞同美在内涵，既然美在内涵，就需要学生主动将情感感受、体验与理性判断融合，这就要求教师要认识到学生的需求、学习个性与特点、审美对象与内容的特点才是审美教学设计的重要依据，而并非单一的教师自身的看法与认识。这个结论与上段数据分析结论是一致的，当前的教学设计过于依靠教师的认识，忽视了学生的需求，这不是个性化的内涵，审美教育个性化要求教师充分考虑师生两个方面的个性需求，并以学生需求为主。

但是，表9关于"教学设计的依据"问卷数据说明，30.99%的教师认为审美教育的设计要以学生群体的需求为主，比例不超过50%，说明学生在审美教育中的主体地位还没有在实践中得到有效实现，至少教学设计没有考虑到这一点，这对审美教育的深入开展是不利的，无益于学生审美素养与能力的提升，这不仅是教学设计理念上的缺失，也是教师整体教育理念的内容缺失，亟需厘清认识，调整方法与策略，回到教育教学应有的目的、正确的师生观、正确的审美教育功能上来。其实，在案例2-5的教学设计中，教师只要给学生时机细读几遍这几句诗，诗中的狂慢与洒脱已经使学生心生愉悦，有一种不可言传的美的熏陶与感动，教师再引导学生思考诗人的语气区别于其他诗人的地方，思考这种语气对情感表达作用，这又和李白的经历、个性特征、诗风的关系等等，逐步引导学生的审美感性与理性认识，最终从精神境界层面理解本诗的审美意味，并以时代和发展的眼光感受诗歌美的韵味，体会诗歌情感在当前时代与社会的现实意义，这未尝不是种超越。

还需要说明的是，案例2-5这份设计偏于细琐，依照这个设计学生不易形成整体感知，面对优秀的诗篇，学生会有总体的阅读审美感受，并从诗的细节分析其中美的表现，引发情感关注，进行客观解读。过于细琐的问题，且每个问题都是微言大义，学生没有时间和空间进行属于个体的诗歌鉴赏。这些问题是否就是鉴赏的公式尚待探讨，仅是将学生的审美思维分裂成若干问题与答案，就使学生将审美视为空中楼阁。公式和填空式的审美问题无法让学生理解审美超越点在何处，空间有何审美意义与价值。在教师的设计中，预设只是基本问题，不要有倾向性答案，例如，案例2-5中第三项内容中的问题（3）"在酒桌上，诗人"呼儿将出""五花马""千金裘"以"换美酒"，你觉得这合适吗?"回答是显而易见的,这其实没有给学生问题生成空间,预设与生成本是相并的,不要全部掌握在教师的设计中,学生在感受和体验审美情感,收获审美判断的价值与意义,并不是审美教育的听众,不是繁多审美问题的应答者,学生需要审美兴趣和审美愉悦,有自己的审美注意和审美判断,类似审美境界的超越性也是在一定开放和公平的审美平台和机会中逐步发展和提升的。

案例2-6这篇设计以文化传承为目的的。从结构看分为四部分,"乐与愁"、"醉与醒"、"诗与酒"、"应用与拓展"。如果这几部分就代表是一种文化传承,还显牵强。"乐与愁"说不上是文化,是人生不同境遇下的情感反应;"醉与醒"是一种处世之道,与文化的关联也并不直接;"诗与酒"还有些关联,不过看第三部分内容,第2、3、4环节所列问题审美逻辑并不严谨,诗人饮酒与好酒之徒饮酒不同,这是存在的,诗人饮酒,以酒为引,以诗为情,这是可能的,但并不能推理为诗人因诗而酒,这是一种浪漫的推测,酒是李白一个情感的切入点和宣泄渠道,酒与诗互为依存,酒徒好酒也是兴趣与酒的结合,就这一点而言,并无不同。酒虽与李白有关涉,但是作为酒与诗的文化传承,这是不合实际的,也没有文化的内涵。让学生从中有所超越,这是困难的。例如环节2:"读完《将进酒》,你觉得诗人之饮酒与好酒之徒之饮酒有什么区别?你现在的想法与学课文之前的想法有什么不一样吗?"从教学设计上,可以考虑这样的问题:"从饮酒的目的与作用着眼,这和情感抒发有无必然关系,在诗人李白,饮酒又有怎样意义;着眼本诗,你认为李白、诗、酒三者的关系是什么,对此,你有怎样的情感触动和理性判断?"这样修改的目的有二:一是引导学生思考审美问题,并不直接表明教师意图;二是教师要观察和发现学生的审美情感是什么,有怎样的境界与层次,进而有针对性的启发与引导,使学生超越自己,超越诗的文本意义。

从表9关于"对学生生成性审美问题的态度"的调查统计数据分析,60.4%的教师认为学生生成性审美问题重要,可以鼓励课后思考和自学。在课堂教学中,还是以教师自己预设的审美问题为主。这个结果说明了三个方面的问题:一是学生在审美教育过程中的生成性问题没有得到教师足够的重视与欣赏，超过 50% 的比例，证明这个问题的认识与解决已经迫在眉睫。仅就教学设计与安排看，并非指向学生的需求，实际上是回避了实现学生学习主体地位这个教学目的，不能从根本上激发学生的审美兴趣，其审美感受力与审美判断水平不会有持续发展的可能。二是教师角色意识不正确，教的主导地位还是根深蒂固的。至少是事实性的教师主导，缺失学生的参与，审美教育的实效性不会得到实现。三是缺失学生的主体意识就一定缺失学生有效生成性审美；学生的审美思维不会主动、积极形成，审美的超越性和创造性缺少实现渠道，教育教学理论与实践并不融合，各自独立，审美教育其实成为一种变相的知识教育，甚至是形式上的教学过场。

案例 2-6 从审美问题的设置看，臆想成分过多："古代文人得意时饮酒做诗，失意的时候也饮酒作诗。"实在是随手而来，这并无实据，更与文化无缘。学生对于这类虚无的问题，提不起审美兴趣与愉悦，尤其是审美超越性的可能性微乎其微了。总之，B 设计的文化传承意味过淡，在审美问题中没有体现，也没有实现之前的教学目的，比 A 设计的缺陷更多。难能可贵的是设计者考虑到不同学生的需求，列出 AB 两份设计以供选择，这个做法本身就是对学生学习主体的尊重，这是正确的。

2. 教学设计缺失个性化和创新性，内容趋同

对审美教育个性化而言，任何学习目标均要符合一般教育规律，有常规的教育内容，但是要有所取舍，选取适合学生、审美资源、教师三者的教学内容，并因此提炼教学目标。另外，在教学中，教师的"人本"也一定是以学生为本，所设立的教学目标符合学生们的审美条件与要求，有益于提升他们的审美能力和境界，实现超越性。

从案例 2-7 从目标定位看，前两条明确了对诗歌语言、意象、情感的品味，这三者是一般诗歌鉴赏的必备内容，放在《再别康桥》的学习目标中，无可厚非。也因为如此，就会产生一个疑问，按照前二条的内容，它适用于所有的学校，所有学习诗歌并进行审美鉴赏的学生，这样的目标定位失于教学个性，没有对学生特点观察入微。虽然第三条说明是"人本"教学理念的体现，可也正为是人本理念，更应该以人为本，具体而言，以所教学生为本，具体问题具体分析，否则就不是"人本"。从目标内容的逻辑性上看，品味诗歌语言和进行诵读训练是一个逻辑层级，在《再别康桥》中，诗歌语言铺陈丰富又清新委婉，是审美教育的重要对象。但是如果仅以语言的美为引导去诵读诗歌，诵读出的诗歌的美主要体现于语言所蕴含的美的情感与价值，而语言形式下的情感需要深入感受与交流，需要教师进行个性化的教学设计，选择恰切的审美内容，师生、生生合作进行思考与判断，这个过程才是审美个性化的过程，如果仅以语言的诵读为审美重点内容，对于不同的学生个体而言，在多元的需求时只有单一的诵读平台，这是可惜的。无论是诗或者其他文学体裁，进行审美教育，其本身就是多元的。审美，以更高的层级与境界全面观照审美对象，不能仅就美的形式进行审美，还要结合内容，要将理性和感性结合，多角度分析判断审美对象内蕴的价值与意义，超越既有的审美体验。本诗的语言虽然出色但却无法仅以语言一个角度涵盖全诗的主题、境界与价值。

要说明的是，个性化不是特殊化，超越性不是唯价值论，而是要符合教学和学生审美的基本特征。审美教育个性化是为引导学生多角度的审美体验、提升审美感受力，超越以往的审美收获，无论是情感层面的还是意义层面。这是对超越性的一种实现，其实也是实现人本理念，不能将教学设计作为随性的教学构图，个性严格区分于随性。在教学方法中，教师提出"诵读方法要落实到位，不要空洞，比如'重音轻读'的方法。其二要把解读权放给学生，对学生的初始解读要包容、要鼓励，当然也要引导"，这是有益于审美的，既有诵读的具体方法，又有学生自己自由的解读，充分张扬审美个性，必要时又有教师的引导，从一般教学设计的角度看，这是有效的。而从审美教育个性化的角度看，有两个问题还需要思考。

首先是诵读的一般方法是有规律的，需要落实，提升学生的诵读技巧，而诗歌的诵读却是特殊性的存在，诗歌的语言是凝练的，意境是悠远的，常常一语多义，学生的审美判断自然迥异，一千个读者有一千个哈姆雷特，除去功利性的限制，每个人都有自己的审美解读视角，有不同的品味，收获不同的感受，体会审美情感的丰富性，这也是一种超越性的体现。诵读方法各有侧重，如果只求得诵读的同一化，就不是诗歌美的鉴赏，而是流于形式。所以对诵读的一般方法或者可以进行介绍，但不能模式化推广，同一化的目标不利于审美教育的有效开展,也不符合人本理念以人为本的要求。

其次是解读权的收与放。解读权其实是关注学生的审美自由,观照他们的审美过程,实现审美民主,这符合人本理念的要求。不过所谓的包容、鼓励要明确说明对象。审美作为特殊的教育内容,不能简单解读为"存在就是合理的",学生的审美过程与结论可以包容和尊重,但是对其审美过程要予以关注和指导,审美过程是学生审美态度与能力、审美品位与境界的实际体现,是否符合审美的基本特征,是否进行无目的的自由审美,是否保持着审美距离,是否体现了个性与超越性等等,教师都要在审美过程中积极参与,引导和学生进行审美。

因此,审美过程及审美结论"放给学生"不是不管,而是有关注、有引导、有示范。在教学设计中表述要清晰,教学内容要明确。表9的调查统计结果可见一斑。

表10:语文审美教育学生审美情感来源的调查统计表(多选)

调查内容	百分比(%)				
	选项A	选项B	选项C	选项D	选项E
语文学科学生审美情感的形成主要依赖于	课堂教学	生活经验与体验	知识技能的学习	思想道德境界	价值观与人生观
	92.14	79.16	52.87	48.01	82.78

从表10可以看出,82.78%的教师肯定学生审美情感来源于价值观与人生观的境界与水平,无论是价值观、人生观其本身是抽象的名词,需要通过感受、经验、体验和思考、判断来具体解析。在审美学习中,要鼓励和引导学生充分觉醒"自我",主动感受而并非简单依循教师或者他人的审美判断。另外,52.87%的教师认为审美情感来源于知识与技能的学习与积淀,虽然审美知识与技能会提升学生的审美综合素养,但理性意义的知识与技能并不能替代感性意义的审美情感,更不会产生此类情感。因此,无论是何种语文审美教育形式都不能架空情感,还是要从对审美对象的情感感受与体验中,从文本的学习中不断积淀与升华审美的经验与层次。

3. 教学设计缺失审美自由和开放性，审美角度单一

从既有案例分析，审美教育个性化并非要求学生成为文学鉴赏家，而是教师要关注学生个体审美的差异性特点，也要关注到教师自身审美素养与感受力的差异性。如果能够选择审美空间丰富、内涵丰富、多种可能性的教学内容，能够进行开放性自由性较高的教学设计，会更有益于学生的多角度感受与判断。不同的视角和不同的情感冲突都会激发学生更多的审美感受，形成更深刻的情感愉悦。

案例 2-8 和案例 2-9 非常明显是在分析王熙凤的人物性格，主要是通过问答式对话交流、片断朗读的形式予以实现。其中有对王熙凤人物性格的直接分析，有学生个人的审美感受等等。教学内容非常清晰，教学目的明确，学生易于把握。但是从审美教育个性化的角度看，《红楼梦》语言内涵丰富，审美关系错综复杂，所选教学内容是这方面的典型情节。案例教学内容为人物性格分析，具体的内容是语言和情节分析，由语言和小说中表现的情节分析复杂的人物形象，教师有必要补充小说人物关系、社会背景、利益冲突等方面的介绍，否则正如课堂教学中学生的表现一样，虽然有审美冲动和审美感悟，不过都流于表面，教学内容的选择还是单一片面，人物、情节、环境，这三要素在教学内容中不可分割。例如案例 2-8 中："师：那么还有这么多同学不喜欢，能不能也说一下理由。 生：泼辣、虚伪，悲喜转变的速度太快，可见不是真心。 生：我也觉得她很虚情假意，把话说得很周到，让每一个人都舒服，这说明并不是为别人着想，而是为自己。"可见学生是出于自己的感性认识和小说中的语言对这个问题进行判断的，如果联系小说情节与环境，就会发现王熙凤的作法有特定的环境因素和情节需要，性格判断不能从单一角度进行确定，否则易失于偏颇。

案例 2-9 从教学设计上看，分析王熙凤形象主要是通过文本分析与鉴赏来引导学生的审美感受；同时通过视频进行印证。首先是文本分析，从王熙凤的外貌和衣着来判断人物性格特点，并且以视频的形式播放电视剧《红楼梦》相关片断。从设计的初衷看，文本分析是从理性层面进行语言意义解析，视频是从是感性层面引导学生的感受与体验。无论是文本解析还是视频感受，因为小说语言的多样性与丰富性，必然会有不同的解析。如果教师支持和引

导学生进行开放式自主学习、多种审美体验与判断相交互,会有更多角度的审美感受与感悟,提高审美理解的层次与水平,这也和比斯莱确定阶段学生的审美能力是相适应的。从课堂教学实践看,教学设计显然并没有顾及审美的自由性与开放性。两名学生根据小说文本语言得出了结论,认为她是"姿容俏丽、威严虚假、放诞无礼、机变聪明、做事干练",从结论看,完全合乎教师的预期,但是仅就文本中王熙凤的语言和外貌、仅就一位学生的感受就得出了结论,至少未考虑到小说环境与人物之间的矛盾,在审美视野与境界上显示出单一的特点,而且也没有考虑到其他学生的审美感受,其他有审美兴趣、情感与判断的学生则失去了阐述、交流与合作的机会,只有接受这种同一化的审美结论。从审美开放性与自由性角度看,有所缺失。另外,教师的评语只有四个字,"说得很好",而没有引导学生共同解析"说得很好"的原因,实际是缺少了审美学习和评价过程,只有审美问题与结论,这是过程性的缺失,其中,也包括自由性与开放性。在依托视频方式的人物性格审美中,教师忽略掉学生的反应,直接提出结论"王熙凤有管理才能",从这个角度看,这段视频播放意义不高,学生为视频所激发的审美兴趣与感受能力都没有得到实现的机会,习惯这种接受就是对审美自由与开放的放弃。总体而言,从教学设计的内容上看,缺少了对学生审美教育开放性和自主性的预判。从语文审美教育个性化具体开展情况看,教师可以进行三个方面教学设计的研究与实践。一是积极鼓励学生进行自主性审美学习,并不囿于既有答案与看法,而是根据自己的判断形成自己独特的感受;二是要求学生并不单单依据自己的生活体验,还要结合小说中王熙凤本人所处的环境与错综复杂的关系,综合判断,反复对比,感受小说人物形象塑造的文字与情感魅力;三是并不简单认定学生审美判断的正与误,要积极听取学生不同的审美感受,容纳不同的审美体验,鼓励学生进行独特、自主的审美并且感受其中的情感愉悦。

总而言之,在教学设计过程中,语文审美教育一线教师进行了有益地探索,甚至有审美教育个性化的实践趋向,一方面表现了一线教师群体审美教育视野、理念、素养和实践水平有较大提升,另一方面也说明学生个体和群体的综合素养与审美能力也有一定程度的提高。但是,从审美教育个性化的角度看，需要加强审美理念的更新，调整教学理念，进行有个性的教学设计，加强有针对性的探索。从教师的角度分析，同质化的教学设计忽视了审美教育功效。关于功效，比斯莱曾指出，要在以下几个方面有所收益和变化：逐渐增加的敏感感受；更加充分地注意力；与周围环境的更密切接触；对未来的事情和可能发生的事情的关心。

教师开展审美教育个性化实践，就是要通过各种可行的办法提高学生的审美感受力、关注力、审美趣味和协调力等等，这是以人为本理念的集中体现，审美教育就要加强教育的针对性，为每名学生的进步提供空间、平台与助力，其核心就是促进学生自主性、独特征和创造性的形成。在此过程中，学生对美有强烈的感受，并能客观地进行审美，并不是为了审美而审美，审美的过程不是完成审美任务的过程，而是情感、精神愉悦的过程。

一线语文教师实践经验丰富，而且随着课程改革的深入推进，越来越关注教育理论水平的提升。基于此，教师个性化的教育理念、教学特色、自身综合素养和性格特点有必要成为审美教育实践中的参照因素，进而在教学设计中关注学生群体、教学资源和课程标准，围绕这三方面思考审美教育的过程、方法和策略。在教学过程中，努力实现学生的学习主体地位，充分利用教学资源，执行课程标准。回避或者忽视审美教育功效和教师的个性化作用，就极易使教师成为学科课程标准的复印者、问题的传递者和结论的复读机，无法全面关注和了解学生情况，无法对教学资源进行创新性、个性化的整合和取舍，无法进行有特色和个性化的教学互动，更无法将教师、学生、教学资源三者优化、整合为一体。具体而言，在实践中，常常有教师从课程标准与教学资源的要求出发，整理合乎二者要求的审美问题，进行有倾向性的审美判断，并没有将教学资源的特点、教师本人教学特点和学生群体的审美客观需要联系起来，只是就问题而问题，并没有考虑这些审美问题的有效性和引导意义。只有将教师、学生与资源三者整合为一体，充分选择和展示三者的优势，有针对性地激发潜能，弥补不足，量体裁衣，才能最终推动学生激发审美兴趣和注意，积极地进行审美经验积淀，认真进行客观审视，保持审美距离，使审美教育有自己的空间与平台，而不是装饰与点缀。教师是教学活动的组织者，而不是审美教育的局外人，不能把课程标准当作评价的标准，不将教学资源视为唯一教学内容。失却了教师个性化的"教",审美教育是不完整的。

三、审美教学实践方式与方法的趋同和因循

(一)同质化的教学方法使学生缺失审美自主性和创造性

比斯莱在审美教育中重视对美的事物的强烈感受,康德的审美自由与教育学中的个性化理念要求促进学生自主性、独特征和创造性的形成,要求通过适当的教学方法更大程度地使教师、学生都融入审美活动中来,并有自己独特的感受与判断,能够进行交流与探析。语文学科在课堂教学中展现着"教无定法"的理念,每位教师都有自己的方法,课程改革之前,为提升知识与技能的成绩,都在进行千篇一律的训练与测试;在课程改革之后,为了实现"以人为本"的理念,为了实现课程标准的要求,一线教师们在教学方式与方法上各展所长,有所创新与改革,体现了可贵的研究与探索意识。

但是从教学过程与效果看,依然存在着亟须解决的问题。

案例 3-1:S 省某教师执教的孙犁《荷花淀》
(第一部分)
(学生通读本文)
师:请同学们通读作品后,站在水生嫂的角度为小说三个部分各拟一个小标题。其他同学也可发表意见。
生:离别语,相思情,巾帼志。
师:句式也很工整。好,我们继续。
生:别夫,探夫,助夫。
生:匆匆别离,路遇荆棘,短暂相遇。
生:泪涟涟送夫参军,心急切寻夫遇敌,志激昂助夫破敌。

……

师：我感觉第二组标题第二部分的"荆棘"让人费解，可调换一下词语。好，继续展示并评价。

生：离去的背影，思念的力量，遇敌的英勇。

生：苇花香，水生离；心不舍，寻遇敌；遇见郎，助灭敌。

生：以上两组标题我感觉都能够概括小说的内容，语言简练，但是，第二组标题中三个小标题的角度不一致，第一部分是站在叙述者的角度，第二、三两部分才是站在水生嫂的角度。

师：我感觉第一组标题中的"英勇"与"背影、力量"的词性不一致，可再斟酌一下。我们看下一组标题。

生：团聚后的离去，离去后的寻觅，寻觅后的团聚。

师：很有创意的拟题，你能解释一下吗？

生：我是用顶真的形式拟的标题，因为小说情节的发展都是环环相扣的，这样能让人比较容易了解故事情节的发展脉络，并且具有一种整体美。

师：真了不起。

……

（第二部分）

生：在这里我用白洋淀里漂亮的芦苇比喻荷花淀的女人，在等待丈夫归来以及丈夫离去的时候，是寂寞的，所以她是"寂寞的芦苇"；丈夫走后，女人去寻找丈夫，路遇敌人，"摇荡"能表现出女人心理的波动，也能表现出女人遇敌后荷花淀的环境变化，所以是"摇荡的芦苇"；女人们帮助丈夫杀敌，并且成立队伍配合子弟兵作战，发挥了独特的作用，她们绽放了自己的美丽，所以是"飘香的芦苇"。（掌声）

师：标题有诗意，你的解读更有诗意。（生笑）

生：我感觉我的拟题有点偏，我引用了诗句来做小标题——与君离别意，海水遥空绿，双兔傍地走。

生：我也是引用诗句来做小标题的。我的标题是：我寄愁心与明月；念去去，千里烟波；不教胡马度阴山。（掌声）

师：这两位同学对古典诗词了解很多，他们巧妙地化用诗句作为小标题，使小说更具有了一种诗意美,但注意一定要紧扣内容,规范明晰。总体来说,同学们拟的题目角度各异、精彩纷呈,既扣住了文章的内容,又符合标题的一般要求。通过完成这一活动,我们对课文有了一个整体把握。

案例 3-2:H 省 L 教师执教的孙犁《荷花淀》教学片断

鉴赏人物对话的作用

1. 分角色朗读"夫妻话别"一节

(1)这一节对话可分几层?

(2)请运用联想和想象,结合上下文和语境,认真分析水生及水生嫂的对话,说说这些对话对刻画人物性格、推动故事情节发展有什么作用?

2. 几个青年妇女商量探夫的对话也写得个性鲜明,生动有趣,分别展示了她们怎样不同的个性。

3. 这五个人的对话描写,从全文的表达角度看,主要起了什么作用?

4. 生动传神的细节描写,也是本文的一个突出特点,试举一例进行讨论。

5. 概括"荷花淀派"的创作特色。

案例 3-3:H 省 C 教师执教的孙犁《荷花淀》教学片断

师:首先我们看一下夫妻之间、水生和他的媳妇之间的关系。大家看第 2 页。水生和媳妇之间的对话,特别是他媳妇和水生之间的对话,非常简洁,我们看第 2 页:"水生笑了,女人看他笑得不平常,'怎么了,你?'"这句话很多资料上都有。我把它改一改,两种改法。一种是把"你"字去掉,改成"怎么了?"另一种是把主语"你"提到前面去,改成"你怎么了?"它有什么不同?表达的感情有什么不同?

再往下看,女人低着头说:"你总是很积极的。"这句话,我有两种改法,丈夫要上前线去了,我这么改,女人说:"不嘛,你不要走嘛!"(笑声)这样可不可以?

生:不可以

师:我再改一改,女人这么说(耍泼地):"行啊!你走,我搬回我妈妈家!"接下来我们再改一句:"女人鼻子有些酸,但是她并没有哭。"我把它

这么改："女人的泪水直往下淌,她咬了咬牙。"可不可以?(笑声)

再看第3页,"水生说:'不要让敌人汉奸捉活的。捉住了要和他们拼命。'这才是那最重要的一句。女人流着泪答应了他。"这句话,我把它这样改一改,看行不行,看是不是中国传统文化所要求的。水生说:"我走了,很可能回不来,因为要打仗了。要是我回不来,你看着办吧。你也不要太死心眼,你看着办吧。"或者说:"要是被日本鬼子抓住了,也不要跟他拼命,好死不如赖活。"这样行不行?

我再改一句,第3页,"全庄的男女老少出来给他送行",改成"大部分人出来给他送行"行不行?

案例3-4：L省某教师执教的《孔雀东南飞》片断

（第一部分）

教学过程：

师：大家喜欢悲剧故事吗？为什么？

生1：我不喜欢，悲剧故事对青少年发展无益，这会引导他们的价值观和世界观向着悲性发展，我个人喜欢轻松的愉快的。悲剧深入人心，却容易让人对真善美产生怀疑，这不好。

师：其他人？

生2：不喜欢悲剧，悲剧打动不了我，看过了，就忘了。

师：有没有喜欢的同学？

生3：我个人喜欢悲剧，完美不一定是最好的，残缺的美是得却得不到的，很惋惜，更打动人心，人物形象也更深刻，更能提示社会和时代发展的本质。

师：其实，悲剧是想表述更悲壮、无奈和崇高。

生：（读教材中关于悲剧的说法）

（第二部分）

师：老师总结一下，悲剧的产生原因有三种：一是性格的悲剧；二是社会的悲剧；三是命运的悲剧。请看第一个原因：性格的悲剧。大家分析分析刘兰芝的人物形象。

生1：娴惠、善良、心灵手巧，逆来顺受。她也有一定的抗争意识，非常重感情。

生2：我觉得兰芝是摩羯座的，贤惠、专一，摩羯座的女生，不愿对行为进行解释，有自己的独立性格。

生3：刘兰芝的性格有五大特点：一是有才；二是有貌；三是有真情；四是守礼法；五是有个性。

师：总结一下，她美丽、善良、专情、个性等等，那看看，如此优秀的刘兰芝，焦母为何不讲理，还理直气壮呢？看看所谓的封建礼法：三从四德，七出等等。老师解释一下，刘家按封建礼法来培养刘兰芝，焦母按礼法来处置刘芝。

师：焦仲卿软弱吗？大家正反方辩论一下，直接站起来说就行，时间1分钟，下面由正方一辩开始。

生（正方一辩）：焦仲卿软弱，他畏惧焦母，遣送自己的妻子走，他屈服于礼法，虽然他最后也死了，但是他还是有犹豫性的，表现的是被动和软弱。

生（反方一辩）：焦仲卿还是很坚强的。他是孝子，但是也用行动表示了与刘兰芝的生死相随，从这一点看，他敢于面对生死。

生（正方二辩）：孝，不单单是顺从，如果看父母做错了，还不进行制止，就是软弱。焦仲卿虽然自杀了，但这才是他软弱的表现，这不是为爱而付出，不像刘兰芝，刘兰芝其实是不想焦仲卿为其殉情。其实这种情况，活下来，更坚强，例如，唐婉死后，陆游没有殉情，这就是坚强。

生（反方二辩）：焦仲卿的死是反抗社会的一种手段，这是一种艰难却坚强的选择，看看陆游和唐婉，陆游没有死，他是没有焦仲卿那样的勇气。

师：现在可以进行自由辩论。

生1：焦仲卿是懦弱的，他把二人分手的原因推到母亲身上，他把爱的重担放到刘兰芝身上，自己却躲了。这是残忍的，他自杀也种逃避，是无法面对兰芝和兰芝的感情。

生2：我想解释一下自杀。我看过一本关于自杀的书，纳西族认为殉情是神圣的。

焦仲卿敢死，他就不是软弱的。

生3：在行为上他软弱，他是府吏，也有自己的地位，他却没有和焦母抗争之殉情是纳西族的，这并不适合汉族，蛮夷之说并不可法。汉族认为自杀就是软弱的。

师：我认为正方获胜。最佳辩手是反方成员。因为焦仲卿在死前也表达了以死抗争的意愿。有同学们认为焦仲卿是软弱的，虽然以死抗争，却也多了犹豫和挣扎。二个辩论方各有依据。

······

案例3-5：J省某教师执教的《孔雀东南飞》教学片断

师：同学们好像都没有怎么关注仲卿这个人物。作为悲剧的见证人、承受者和实践者，仲卿在整个休妻的过程中，究竟起着怎样的作用？谁来说说？

生：我觉得焦仲卿在这个悲剧中，应该负有很大的责任。首先在于仲卿的软弱。如果不是仲卿的软弱可欺，那么，兰芝被驱遣可能就不会实现。其次，在于仲卿的无能。其实他完全可以先为兰芝寻找一个藏身之处，以免兰芝"不图子自归"。最后，在于仲卿的逃避。当兰芝在家苦苦坚守时，仲卿一直没有露面，如果此时仲卿果敢地到刘家负荆请罪，或许能够赢得刘兄的同情，最终的悲剧或许就可以避免。所以，在府吏"吾独向黄泉"的怨声里，兰芝毫不犹豫地选择了"死"。

师：看来这一条，我们也可以把它归到"性格说"里面去。

案例3-6：L省某教师执教的杜甫《阁夜》片断
（第一部分）

师：我们译了诗，逐联总结了诗，看还有没有其他问题。

生：最后一联，写孔明、公孙述，是赞扬呢，还是憎恶呢？

师：这个问题有人可以解决吗？他们是英雄，还是反面人物？

生：看最后一联，孔明、公孙述有能力、有魄力，杜甫与之对比，想成就他们那样的功绩，但自己一事无成，怀才不遇。

师：这两个人是正面的，想说自己和他们一样，那别的同学呢？

生：我同意，杜甫爱国但报国无门，孔明、公孙述报国有功绩，二者相较，衬托了自己的不幸。

师：其他同学呢？

生：我认为是反面的，后二联有一丝无奈，孔明、公孙述都无功而返，杜甫是否定他们。

师：在杜甫的很多作品中，都提及孔明，为何杜甫时常提及孔明？

生：杜甫忧国忧民，孔明也是把一生交给了蜀国，二者有相同的心态。

师：孔明与公孙述二者，是正还是反，无关本文主题，但在本文练习题中有文字提示，找同学读一下。

生："想及先贤功业，自比……"

师：可见孔明与公孙述二者是正面的。还有问题吗？（生默然）

（第二部分）

师：我有一个问题，"夷歌"是什么意思，想象一下，这歌是欢快的、悲怆的还是无情感的。那能否用"悲歌数处"来代替"夷歌数处"呢，为什么不行？

生：（默然。）

师：找同学说一下。

生1：肯定不行，夷歌是无感情的，渔樵不打仗，和他们无关。

生2：夷歌是轻松的，渔樵是自愉自乐。写了很多人是为了自己不是为了国家。

生3：不可能是快乐的，不可能是无情感的，这与本诗总体意境不符。少数民族也被战争波及，是悲怆的。

生4：夷歌是快乐的，少数民族是在战场上想念亲人，更见悲凉。

师：夷，是蛮夷的意思，这与诗人漂泊天涯有关系，夷歌无论是欢快还是悲伤，这里是指虽然有战争，但是生活还在继续，是一种对比，我提醒，我们研究诗歌字词，那是乐处无穷的。

从案例看，教师审美教育问题体现在以下两个方面：其一，从教师审美教育的角度看，教师以教学预设为主，学生跟随教师的审美感受，接受教师和学生群体的审美感染力，教师或者集体的审美方式、方法与审美判断成为一种审美规范和公式，学生个体审美缺失审美意蕴，易使审美流于形式或者使学生失去审美的兴趣；同时，教师以审美资源或者文本为主，一切按文本中的表述为准，学生成为文本的翻译或者转述者，个体审美情感被制约，审美自由和民主失于文本的形式意义，学生的审美学习走回知识学习的陈迹。其二，从学生审美学习的角度看，教师关注了学生的学习过程，但是对学生的审美学习缺失引导与示范，误认为学生审美教育过程中所有的存在均是合理的，缺失有针对性和启发意义的评价与引导，学生的一切审美活动都是合理的，那就意味着教育没有存在的必要，毕竟学生审美学习只有个体感受与判断，这只是审美的感受阶段，并没有教育其他因素的参与且显示作用，这个过程是审美过程但不是审美教育过程，这对审美教育的初衷而言也是一种悖离。

审美教育中教学方法的选择需要关注各种教育要素的关系，使之相互形成助力。仅关注其中某个要素，会使教育失去要素间的相互支撑与平衡，教育的发展方向会走向偏颇。审美教育与其他教育内容一样，都需要教育各种要素的有效介入和融合，相互促进，共同提高，最终实现学生审美学习的自主性、独特征和创造性。

1. 教学方法缺失交互性和超越性，审美意蕴寡淡

从比斯莱的观点看，阶段的学生具备独立思考和进行审美批评的能力，审美教育正是提升学生这个能力的有效平台与方法。教师在审美教育中进行个性化教学是实现这个目的的有效渠道，引导学生进行感性体验，再进行理性审视并实现理性对感性的超越，在此过程中感受审美意蕴，形成审美价值，从对学生的发展需求而言，不可或缺。

从案例 3-1 分析，教师的教学思路比较清晰：学生为小说拟小标题，以熟悉全文——厘清本小说'诗体小说'的特点，引导学生对人性美、自然美、风物美、诗意美进行分析——教师引导学生深化小说的内涵。从审美教育的角度看，这是比较成功的教学，学生的审美注意被关注，对审美对象的分析有一定深度，收获到了审美愉悦，对审美价值有一定的探讨。如果从师生关系和审美效果的角度分析，仍有问题需要探讨。首先，学生的审美能力很强，从[案例1]第二部分细节分析，学生的文字表达能力和审美感受力都是出色的，铺陈多彩，自有个性。这对教师的教学提出了更高要求，如何充分引导、鼓励学生的审美个性及特长，如何处理好师生的教学角色，如何使学生在审美教育中提升审美综合素养，创新教法和学法，使审美教育体现出创造性。从课堂表现看，教师对学生的审美有引导，有点评，例如："这两位同学对古典诗词了解很多，他们巧妙地化用诗句作为小标题，使小说更具有了一种诗意美，但注意一定要紧扣内容，规范明晰。总体来说，同学们拟的题目角度各异、精彩纷呈，既扣住了文章的内容，又符合标题的一般要求。"从中不难看出教师对学生学习方法与结论的肯定，又有比较明确的建议，有利于审美教育的实效性。不过，需要指出的是，这要把握尺度，既然以小标题为审美问题引导学生熟悉全文，而且目的已经达到，就不必研究出"更完善的准确的答案"。学生审美有所依据，重视审美情感、过程与体验，能够与教师、同学进行沟通和交流，不断丰富和调整自身的审美判断，形成个性化结论，就达到审美教育的要求。教师应对此类学生提供较宽松的学习环境，有利于学生审美情感的发展与提升，有利于审美能力的提高。如果过于追求准确答案，甚至"统一的答案"，反而不利于学生多元、个性化审美。学生不能与教师、同学广泛交流审美感受与心得，审美缺少创造，总在重复既有的审美路径，这种路径的依赖不利于审美情境的营造，不利于审美情感的体验与感受，缺少审美愉悦。另外，学生的审美个性化判断，例如"我寄愁心与明月；念去去，千里烟波；不教胡马度阴山"。诗歌在时代性意义上、在内涵上与小说有区别，而区别中又有着相同的情感共鸣，跨越时空的情感共鸣，有着特殊的审美意义，在审美思维与视角上有创造性，表现出学生对审美信息与细节的发现、把握和摄取能力，表现出了学生较强的审美感悟和分析水平，有较好的审美感受力。因而教师要调整审美教育的方式方法，为学生提供适合交流与共享的审美教育平台，使学生深入体会审美多元的意味与价值。

案例3-2是一份教学设计，设计强调了审美问题，通过问题解析引领审美教育。这份教学设计的审美重点有两个：其一是小说中青年妇女角色生动有趣的鲜明个性鉴赏；其二是生动传神的细节描写。从教学设计的问题看，生动有趣和生动传神都明确指向了美的内涵与意蕴，从目的上看是通过文本解析、审美情感感受、体验来判断美的内涵与意蕴。感受和鉴赏审美意蕴存在的双重意义,既有感性角度的体验,有理性角度的判断,促进理性超越感性以形成审美价值,基于此,教师开展个性化意义的教学,充分激发学生主动学习的审美兴趣,学生形成自主性审美判断,这个过程是对审美意蕴感受和体验的过程,显示了审美教育的个性化角度。但是由理性超越感性并形成审美价值就要有探究过程,这就需要学生在教师引导下开展有效的合作与探究式学习,进行相互的情感交流与理念判断,相互激发审美潜力,形成超越意义的审美教育。而上述案例中的审美教育明显只就人物对话内容、对话的作用、人物个性、细节描写、创作特色进行了设计,虽然对话是分析人物个性的重要手段,但是对学生而言,一篇优秀的小说可以激发的审美情感与角度不同,并不是所有学生都对对话产生兴趣,教师将审美点直接定为语言分析,就使学生在合作学习,在交互审美情感与意义的时候不必然有审美兴趣和个性化审美判断,只是为了完成对话解析而审美,使学生的审美过程与结论判断缺少情感因素,无法形成有效的交互学习,不能实现审美教育个性化的超越意义,审美意蕴无法实现丰富和多元。

从案例3-3看,课堂教学氛围是活跃的,学生对教师的教学目的是清楚的,学生不停的笑声证明了这种清楚。从教学的教学方法看,与案例3-2一样想通过语言教学凸显水生和媳妇的人物性格特点。但是从教学方法的角度看,有两点是要说明的,其一是教师一直在主导人物性格的审美鉴赏,所提问题是逻辑性较强而且是功利意义明显的审美问题,学生除了表示同意的笑声,不会有别的答案,也没有自主学习的行为,是否有真实的审美情感体验与理性判断虽然没有定论,但是师生间、生生间缺少交流与互动,没有情感的交互与理性判断的相互激发。看似热闹的课堂教学,缺少了学生的审美情感的表达与交互,没有教师有针对性的引导,学生无法实现自己审美理性认识对情感体验的超越,审美行为就停留在情感感受阶段,这无益于体验和深味审美意蕴,学生感受和体验不到美的价值与意义。从这个角度看,教师有必要及时建构适合交流与合作的平台与氛围,引导学生积极、主动投入审美情感的体验、判断与交流,感受美的意蕴,享受美的熏陶。其二,教师通过人物对话的不同呈现方式来感受体验水生和媳妇的性格特点,从教学过程看,教师和学生的感性认识与体验是主要的审美角度,这是可以的,但是,在这篇小说中，人物语言所内涵的思想与精神并不是"文本"所能全部承载的，还有小说的抗战背景、环境及其他人物性格表现手法，如果能在感性认识层面感受与体验后，再从理性判断层面思考和解析感性体验与感受的意义与价值，将有益于实现理性对感性的超越，进而感受丰富而多元的审美意蕴，从更高层面实现审美的目的与价值。

同样，从表9关于"对审美意蕴的理解"调查统计数据分析，依然有39.34%的教师坚持认为审美意蕴是个体化的，无须师生的共同参与，这个发展方向肯定的学生在审美教育中个体化的存在，支持学生的审美自由和自主学习，这是有积极意义的。但是，审美意蕴的理解虽然可以各抒己见，但是毕竟建立在审美共通性基础之上，在感受与体验方面也因为年龄、思维与智力的原因显示出趋同性，并非完全的个体诠释，因而将审美教育的审美意蕴完全理解为个体化是存在弊端的。简单地说，完全个体化的是审美而非审美教育，教育的因素至少包括教师与学生，单纯关注一个因素无法形成教育链条，审美教育只是形式上的。另外，58.87%的教师认可了师生共同感受和领悟审美意蕴的教学理念，这对实现学生审美学习的主体地位是有益的趋向，加强审美教育个性化的解读与实践，力求实现学生在审美教育的主动性和积极性，使之成为学生综合素养、境界品格提升的教学平台，发挥应有的作用。但是，从表9关于"学生对语文审美教育的态度"调查统计数据分析，听从教师安排的占53.09%，听从教师安排意味着学生学习的被动性，虽然也有感悟与判断，但是与师生共同积极参与的对审美对象、内涵的感悟判断不同，后者充分体现师生的个性化审美意识与能力，前者只体现教师的意识与能力，这只说明当前语文审美教育中的审美意蕴领悟程度还是达不到应该有的层次，学生的积极性还是充分调动起来。表现在教学方法上，只能说明审美教育理念的问题没有解决。

2. 教学方法缺失个体性和自主性，审美情境营造不足

审美教育个性化的意义，是教师个性化的"教"引导和激发学生个性化的"学"，要明确实现教师和学生在审美教育过程中的个体性与自主性价值。教师个性化的"教"不是随意的"教"，而是充分体现自身教学个性，选择适合师生学习个性和特点的审美视角开展审美教育，进而激发学生的审美兴趣，使学生主动感受和体验审美对象中美的存在与意义，形成审美情境，推进师生双方审美教育个性化角度的深入审美感悟与解析。

从案例3-4第一部分看，教师与学生关于悲剧喜好的交流，最终得出学习悲剧的重要性，从教学方法看是同质化的。引用悲剧的基本特点与价值，并以此为切入点，举例《孔雀东南飞》，为理解下文刘、焦的爱情悲剧做铺垫，从审美教育教学设计的角度看，为加重学生的审美注意，刺激学生的审美感受，这个趋向是好的，但从上述教学实践情况看，教师回避了学生对于悲剧的信息反馈，有学生对悲剧的审美态度是不喜欢、不支持，而刻意、单一悲剧角度的审美教学引导导致部分学生的审美注意并没有转化为兴趣，甚至有了抵触的心理，明显没有营造出适合的审美情境，这并不利于实现审美教育的自由性与民主性。教师对悲剧的总结是"表述更悲壮、无奈和崇高"，这是教师常用的总结方式，引用名言或者固定结论，这些过于抽象的语言并不能为学生的审美注意和情感体验提供助力，对于学生的审美学习而言缺失启发和刺激作用。从教学方法看，这个伏笔和铺垫没有考虑到学生审美由感性到理性的基本规律，而且用悲壮、无奈和崇高给悲剧做了直接概括，没有显示自由民主的审美环境，学生对审美有了功利要求，或者说为了迎合教师的教学预期、为了完成审美问题而进行审美，审美自由受到限制。伏笔与铺垫从教学方法的角度看是可行的，但是要根据具体审美对象、资源、学生群体的审美特点而适时选用及展开，这是审美教育个性化的实际需要。如果实施得过于生硬和抽象，趋于模式化，则无法有效引导学生开展审美学习，学生缺失审美感受，没有审美趣味，没有审美个性与自由，也就没有审美超越与创新。

案例3-4的第二部分，这位教师的教学方法比较灵活，采取问题式教学，分析刘兰芝人物形象时通过合作交流的方法；分析焦仲卿时，采用辩论的方法，学生参与积极，审美感受和鉴赏广泛而自由，审美判断清晰，显示了教师的教学智慧和学生的审美能力。需要指出的问题是审美问题缺失清晰和明确，师生的审美目的没有和审美问题相互呼应。例如教师已经明确："悲剧的产生原因有三种：一是性格的悲剧；二是社会的悲剧；三是命运的悲剧。请看第一个原因：性格的悲剧。大家分析分析刘兰芝的人物形象。"从教学实践看，正如教师总结学生的审美判断："刘兰芝美丽、善良、专情、个性等等。"这个结论却和教师提出的"这是性格的悲剧"大相径庭，刘兰芝的美丽与专情等形象与性格特点并不是她悲剧的起源，二者没有任何逻辑关系，这是对"性格悲剧"的误解，问题出现在审美问题与审美解读的不对称，没有形成有利于学生学习的审美情境。既然提出审美问题，判断是性格的悲剧，则应进行感性和理性的感悟与判断。例如何种性格的何种特点，又因为何种原因使悲剧的产生成为必然，必然性是性格悲剧的重点。从学生回答问题的反应看，学生个体和群体能够对小说人物形象进行分析，在一定社会背景知识基础上研究其特点，但是在性格悲剧的感受、理解和鉴赏方面则因为审美情境不完善，审美素养和积淀不足而显得力不从心，而且没有进行拓展性阅读，审美资源准备不充分，关于性格悲剧的审美问题预期与审美判断结果大相径庭。

从案例3-5看，师生在交流焦仲卿这个人物在休妻过程中的作用时，仍然通过对话式语言分析来进行审美鉴赏。教师关注人物在情节发展中的作用，但是这关系到对人物的情感认识，有审美的意义。从师生问答看，学生回答得比较充分，教师也直接肯定了学生的答案，将焦仲卿在这个情节中的作用理解为"性格说"，仅从知识教学角度看，这个答案的意义有待于探讨，例如学生说焦仲卿果断的到刘家负荆请罪，或许会赢得刘兄的同情，这本身就是没有根据的臆测。无论是小说知识与技能的教学还是审美教育都存在问题。具体表现在三个方面。其一，教师审美教育个性化实践要求关注学生的独立存在，承认学习的主体地位，而体现学生主体地位的表征之一是既承认学生是独立的个体，又要对其有必要的引导、促进与合作学习，成为学生审美学习的助力。在本案例中，教师没有与学生共同营造关于对焦仲卿人物形象理解有益的审美情境，学生对这首诗的背景、人物关系、人物所处环境、相关人物心理、性格特点氛围不了解也就不能成为有效的审美个体，其自主审美也就没有实际意义，学生也就只能通过主观感受臆测人物的心理特点与性格特点，感受不到美的存在与价值。其二，审美情境是有助于审美活动深入推进的感性教育平台，是教师帮助学生开展审美活动的重要前提。从审美情境的营造过程看，师生的共同参与是形成有效情境的保障，毕竟在审美教育个性化过程中，教师个性化的教是学生个性的学的前提与保障。作为审美教育的重要因素，二者不可缺少。从案例看，师生的审美情感交流非常短暂，只有一名学生发言，其他学生没有参与到教学过程，教师"教"的个性化意义没有实现。

另外，从表7关于"审美情境的营造"调查统计数据分析，对于审美情境的营造，有43.35%的教师坚持认为由教师完成。营造审美情境的过程就是感受、领悟审美对象中美的过程，也是审美教育中的重要内容。一方面，如果仅由教师为主体营造审美氛围，缺少学生群体的响应与共鸣，会使学生个性及群体形成事实上的审美感受和体验环节的缺失，无法深入推进、形成对审美情境与价值的理解与分析；另一方面，由教师营造的审美情境依然是事实意义上的"教师"的审美视角，主要是源于教师的审美感受与判断，并不直接而且必然性地引起学生群体的共鸣，这种情境只适应以教师主体的教学，却不适合学生学习，依然是学生在审美教育中非主体性的表现。49.63%的教师认为氛围由师生双方共同营造，不足50%的比例，显示教师在师生角色认识上还停留在"实现既定教学目标、实现审美技能的有效提升"方面，这种错误的角色定位基于审美教育理性认识不足，也缘于教育教学基本理念过于功利，缺乏创新性，缺乏以学生为本的思想认识，这也是审美教育尚未得到师生关注和思考的根本原因。

3. 教学方法缺少自主性超越性，教师引导作用与价值不足

从审美教育发展性目的分析，美的愉悦是人类最欣赏的精神存在，它体现于审美教育的诸环节，审美教育实践中学生审美愉悦的触发点较少，对于教师而言，使用有针对性的适合学生需要的学习方法，实现引导作用与价值，才能有利于实现学生的自主学习，并积极感受和体验审美对象蕴涵的情感，在教师的引导和帮助下，开展理性判断并用理性的视角审视感性认识，形成审美超越，体味美的深层次价值与意义。

从案例3-4看，面临如此复杂的审美问题，教师可以引导学生开展合作与探究学习，事先准备相关审美资源，教师展示例如《哈姆雷特》等性格悲剧的代表作，进行对比展示，推动学生的审美感受与判断，增加审美经验。即使达不到理解和运用的层次，也可以将学生对性格悲剧的理解与鉴赏深入推进一步。还要说明的是，通过辩论判定对错是好的教学方法，激发智慧和灵感，充分调动各角度的教学资源。但是，在教学过程中，要注意两个问题，辩论根据学生个体的理解与判断，但要与审美的对象保持距离。"生2：想解释一下自杀。我看过一本关于自杀的书，纳西族认为殉情是神圣的。焦仲卿敢死，他就不是软弱的。生3：在行为上他软弱，他是府吏，也有自己的地位，他却没有和焦母抗争之殉情是纳西族的，这并不适合汉族，蛮夷之说并不可法。汉族认为自杀就是软弱的。生4：软弱是什么？焦母要休了刘兰芝，如果焦仲卿抗争，这样会保护兰芝吗？他的孝是没错的，他抗争是不对的，是不孝，是要商量而不是抗争。"这几名学生明显加入了臆测，脱离了对文本必要的分析，表现出的是"证明"说服他人的功利心理，需要指出的是，学生自己的情感经历和感受无疑会影响到他的审美态度与判断，但是教师要引导学生就审美对象的各个审美因素进行理性超越感性角度的审美判断，保持多元化审视，使审美过程成为一个多角度多侧面自由分析的过程，不从封闭的自我角度进行单一观察与思考，否则审美教育就成了观后感，其中的"感"只是审美教育的一个因素，并不能取代审美教育。在审美教育中，审美判断是学生审美的结论，是集合各种审美因素的最终结论，各种教育因素的不同特点必然使审美判断有所区别，审美教育过程中，情感与理智各有角度，又有所结合，并不能单以理智的对错来判断情感的对错，而且也没有甄别对错的教育意义。教师应该坚持引导学生在审美教育中有所感受、有所体验、有所思考、有所交流、有所判断，保持必要的审美距离，自由审美。

教学方法就是教学设计的实践方法，体现着教师的教学理念，同时它也是对学生学习方法的一种示范。从案例3-6的第一部分看，学生的审美能力提升空间狭窄：在学生进行审美的过程中，教师没有给学生以助力和引导，而且没能关注学生的审美判断，其审美判断与体验没有得到公平的展示与评价机会，反而削弱了学生的审美愉悦和审美体验，使学生的审美判断处于无用的境地。例如，当学生进行诗句审美时，对孔明与公孙述两个人，是正面还是反面代表产生了疑问，形成了审美问题，教师引导学生畅谈自己的审美判断，这是对的，但是在学生的审美各有角度，各以摄取的审美信息为证，教师没有根据和利用审美教育的各种要素，或者鼓励学生积累自己的审美个性化体验和经验，体味自己的审美愉悦，不求统一答案，有自己的角度和审美自由，这就是一种审美态度；或者带领学生进行集体的审美判断，进行审美示范，调整和指导学生提升审美能力，体验更深层次的审美愉悦，提高审美境界。但是本案例中，教师只是利用文末问题中的一句"想及先贤功业，自比"，肯定了孔明与公孙述二个人的正面形象，虽然有依据，但还是没有从审美的角度使学生有所收获和信服，这个方法不利于学生的审美视野和境界的提升，尤其是没有得到新的审美愉悦，为了答案而答案，这不是审美教育的有效方法。

案例3-6的第二部分教师提出了问题："'夷歌'是什么意思，想象一下，这歌是欢快的、悲怆的还是无情感的？"从审美角度看，这个问题是对诗歌词语和诗歌整体内容、意境综合性的审美判断，考查学生的各种审美因素的综合运用能力。从教学方法上看，教师采用了问答式的方法，几次问答后，学生的判断趋向于多元，有说快乐的，有人予以否定，但是，学生分析、阐述都没有结合诗歌内容进行感受和自由的审美判断。这表明学生没有在审美问题的解决过程中关注审美对象，缺失经验积淀，不能感受愉悦。从形式上看，审美问题并没有得到解决，学生的审美判断也没有凸显个性化的特征。这说明问答式等只求得结论的教学方法并不适合此类具有理性和感性意义且有综合性特点的审美教育。另外，学生没有自己的审美自主和合作空间，没有实现审美公平。学生有审美的权利，在充分感受、探讨和解读后，学生将各种审美因素综合比较，激发审美注意，接受信息刺激，自由地得出审美判断。针对此问题，教师的最终判断"夷歌无论是还是悲伤，这里是指虽然有战争，但是生活还在继续，是一种对比，我提醒，我们研究诗歌字词，那是乐处无穷的"。这个结论从效果看，是对学生学习方式的引导与示范，而从教师的判断中，没有发现所谓的乐处无穷具体指向及内涵。针对此问题，学生如果只有抽象的审美判断，而审美过程显得模糊；教师如果只有抽象审美判断，而缺失具体的审美示范与指引，其审美效果是显而易见的。从这个意义上说，教师最后的审美判断没有审美的意义，只是一种态度陈述，虽然可以拓展学生的思维，却无法具体引导学生的审美学习，缺少过程，缺少审美愉悦和理性审视，则必然缺少有意义的共鸣。从表7关于"语文审美教育个性化的教学过程"调查统计分析，51.19%的教师认为语文审美教育个性化的教学过程不是师生共享审美情感的过程,而是师生个体化行为。这是审美教育缺少共鸣的认识原因。语文审美教育个性化实际是以教师的个性化地"教"引导学生进行个性化地"学"的过程,师生需要情感交互、理性交互,共同形成理性对感性的超越。在此过程中,教师充分实现引导与促进作用,51.19%的教师回避了这个作用,并不介入学生的审美情感体验,也不与学生交流共享,从本质上说,这不是个性化教学,而是个体化教学,缺失教学相长的效果,教师专业化能力无从提升,没有为学生发展提供助力,从而失去审美教育的意义与价值。

总之,从案例分析和问卷的调查统计看,教师没有充分引导学生个性化的自主性的审美学习,反而过多的干预甚至替代了学生的审美感受、体验与审美问题的生成,以解决问题为直接目的引导学生进行分析和判断符合要求的审美答案,使得学生以完成审美为目的,以答案符合标准为要求,为了审美而审美,教学内容越来越同质化。学生的审美注意适应了教师的审美注意,审美感受开始模糊,反而是从文本中直接搜索答案,较少有审美情感的介入,采取了知识学习的策略与办法,用回答审美问题来代替审美。这种简单、轻率的审美教育过程从教师的审美问题和引导中能够发现,学生们在应和着教师有倾向性的引导,或者用沉默来回避审美。从学生的生理与心理发展规律看,学生并不缺乏审美需求与厚望,而是被自己的主观性和教师有倾向性的引导湮没了,审美教育成了机械的知识学习与逻辑判断,非审美教育的应有之意。基于此,师生习惯于关注教学目的,关注审美问题的解决,关注课文主题的理解。审美愉悦,成为审美教育中被忽视的教育区域,知识或者技能的教学依然是审美教育的主角,审美技能成为审美教育的单一内容,这就使审美教育一直停留在技能或者感受的层面,至少无法体验审美教育过程中的愉悦,这直接影响到审美价值的有效积淀、形成与提升。

另外,从结果看,审美判断是审美教育诸因素交融的集大成,是对美的综合性的观点、态度和评价。审美判断要依据审美的规律,对审美感受、理性、经验、境界、价值的综合分析,它不要求统一、标准或者和符合答案,它符合的是审美自身的特征和逻辑,是自然而然的。实践教学中,师生的审美判断更趋向于审美解答,它通常只依据文本的说明,审美的内容是文本的美,将师生本人的审美情感与理性置之于外,这也是课堂教学审美教育和知识教育常常被简单融为一体的原因,甚至师生们没有思考审美教育和知识技能教育的不同,这种等同只能说明"美"在审美教育中的淡化,美被固化成了逻辑结论,审美问题的答案成了审美判断,审美愉悦这个最需要激发的审美情感却被缺失了。

(二)问题设计与生成的开放性与关注度不足

康德在提及鉴赏判断时指出,按照对审美对象的愉悦的模态来看,无须概念而被认识为一种必然的愉悦的对象的东西就是美的。这种美的存在表现在审美教育过程中,就是要让学生有审美感受的着力点,并通过着力点感受和判断审美内容更多美的内涵。这种着力点本身就是审美内容与问题的选择与创生。

案例3-7:L省某教师执教的志贺直哉《清兵卫与葫芦》片断

师:情节由细节组成,下面通过研究细节赏析文章。2至7段清兵卫热衷葫芦表现在何处?结合相应细节进行赏析。

大家是自读文章还是有同学站起来读文章?(生默然)

师:那还是自读吧。

生:(5分钟自读)

师:有同学非常聪明,在细节上面进行勾划。好的,大家看看2-7段清兵卫热衷葫芦表现在何处?结合相应细节进行赏析。

生:一个是第5段,这处有动作细节描写,写出了清兵卫对葫芦的爱。

师:何处表现出了爱?

生:装、包、藏、立即等词,写出了清兵卫对葫芦的爱。

师:大家看过茶道吧,清兵卫收藏葫芦如同爱好茶道。有一个词非常传神,大家看看是什么词?

生:我是找了第7段,清兵卫喜欢葫芦型的东西,是爱屋及乌。

师:葫芦型就是葫芦嘛,没什么区别,还有其他人有什么看法吗?

生:我看的是第6段,所有葫芦被一一看过了,这体现出清兵卫对葫芦的热衷。

师：这一段是什么描写？

生：环境。

师：什么环境呀？（生默然），这是社会环境呀，那有什么用呢？

生：是一种对比，这体现出了清兵卫喜爱葫芦。

师：难道葫芦少吗？有依据吗？提示在前面呢。

生：第4段集中写铺子挂满了葫芦，这说明非常多。

师：可见喜欢葫芦是当地人的爱好。

生：我找了第2段用"常常"一词，说明热衷葫芦，又从价钱上看，热衷攒葫芦，又有精湛的技术，也写出了他喜欢葫芦。

师：为什么说他爹妈是知道的，有何关系？（默然）对，是伏笔。（默然）从3-4分钱到1角5分钱，有什么作用？

生：铺垫，为后文葫芦的昂贵进行铺垫。

师：写制作葫芦，是熟能生巧，技艺高超。那还有吗？看看第3段。

生：他专心于葫芦，把秃头当成了葫芦，这给他带来了快乐。

师：那秃头光彩奕奕，为什么有这个词？

生：这说明他有一个光彩奕奕的葫芦。

师：怎么知道？

生：他的葫芦精致，油光精致，才会误会。

师：为什么会有错觉。

生：因为心里想事儿，眼睛看到了，又形似。

师：他看到秃头也未马上分辨出来，而是"好一会儿"，这是为什么呢？是因为一直在想，说明他怎样？哪几个词？

生：痴迷。

师：这给他带来愉快。

师：还有吗？提示一下，清兵卫喜欢什么样的葫芦？

生：还未开口的葫芦。

师：正常不正常？还是要接着往下看，看当时社会环境中的主流思想是什么？这几段反复写清兵卫热衷葫芦，为什么说这么多，不重复吗？

生：这是使人物形象更丰满，情节更严谨，为下文做了铺垫。

师：这几段其实是多角度写清兵卫爱葫芦。

案例3-8：L省某教师执教的海因里希·伯尔《在桥边》片断

师：按开端、发展、高潮、结局的基本模式，划分本文的情节层次，并用简洁的语气概括内容。在这个过程中，同学们前后可以进行交流。

（学生看书，交流的不多。）

生：我们组认为，1至3段为开端，讲了"我在桥边数数，但不准"。4至5段为发展，是说我遇到了心爱的姑娘。6至7段为高潮，我被主任抽查。8至9段为结局，我被调去数马车。

师：总结得非常准确！（教师又重复了一遍学生的回答。）小说情节越曲折就越精彩，本文短，但是情节却几经摇摆，同学们分析一下，情节有哪几次摇摆？

生：在1至3段时，我的情绪散漫，无聊。4至5段时，看到心爱的姑娘，心里充满了爱意，紧张激动。6至7段为高潮，我的情绪非常紧张。8至9段时，数马车，那是高兴的心情。

师：大家认同吗？这名同学总结得非常好。（教师又重复了一遍学生刚刚的回答。）

师：你凭什么判断6至7段是高潮？请大家齐读6至7段，大家再分析一下。

生：（朗读课文，然后默然。）

师：大家交流一下。（大多数学生没有反应，一学生站起来。）

生：6至7段是高潮，是因为这两段的矛盾冲突最严重，"主任""统计员""姑娘"都有冲突。

师：什么和什么发生矛盾？

生：数数和数姑娘。

师：为什么数数。

生：这关系到饭碗。

师：为什么不数姑娘。

生：因为爱情。

师：工作与爱情冲突了，那其他人的看法呢？

生：其实，姑娘是一种"追求"，数数是无意义的事，追求与工作、与社会背景相矛盾，其实，好多人都在做着无意义的事。

师：其实，你们的看法无本质区别，工作和追求有了集中的冲突，对吗？

师：那么我们分析情节有何意义和目的？好的，是分析小说主题。（学生默然）（教师板书：情节承载主题。）

课堂教学中，审美内容通常是教师在教学设计过程中进行预设的，这种预设参考了课程标准、审美资源、审美对象、学生审美兴趣与习惯等因素，选择有代表性的内容以审美问题的形式出现，审美问题对学生而言是引导性的，如果引发了学生的审美兴趣，并适合学生的审美习惯，将会使学生获得较深层次的审美愉悦。对审美问题的思考和判断过程就是一种审美过程，学生可以参考和借助审美因素来自于描述审美对象的文本和自身的审美经验，来自自身的审美感受和静观的结果。审美教育个性化在审美问题的设置上要体现出教师、学生和审美资源三方面的特点，选取适合三者的因素进行有针对性或者倾向性的问题预设，同时，扩大审美问题生成空间，鼓励学生进行广泛感受和多角度审美，以实现审美问题的价值。

1. 审美问题的设计与创生显示了视野的狭窄

在审美教育实践过程中，审美问题的设计与创生均显示了视野狭窄的一面。案例3-7的片断中的审美问题设置非常清晰："清兵卫热衷葫芦表现在何处？"从师生的问答过程可以看出教师是想说明"研究细节是欣赏文章的重要方法"，这是教师的教学目的，学生的学习方向也很清晰，关注了小说的细节及其目的与作用。但是，如果从审美教育个性化的角度审视，审美平台的开放性没有得到解决。小说描写清兵卫喜爱葫芦，"喜爱"之情的本身也可以使学生情感受到感染，引发学生对"喜好"新的情感体验。从第一个问题的设置看"2至7段清兵卫热衷葫芦表现在何处？结合相应细节进行赏析"。这是知识性问题，没有审美的倾向，没有激发学生的审美兴趣，失去审美的契机，这是可惜的。清兵卫喜欢葫芦本身就是一种情感的经历与体验，学生本可以体验和感受，教师的审美问题可以不设答案，让学生从自身感受力和文本内容，从审美的素养和知识的积累为出发点，开展更多角度的审美，引发学生自主性的甚至创造性的审美判断。课堂教学中，教师有一个问题"他看到秃头也未马上分辨出来，而是'好一会儿'，这是为什么呢？是因为一直在想，说明他怎样？哪几个词？"这表明清兵卫非常喜欢葫芦，他将一个人的秃头误认为是葫芦，这说明了他对于葫芦的痴迷，也说明一个人的喜好不单单是一个习惯，更是他情感愉悦的一个重要来源，对于人的发展有重要的作用等等，其中可以挖掘的审美要素和体验的审美情感是多元的。在课堂教学中，教师从词语的角度引导学生审美，从结果看，学生只用了"痴迷"一词，审美愉悦感少，而且没有从教师的审美问题中拓宽审美视野，开放审美角度，不清楚如何深化和阐发审美问题的内涵，这是遗憾的。在教学过程中，教师提出问题："清兵卫喜欢不开口的葫芦，正常不正常？还是要接着往下看，看当时社会环境中的主流思想是什么？这几段反复写清兵卫热衷葫芦，为什么说这么多，不重复吗？"非常明显，教师的提问关注了细节，问是否重复的问题。且不论这个问题的审美内涵是否存在，只是在问题的设置上，缺少审美的意义，学生只是在人物与事件中分析情感，没有借助时代和社会背景，审美空间还显狭窄，学生的审美张力不足，审美的内容局限于字词和段落的美的内涵，对于优秀小说丰富的审美意蕴而言，这是空临宝山。本课堂教学中的问题生成并不成功，学生没有通过预设问题的学习刺激产生新的审美问题，这只能说明学生的审美感受力没有形成，审美愉悦没有产生，甚至没有审美判断。有的只是知识性、机械性的阅读与回答。如果教师早些提出小说的背景和当时社会的主流思想，可以为学生审美提供广阔的平台和视野，增强开放性，提供巨大的审美助力，帮助和引导学生从宏观和微观等各个角度感受和判断美的内涵与意义。从课堂教学的效果看，学生的审美判断能力较好，例如"这使人物形象更丰满，情节更严谨，为下文做了铺垫"。等表达都是较好的。基于此，教师在问题预设上更要关注问题的广度与深度，提供蕴意充足的审美问题，至于具体问题设置可以因诸多制约因素而异，但是预设问题时的视野与空间要充分考虑。

案例3-8《在桥边》是一篇内涵丰富的小说,有重要的时代与审美意义。本次课堂教学从问题设置上看,关注了情节各个阶段的划分,指明情节承载主题。小说情节的设问在任何小说的教学中都是必备的,它有助于小说的进一步分析与鉴赏,提供初步的审美平台。不过,本文的课堂教学中,围绕情节的问题预设令人产生了疑问。首先,教师几次肯定学生对于问题的回答,但又同时重复学生的答案,例如:"师:总结得非常准确!(教师重复了一遍学生的回答。)生默然。师:大家认同吗?这名同学总结得非常好。(教师重复了一遍学生刚刚的回答)"。这样做主要是表明了教师对学生回答的重视。这两次重复都是学生对情节划分问题的回答,教师对学生给予鼓励和肯定。但是就在下面的提问中,教师问"你凭什么判断6至7段是高潮?请大家齐读6至7段,大家再分析一下。"结果是学生的集体默然,没有令教师满意的答案。究其原因主要有二条:其一是在问题预设上,教师过早地进行了课文分析,没有相关情感与理性的铺垫,学生对德国重建的历史和"二战"缺少认识,对当时人们的心理特点缺少理解,也不理解当时情感缺失的原因。无法使学生理解小说的情节划分和高潮的设计意义,他们只有依据文本中的文字来理解和赏析,缺少了小说阅读的美感与感动。没有了审美的个性化鉴赏,小说的魅力就只剩下了陈述性文字,这是可惜的。其二是在问题生成上,在师生的交流中,教师提问:"师:什么和什么发生矛盾?生:数数和数姑娘。师:为什么数数。生:这关系到饭碗。师:为什么不数姑娘。生:因为爱情。师:工作与爱情冲突了,那其他人的看法呢?生:其实,姑娘是一种"追求",数数是无意义的事,追求与工作、与社会背景相矛盾,其实,好多人都在做着无意义的事。"从师生交流的问题内容看,学生从问题中发现了矛盾"数数和数姑娘",也发现了原因是"关系到饭碗和爱情",结论是"工作与爱情冲突了"。问题和回答止于此,没有任何的问题生成。从审美教育个性化的角度看,这是提升学生审美能力、拓展审美视野、强化审美意识的好时机,有利于学生对审美因素摄取和反思的习惯养成。"工作与爱情的矛盾"是现代与历史都有可能发生的,但都与当时的社会背景、生活情境和个人情况有关,会出现不同的理解。例如本文中"工作与爱情"的冲突不单单是工作与爱情本身的冲突,更包含时代、社会和个人的因素与影响。当时的时代特征使人们顾不及关注自身的情感与价值，他们需要的是生活的平静与安宁，这里的数数也是"我"生活的手段，这是时代与个人所需要的。当时的社会条件使人们在国家重建中只看到了物质发展，对人们的精神与情感需要无暇关注，也使个人的情感包括爱情成为珍贵的存在。工作与爱情冲突，更深层次地表现为时代、社会的物质发展与个人精神、情感需求间的冲突。这个矛盾的产生关涉到多角度多种因素，这是教师引导学生生成问题尤其是审美问题的好时机，让学生在审美过程中感受小说的价值与表现力，感受和判断这种追求与迷失的矛盾美感。

2. 教师没有关注到学生的反应与需求

从表7关于"语文审美教育应遵循的原则"的调查统计数据分析，31.50%的教师在实施语文审美教育时没有关注到学生的反应与需求。其中，3.48%的教师，只关注美学理念，没有具体考虑学生的学习与审美需求，无法开展有效的审美活动；28.04%的教师在课堂教学中随机确定教学内容，这说明对学生群体缺少有倾向性的了解，随机性的审美学习或者无法激发学生的审美兴趣，或者致使学生的审美学习无法深入持续开展，审美教育缺失总体设计。基于此，在课堂教学中，教师可以引导学生进行多元审美，审美各有角度，各有判断，审美经验不同，审美能力有别，但均力求有美的兴趣与感染，通过审美判断提升审美经验与价值，避免使学生隐藏审美感受与兴趣，寻找教师和集体认可的审美判断，从而失去审美教育的意义。还要指出的是，教师的个性化教学行为不代表就是成功的个性化教学，还要符合教学内容和教学对象、教学资源的基本特点与需求。教师审美教育个性化，其实是为了使学生达到审美学习效果的最优化。

另外，从表8关于"审美教育与学生学习主体意识形成的关系"的调查统计看，教师们40.23%认可学生学习主体意识的存在，48.09%认为审美教育对实现学生主体意识有更大的促进作用，两个数据共同支持了学生学习的主体地位。从表8关于"学生生活经历与感受对审美教育的作用"的调查统计看，63.96%的教师认为学生的生活经历有益于审美教育能力与水平的提高。这说明在教学理念中，大多数教师们对审美教育主体的理解，对生活经历有益于审美教育能力与水平的提高的基本认识是正确的，但是学生主体地位不仅是宏观的学习权利,还体现微观上,教师要在审美教育中给予学生更大的学习、开放学习空间。仅就审美问题的设计与生成看,只有学生有问题生成意识,有开放性的意识与学习情境,主动积极进行审美探索,并且有教师的引导与促进,才能逐步的形成并确定学生的主体地位。

总之,在审美教育实践中,审美问题是承载实现本节课审美教育目的的功能,师生们认为完成审美问题就是进行了审美教育。审美问题通常是由教师、学生或者二者合作提出,有的审美问题在教材课文后面直接列出,供师生教学参考使用,从形式上分为预设和生成两种,如果只看重预设则无法完全实现审美问题所承载的功能。生成性审美问题的缺失会导致三个方面的不利结果:一是无法激发学生的审美兴趣。没有开放性的学习情境,学生仅就审美对象进行鉴赏,产生感性共鸣的机率较低。从根本上说,审美教育个性化的学习平台与情境建构缺失实效性,学生感性认识没有得到触发,应有的情感认识被理论判断所取代,审美教育成了回答预设的审美问题;二是学生审美趋向不明。在审美教育过程中,教师不能取代学生的审美学习过程,无论对教师还是学生,审美教育过程都是个性化意义的,但是作为审美教育的引导者和促进者,教师要提供必要的审美学习助力。指引学生的审美趋向,在学生感性认识生成之后,在教师与学生共同进行理性判断的过程中要关注教学环节,这不是直接介入或者替代学生的个性化审美,而是教师个性化的"教"给学生以学习方向的引导与促进,有利于学生理性判断方向的选择与思考,如果缺失,学生提升审美境界与层次的功效则不易成功;三是学生的审美视野狭窄。在审美教育过程中,学生主体意识的形成是重要的,学生生活经历与感受也是必要的审美资源,但是教师作为引导者和促进者,引导和促进的内容就是通过个性化的教学设计与教学实践解决学生在审美过程中遇到的困难。限于年龄阶段的认识水平,限于生活经历的不足,学生的审美视野需要教师引导与拓展。

(三)教育资源没有得到个性化的选择和利用

审美教育资源对于审美教育的作用是明显的,使师生的审美活动不囿于教材，有更广阔的审美视野与空间，更有助于多角度地进行审美感受、体验与判断，提升审美境界。随着互联网和信息技术的发展，在语文审美教育过程中，审美教育资源越来越多的呈现出大范围、多角度、数字化、形象化的特点，对审美教育的有了一定意义的挑战，表现在以下几个方面：

一是众多的审美教育资源给师生的选择带来难度，有很多的资源是个人的观点或者个人的看法，并没有和他人取得共识，甚至有的资源是非常隐涩的，无法让学生感受美的强烈，感受作品和谐的统一性，也没有必然的情感愉悦，不足以列入审美教育中，对审美教育资源的选择实际考查了师生的审美技能，少有情感深处的愉悦与感动。二是过于形象化的审美资源使学生缺少了联想和想象，缺少了对美的感受与体验的过程。三是专家权威性的审美判断影响和引导了学生的审美过程与判断，从根本上说，学生更关注审美判断的结论而非过程，更关注与权威的相近的观点而缺少个性特点，这与审美教育的初衷相悖的。

试看几个实践案例：

案例3-9：Z省某教师执教的《迢迢牵牛星》片断（第二课时教学设想）

1. 总体构思

（1）学生课外自读《古诗十九首》，挑选自己最喜欢的一首向全班同学推介，推介理由的陈述可以结合有关资料，但更应体现自己独特的感悟。

（2）如果说第一课时以教师引导、师生互动为主的话，那么第二课时将以学生自主探究、生生合作为主。

2. 明确要求

（1）以四人小组为单位，每组任选《古诗十九首》中的一首（《迢迢牵牛星》除外）向全班同学进行推介；

（2）推介时须先展示由该诗制作而成的一副书法作品，然后诵读之，然后再陈述推介该诗的理由；

（3）形式自定，可以是传统的一支粉笔一张嘴，也可以制作成课件；

（4）每组上台展示时间三分钟左右；

（5）准备时间为一周。

3. 成果展示

（1）由科代表主持整节课；

（2）展示顺序事先由抽签决定；

（3）最后综合评出优胜奖若干名。

4. 信息提示

（1）《古诗十九首初探》（马茂元著），陕西人民出版社，1986年；

（2）《汉魏六朝诗鉴赏辞典》，上海辞书出版社；

（3）《中国诗学之精神》（胡晓明著），江西人民出版社，1995年；

（4）中国诗歌网；

（5）国学网站；

（6）中学语文网中网；

（7）咀华庐；

（8）北大中文论坛。

案例3-10：Z省某教师执教的《迢迢牵牛星》片断（第一课时）

师：下面就请大家品读余下的诗句，大家可以任选感受最深的一句来点评。

生：我喜欢"盈盈一水间，脉脉不得语"。只隔了一条又清又浅的河，却只能含情脉脉，不能相互说话，真够悲的。

生：我也喜欢这句，只是书里说"盈盈"是"清澈的样子"，但我读的时候第一感觉是写织女的眼睛，仿佛泪光盈盈，与下文的含情脉脉相照应。这样，一个饱含离愁、楚楚动人的女子形象便跃然纸上了。

生：不好意思，我要点评的还是这句。它让我想起了《诗经·蒹葭》："蒹葭苍苍，白露为霜。所谓伊人，在水一方。溯洄从之，道阻且长。溯游从之，宛在水中央。"可望而不可即，哀怨动人。

师：其余几句也不错呀。

生："纤纤擢素手，札札弄机杼。"这么柔美雪白的手却在织布，惨。（众生笑）

生：我不同意。听说天上的云霞是织女织出来的，而能织出这么美的云霞的织女当然得有一双纤纤素手。

生：我觉得这句中的"弄"字用得好，仿佛是随意地抚弄着机杼，可见心思不在织机上，想牛郎呢。（众生笑）

生："终日不成章"，这么能织的人整天还织不出布来，也可见心思并不在织布上。

……

师：清人沈德潜说："平字见奇，常字见险，陈字见新，朴字见色。"这平中的奇，常中的险，陈中的新，朴中的色，必得细细品味，慢慢地咀嚼方能获得。让人高兴的是大家在品诗过程中不囿于课本，能讲出自己的独特感受来，而且能旁征博引，自圆其说。让我们再次齐读此诗。

……

师：中国人有一种大团圆的心理，所谓"有情人终成眷属"。而这首诗写的却是有情人难成眷属，读来哀婉动人，也许是悲剧的美更能打动人吧。其实有情人难成眷属的例子古今中外都有，你能举几个吗？

生：《红楼梦》里的贾宝玉和林黛玉。

生：《孔雀东南飞》里的刘兰芝和焦仲卿。

生：舒婷笔下兀立千年的神女峰："与其在悬崖上展览千年，不如在爱人肩头痛哭一晚。"

生：还有《魂断蓝桥》里的罗依和玛拉。

师：对，还有《卡萨布兰卡》里的里克和伊尔莎。

生：我想起了陆游和唐婉，想起了沈园，想起了《钗头凤》。

师：这位同学知识面很广，能背一下陆游和唐婉的词吗？

生：红酥手，黄縢酒，满城春色宫墙柳。东风恶，欢情薄。一怀愁绪，几年离索。错！错！错！春如旧，人空瘦，泪痕红浥鲛绡透。桃花落，闲池阁。山盟虽在，锦书难托。莫！莫！莫！

师：世情薄，人情恶，雨送黄昏花易落。晓风干，泪痕残，欲笺心事，独语斜栏。难！难！难！人成各，今非昨，病魂常似秋千索。角声寒，夜阑珊，怕人寻问，咽泪装欢。瞒！瞒！瞒！（不少学生已黯然神伤。）

师：说什么天长地久，说什么天涯咫尺，说什么两情若是久长时，又岂在朝朝暮暮。这只不过是世俗之人的苦中作乐、强颜欢笑罢了。我只相信一句话(师停顿,众生仰头企盼)——你是我心中永远的痛!

最后再齐背《迢迢牵牛星》。

案例3-11:H省某教师执教的《迢迢牵牛星》片断

师:你们喜欢哪一句诗或哪一个字,全体同学共同参与,把直觉感悟谈出来。

生:我喜欢"飞星传恨"的"恨"字,这一"恨"字,不仅写出了牛郎绵绵无尽的思念,并将飞星拟人化、人性化,并完成了从"星"到"人"的过渡,也是"星人"合一。

师:精彩!谁再补充?

生:纵观这一诗一词,我最喜欢共同采用的"迢迢"这个叠字,所有的距离感尽在这一叠字中。

师:很有文化底蕴,联想丰富而精彩。

生:我最不喜欢的正是这句"两情若是久长时,又岂在朝朝暮暮",既不深情又不痴情。我更喜欢"盈盈一水间,脉脉不得语"的那份美丽柔情与朦胧,这更像诗。而秦观太直白了。

师:同学们的探讨由艺术而人性而艺术,很深刻。继续谈。

师:有极高的审美品位,允许见仁见智。

生:我补充几句,刚才的这位同学启发了我的灵感,我借用余光中的一个比喻吧,如果说《迢迢牵牛星》中的织女就是一朵红莲,那么《鹊桥仙》中的织女就是一朵红玫瑰。(学生笑,掌声。)

师:同学们谈得很深刻,还有许多同学的许多想法,因时间关系没有表达,课下再读书探讨。

在一线实际教学中,教师们从不同角度运用审美教育资源,为自己的教学服务,师生合作还是有效的,为审美教育情感体验与理性判断提供了不同角度的支持与助力,使学生整体审美能力与水平有所提高,但是依然存在着一些问题。

1. 教师缺少个性化引导，审美教育资源缺失有效选择

审美教育个性化要求教师对审美资源的开发与使用符合自己所在教育环境中教师、学生和审美对象的特点、条件，更大程度地提供审美助力，实现审美教育目的。从教育学的角度看，促进学生审美自主性、独特征和创造性的实现。

从案例3-9第二课时的教学内容看，教师直接进行信息提示：列出八个信息，作为审美教育资源供学生参考。第二课时，教师让学生上台展示自己选读诗歌的感悟，提供给学生诗歌审美学习、体验和成果展示的空间，立意是好的。学生出于年龄、学识和素养的限制，进行充分审美还需要相应的资源支持。教师所列出的信息，基本是对诗歌进行鉴赏的网站或者书籍，资源丰富。但是作为诗歌审美，如果简单从所列资源中选择审美判断结果，那么学生只是充当了录音机和复写纸的功能，这不是鉴赏，而是他人成果的罗列。首先，学生对于诗歌的品鉴辨别能力不同，会有学生此类能力较弱，无法区分审美资源中众多鉴赏文章或者结论中的精华与缺陷，这种借鉴的作用是微弱的。教师还是要从第一课时的教学出发，示范和引导学生从哪些角度进行诗歌审美鉴赏，如何根据自己理解的诗歌主题分析诗句，如何根据理解的诗歌主题判断审美教育资源中的得与失，如何取为己用等等。这会让学生在第二课时至少了解对待审美教育资源的基本方法与态度。如此分析，第二课时的信息提示对于学生而言，是难以驾驭的，所起作用有限，对学生的帮助有限。其次，学生在对诗歌进行审美鉴赏时，有感性与理性不同的角度，教师要引导学生客观地对诗句进行分析，不从功利性视角进行审美判断，与审美对象保持距离，保证审美判断的纯净，更多地体味审美的愉悦，而不只是有自己"独特"的感悟，那些参入了目的性的审美，或者单纯从理性或者感性角度进行的审美，其过程难以让学生深入地感受和判断美的内涵与价值。教师如果在第一课时选取例子予以说明与介绍，在第二课时，这种"独特"的视角才能实现，否则，这视角还是有些模糊和抽象。在正确而"独特"的视角下，教师所列的审美资源会成为被选择的内容，而不是由资源来左右学生的判断，这才能更大限度的实现审美资源的价值。

在案例3-11中，教师评价学生有审美资源意义的字词时，有三句有代表性的评语:"同学们的探讨由艺术而人性而艺术,很深刻,继续谈。""有极高的审美品位,允许见仁见智。""同学们谈得很深刻,还有许多同学的许多想法,因时间关系没有表达,课下再读书探讨。"从中明显可见,教师在面对学生精彩的审美感受和判断时,在学生的感受与判断可以作为审美资源进一步鉴赏时,教师选择了回避。例如极高的审美品位——表现在何处;很深刻——深刻在何处等等问题需要教师抓住时机,充分引导学生感悟和评价,深味其中的意义与价值,并引导学生继续深入研析古代诗歌的底蕴与价值。从实践情况看,这些"可能"都没有得到解决和延展,学生自主学习提供的有价值和意义的审美资源失去了成为资源的机会,也就证明本课的审美教育缺失有效的资源选择,这是可惜的。

从上述情况看,审美教育资源尚未实现个性化收集与整合。在课堂教学中,可借助的审美教育资源有限,而且学生较少有此类资源的收集和整合,更多的是临时性地借用学习过的教材、试卷或者类似材料中的资源,其审美价值有限。师生也没有专门探讨关于审美教育资源收集和储备过程的内容。给学生布置作业会涉及资源问题,那也是为了完成作业或者促进审美学习进行的收集,储备的意识还没有形成,也没有相关的说明或者探讨。教师在教学中进行中需要的审美教育资源,通常来源于教学参考材料或者网络,其针对性和与自己教学内容、对象、教学时间、空间的恰切性都不足,而且使用过后,往往置之不顾,很少收集并进一步丰富这些资源。审美资源的收集和储备要有一个意识,就是注意审美感悟与积淀。在审美教育过程中,所涉及到的、能够引发审美兴趣的示例与资料都可以以各种形式储备起来,为之后类似的审美活动提供可参考的资源助力。另外,在课堂教学之外,日常阅读或者其他活动中遇到有审美价值的、能够激发自己审美兴趣的资源也要收集并且整合,收集和整合过程本身,就是一个审美感受、感悟和内省的过程,是一种特殊的审美教育。

另外,审美教育资源没有有效的开发。相较于审美教育资源的收集和整合,开发是一项艰巨的工作,收集和整合的通常是现有的适合的资源,而开发的则是需要收集、归类和重新判断的。实际教学中,既使教学有所需要,资源也多来源于教材或者学习作品中的只言片语,例如,教师在诗歌教学中,要求学生汇总与本课诗歌教学语言特色相近的诗歌作品，对比分析本课诗歌作品的语言特色。这类问题都需要资源的再利用和开发，需要较好的资源收集和储备习惯或者有较强的综合素养，需要良好的审美判断能力。在现实教学中，学生通常是用相近的语言或者事例一语带过，没有进行深入分析，也无法进行深入分析，例如教师谈及与《迢迢牵牛星》人物形象相近的其他人物形象（其实也是要求学生列出审美感受并判断相近的、有同样悲剧美的特点的人物形象，并简单分析其特点），学生也只好回答林黛玉、贾宝玉等人物名字，无法进行下一步分析。审美教育资源的开发并不是易事，但它首先需要一种意识，要能够结合审美对象、审美环境和审美感受、审美经验的要求，对相类似的审美教育资源进行收集、整合、归类和重新判断，可以使用、收集备用。在表6对"审美教育中学习能力的内涵"调查统计中，56.46%的教师认为学生审美学习能力是从感受、体验和判断审美对象中的情感、内涵与价值中来，这种看法将学生的审美学习能力限于审美对象的单一范围，仅从审美资源角度看，审美对象并不能涵盖审美的全部内容，其价值与意义的广度与深度也有所不足，简而言之，还要把审美视野再加以拓展，借助审美资源，结合审美对象内涵的美的因素，多元激发学生的审美情趣，从广泛的角度提高审美感受能力，并通过交互借鉴与印证，提高审美判断的层次与水平，最终从广度和深度上切实提升学生的审美学习能力。

2. 师生缺少有效的交互性合作，审美教育资源缺失有效利用

审美教育资源是审美教育的助力，它提供了更大范围内和审美内容相近的审美因素，更多角度地揭示与审美对象相近的"美"的价值，为学生的审美联想、想象和判断提供证据。在利用审美教育资源时，师生合作是有效的途径，将使审美资源的利用更具个性化特点，凸显适合性和发展性，给审美教育的深入发展提供有效的丰富的资源助力。如果师生缺少有针对性的个性化合作，审美教育资源将缺失有效利用。

案例3-10中，教师让学生选一句《迢迢牵牛星》诗中感受最深的一句来点评。这个审美问题是诗歌教学中常见的问题，但也是审美难度较高的问题。难度高不在于能否找到一句感受最深的诗句，而在于能否激发学生的审美兴趣，充分利用各种资源和审美因素，获得审美个性化判断。这就与审美资源的选择、开发与使用深有关系。《迢迢牵牛星》诗中寄托的感情与思想不是学生从诗文字面意思所能理解的。一方面，并不是要学生作为专家来进行诗歌的审美鉴赏，不必要也不需要这个高度；另一方面，要给学生提供更多感受和鉴赏诗歌的资源，给他们选择和使用的平台，给他们审美的广阔空间，根据个人特点和审美能力获得属于自己的审美愉悦。本课的审美教育中，教师在上述审美问题提出后，在结束时提供了沈德潜的一句评语，这是一个审美的资源，但是这过于抽象和艰涩的话对于学生而言，在审美感受和鉴赏方面的帮助非常有限。学生从字里行间对诗句进行审美，例如学生对"纤纤擢素手，札札弄机杼"、"终日不成章"的审美理解明显只是诗句句意的翻译与文字的理解，这和审美感受、体验和判断是有距离的。审美教育资源，在审美教育中非常重要，如何个性化选择与使用，还是要看是否合乎师生审美的各种条件。

案例 3-10 中，教师让学生举例子证明有情人难成眷属，学生的各种例子和师生背诵的陆游和唐婉的《钗头凤》都是一种审美教育资源，它们和本课诗歌情感相近，能给其他学生以启发和联想、刺激和感染，对诗歌内容进行深层次的鉴赏无疑是有益的。而在资源的使用上，教师没有进行引导，只体现出审美的氛围，这虽必要，但是如何对比、理解所获得的资源，如何借以理解诗歌的情感，教师没有再提供任何空间，学生能做的就是感受氛围，体会感染力量，审美教育止步于此是可惜的。如果充分、多角度地利用这些审美资源，学生的感受与判断将会再有变化，至少能体会和感悟爱情在生活中的意义，在情感中的地位，在精神境界中的内涵，既使只是向前一步，也是进行深度审美的良好开端。

案例 3-11 中，学生的学习个性表现得非常精彩，但是在缺失教师深入引导进行审美感受与判断的前提下，学生之间的合作也没能有效开展，致使学生开发的、有意义的审美资源没有得到评价与利用。从学生的审美判断与表述看，学生个体审美能力较强，有能力与其他同学交互学习，多角度多元化审视古代诗歌的词语内涵和价值，形成更多的感受与思考空间，提高对诗歌中美的语言的感悟力与判断力。同时，也会拓展审美资源的开发途径，学生个体与群体都是有意义有价值的审美资源提供者，其中包括高水平的审美感受与判断，这将使更多的学生受益；同时，师生、生生在相互交流过程中，相互借鉴，创新审美资源的使用方法，提高使用价值。

总体看来，教师没有个性化地使用审美教育资源。每位教师在审美教育中都或多或少的引用审美教育资源，至少教学参考书本身也是一种资源。在使用过程中教师常常基于审美需要而引入资源进行证明、对比、参考或者示范。但问题出现在使用的初衷，只是因为审美内容不易理解或者单一，就使用审美教育资源作为一种拓展证明，这不能最大程度发挥资源的应有作用。每名教师和学生都有自己的审美感受、习惯、体验与审美个性，教师综合各方面因素，引导学生根据审美内容的特点和审美对象的鉴赏需要，根据自己的审美习惯个性化选择资源中有效部分，作为审美学习的辅助力量，印证或者解析审美结论和疑惑，这才是必要的。从这个意义上说，对于资源取来即用，不加以个性化审美视角的选择，这种使用功能必然有限。其次，审美教育资源的作用没有充分发挥。审美教育资源的作用是启发、示范和引导，而并不仅仅是"引文"，不分析和借鉴资源中的相关信息，并使之成为审美教育的助力，这是一种浪费。在实际教学过程中，很多时候师生双方都提供了较丰富的资源，例如诗歌、名言、案例、专家意见、文学作品等等，但都是简化为叙述，一般只起到形成审美氛围和加强感染力的作用，并没有与审美内容或者对象形成对比或者其他形式的比较。学生的审美兴趣与感悟能力只停留在感性的"感受"层面，审美境界的拓展没有实现。并不能说所有资源都要有巨大的作用，关键在于恰当使用审美教育资源，使之发挥应有之用。无论是教和学，对于发挥资源的应有之用都有必要形成一种习惯。

表11：语文审美教育个性化影响因素的调查统计表

调查内容	百分比(%)			总计(%)
	选项A	选项B	选项C	
审美体验与经验的关系	8.08	44.14	47.78	100
教师对学生审美自由的理解	8.34	37.47	54.19	100

在关于"教师对学生审美自由的理解"中的数据统计中，37.47%的教

师认同在审美教育中给予学生审美自由，教师有必要进行示范和引导，不足50%。学生的审美自由要依托具体审美教育资源展开，如果教师只是提供资源而不加引导，或者只由学生自己寻找适合的资源都不能最大限度的实现审美资源的充分利用，学生审美自由也只是一种态度上的自由。学生在审美教育中的感性认识和理性判断如果没有丰富的审美资源为保障，无法达到审美教育理性、感性相对独立又充分融合的高度。在审美教育资源的个性化利用上，表现为认识与实践的误区。从表11关于"审美体验与经验的关系"调查统计数据分析看，47.78%的教师认为审美体验是理性思考过程，而审美体验无疑是感性角度审美和判断的过程，从这个意义上说，相关审美体验即感性认识的资源无法列入理性资源中，从前文的论述中的观点看，审美的超越性体现为理性对感性的超越并融为一体，如果将感性资源列入理性资源，将缺失引发学生感性认识的审美平台。如果不能激发出学生的审美兴趣和感性认识，审美的理性认识也将是空洞的理论解析，缺失支持审美的感性资源，审美教育将无实践意义。

总体而言，审美教育资源的种类繁多，审美价值各异，有必要进行选择和甄别。另外，审美教育资源因其丰富、深刻和庞杂，容易使审美教育陷于大量的审美信息的解读和分析中，如果不加以选择和甄别，其中的不良信息反而影响了对审美对象的直接感受与体验，甚至良莠不齐的审美资源决定教学目的的实现水平与审美教育个性化实践方向，不仅没有实现资源的自身价值，反而使审美教育的作用有所下降，甚至起了反作用，这是要注意的。

第八章　审美教育个性化隐性实践矛盾的逻辑动因

本书选取语文学科为平台，以康德和比斯莱的理论依据、以人本主义教育思想、以《普通高中语文课程标准（实验）》实践依据、以本书提出的语文审美教育个性化学理表征与践行基准为依据，对语文审美教育个性化在实践中存在的问题进行细致的原因解析，试图从"审美认识、审美理念、审美方法及内涵、审美评价"等教育角度研究和判断问题存在的规律，从而有利于解决一线审美教育个性化实践中存在的问题，提高问题解决的针对性。

基于此，我们认为，审美教育个性存在问题的逻辑动因包含三个方面，即理念动因、技能动因以及评价动因。具体包括：教学主体与责任的个性化意识淡漠、美及审美内涵缺失个性化解读、审美内容缺失个性化解读与选择、学习方式缺失个性化的交互与自由、审美评价过程缺失应然目的的个性化观照等几个方面。

一、理念动因

理念动因是指教师在以下两个方面存在基本理论的认知缺失，进而使隐性矛盾的产生不可避免。这两个方面是：教师对自己教学主体与责任的个性化意识非常淡漠；对美及审美内涵缺失个性的教育角度解读。

（一）教学主体与责任的个性化意识淡漠

对于审美教育而言，审美主体就是审美世界中的主宰，审美世界有不同于现实世界的秩序，它内含自己的规律和本质力量，学生主体地位要在审美教育中实现，主要建立自己审美世界的秩序，体验、感受其中的愉快和满足，感受美和生命的意义。但是，教师对于学生学习自主性的理解与实践却存在明显不足，"用人类一般自主性代替了学生自主性，忽略了学生的特殊性……不重视对学生自主性内涵的发掘……对自主性中的情意因素，包括欲望、动机、需要、兴趣、爱好、意志等阐释不够"[①]。这种评价是切中肯綮的，它直接表现在课堂教学中。现实的语文课堂教学，正如王荣生所说"教师与学生的互动，很可能是被教材内容牵着走，与过去的'灌输'一样，很可能'互动'了半天，教师和学生弄不清'互动'是为什么"[②]，从各种案例分析，在语文审美教育过程中，师生角色意识还模糊，学生审美教育主体地位并未真正实现。

教师在审美教育中理应是学习活动的参与者、引导者、促进者和评价者。这里要说明的是，当前依然存在着师生角色意识不明晰的现象，教师参与者的身份还被主导意识取代，意味着教师使学生置身审美活动之外，并未和学生一同进行审美。在审美教育中，在学生进行审美感受和体验、进行自由而非功利性的审美过程中，教师没有给学生提供审美的平台，没有参与对美的内涵与意义的讨论，只是在评价和判断学生答案的正与误，尤其没有鼓励支持学生进行审美个性化探索，进一步分析并形成审美判断，学生审美过程性收获过少。其实，教师引导者和促进者的任务本来是清晰的，在学生审美出现困难疑惑或者审美判断出现明显错误的时候，进行协助和指导，但是教师的引导并不是要替代学生的审美活动，而是一种审美教育的助力和资源，供学生借鉴与参考。必要的时候，教师也可以进行某个审美细节的直接示范，与学生交流审美体验与愉悦，使学生有所观摩和感悟。

---

① 熊川武、江铃：《论学生自主性》，载《教育研究》2013年第12期，第25页。
② 王荣生：《语文课程标准所预示的范型转换》，载《教育研究》2003年第2期，第87页。

面对美,每名学生都有自己的感受与兴趣,比斯莱在审美判断第三个普遍的标准是与人性有关的种种性质的"强烈程度",作品或者富有活力,或者生动有力,或者温柔,或者幽默,或者具有悲剧性,或者雅致等等,都体现出审美判断的强烈性。感受强烈性的存在,就要鼓励学生有自己的审美感受与判断,教师明确引导者、参与者和评价者的角色,支持学生成为审美教育的主体,正确引导与学生自我积极感受,每名学生的审美判断都是个体的真实理解,因为个人特点、理解能力、审美资源占有情况等因素的限制,学生审美判断的层次与境界不一,与教师在教学设计中预设的情况也有不同,但这并不意味着错误或者无效。但是在审美教育实践过程中,教师并未充分尊重学生的审美学习过程,未尊重学生对于美的自由理解与选择,未尊重学生的独立意识。例如在《孔雀东南飞》一课中,教师与学生交流对悲剧的看法。

师:大家喜欢悲剧故事吗?为什么?

生1:我不喜欢,悲剧故事对青少年发展无益,这会引导他们的价值观和世界观向着悲性发展,我个人喜欢轻松的愉快的。悲剧深入人心,却容易让人对真善美产生怀疑,这不好。

师:其他人?

生2:不喜欢悲剧,悲剧打动不了我,看过了,就忘了。

师:有没有喜欢的同学?

生3:我个人喜欢悲剧,完美不一定是最好的,残缺的美是得却得不到的,很惋惜,更打动人心,人物形象也更深刻,更能提示社会和时代发展的本质。

师:其实,悲剧是想表述更悲壮、无奈和崇高。

生:(读教材中关于悲剧的说法。)

简单的师生对话折射出三个问题:首先,教师与审美资源成了审美教育的主体,学生的审美兴趣和自主学习意识不易被激发。学生表达对悲剧的看法,这是教师引导的结果,而学生在表达了对悲剧的不同看法后,教师给出了对悲剧的明确态度,并用教材中的话进行证明,结果是学生几种关于悲剧的看法是不被重视的、无效的。其次,审美角度单一,缺乏必要的逻辑。从教学案例看,学生还是积极回应了教师的问题,而且自己真实的感性意见,这本身是一种自主学习的意识表现,但是缺少审美理性与感性的相互观照,停留在感性判断层面,如果教师能够引导学生"言而有据",并对自己的学习过程负责,从理性与感性二个角度审视审美过程与结论,将会使学生养成严谨和积极的探索精神,从实践情况看,教师缺失这种引导。第三,教师缺少对学生学习必要的引导与促进既然在教学过程中趋向于使学生成为学生的主体,教师就要实现引导和促进者的作用,很明显,案例中学生对悲剧的认识还停留在表面,对悲剧的内涵与价值并不清晰。在此情况下,教师的责任不是讲授,而是引导学生从多元的角度关注和审视悲剧的意义和价值,相应的,学生的责任不是回答问题,而是主动探索,并对学习过程与结论,对自己素质和个性发展有责任感。教师的角色意识体现在教育教学活动中,既然是引导者和促进者,就要有意识给学生提供更广阔的思考和实践平台,让他们充分展示和发展。对于学生学习的误区或者不足之处,可以鼓励学生多元思考,换个思考角度,或者通过适合的案例进行分析,逐步引导学生进入学习主体的角色,促进个性发展。

相对于教师的引导者和促进者身份,学生则是学习的主体角色。在审美教育中,促进教育教学活动走向深入的是师生的审美兴趣与情感,从这个意义上说,没有知识与技能的阻碍,目标是易于实现的,学生逐渐适应自主性、个性化学习,也是逐渐适应和担当学习主体角色的过程,教师要给予学生这样的平台与机会,在教学上体现个性化特点,不机械化,不模式化。例如在《在桥边》的教学中,师生探讨情感变换的审美意义:

师:总结得非常准确!(教师又重复了一遍学生的回答。)
小说情节越曲折就越精彩,本文短,但是情节却几经摇摆,同学们分析一下,情节有哪几次摇摆?
生:在1至3段时,我的情绪散漫,无聊。4至5段时,看到心爱的姑娘,心里充满了爱意,紧张激动。6至7段为高潮,我的情绪非常紧张。8至9段时,数马车,那是高兴的心情。

师：大家认同吗？这名同学总结得非常好。（教师又重复了一遍学生刚刚的回答。）

师：你凭什么判断6至7段是高潮？请大家齐读6—7段，大家再分析一下。

生：（朗读课文，然后默然。）

师：大家交流一下。（学生没有反应。）

……

师：那么我们分析情节有何意义和目的？好的，是分析小说主题。（学生默然。）（教师板书：情节承载主题。）

在学习过程中，学生不断的沉默使教学过程成了教师的讲授和展示过程。从引文可见，学生对教师的默然回应说明学生可以自主学习的判断，而因为教师不断重复学生的回答；不断提问，没有给学习思考和判断的情境与平台；使用合作学习方式却没有相应的安排与指导。这些都使教学过程缺失学习热情和兴趣，失去深入学习和研讨的动力与意识，这种教学活动效果并没有达到应有层次。教师既然认定学生是学习的主体，就要从审美教育的各个环节入手，不断给学生提供感受、思考和判断的机会，不断激发学习情感和兴趣，进而使学生自觉进行个性化学习和自主学习，学习主体的角色意识才会逐渐形成。

师生明确教学角色，更要明确其目的，既促进学生的整体素质提升，也促进个性发展；同时，既更大程度地张扬了教师的教学个性与能力，也适合审美教育目的现实需求。如果教师引导者与促进者角色不明确，会使学生的学习自主性与个性发展受到较大影响。例如在学习杜甫的诗《阁夜》的过程中，有一处细节比较典型，学生提出疑问，即作者对孔明、公孙述的态度是赞扬还是憎恶，教师引导学生回答疑问，但是在解释疑问时，教师却指出答案就是课文后面的练习题中。在教学过程中，学生直接质疑杜甫对孔明、公孙述的态度，这就是一种学习的兴趣与愿望，也是一种学习动力，而且有一定难度，可以进行研究和探讨。教师引导学生回答问题，从学生的回答看，各有所据。这个问题的处理将对养成置疑和思考习惯，促进合作和个性化学习大有裨益。而教师在处理这个问题的时候,回避了学生的学习收获,提出"是正是反,无关本文主题"的结论,而且还是从练习题中寻找答案,一方面,这使学生的学习兴趣与学习思维都受到影响,失去主动、自主和个性化学习的兴趣,是无益的;另一方面,直接将审美教育变换成了知识与技能教育,引导学生训练回答问题的技巧——从其他问题提问的语气和暗示中寻找答案,这就失去了审美教育的意义,成为了应试教育的范本。

(二)美及审美内涵缺失个性化解读

目前,对语文学习机制还缺乏直接而明确的阐述,在当前的教学背景下,学生鉴赏能力不高,更多鲜活的情感和体验变为机械地审美分析与技能化的思辨,而且各行其是的"多角度"使语文审美教育个性化变为随机性或者想当然,想象能力贫乏,无法实现审美教育的目的。

另外,缺乏审美教育理论的依托使基础教育中美的内涵模糊。审美教育的思想在中国先秦和古希腊就已经萌生,但是没有形成一种自觉而系统的理论,18世纪末才由席勒正式提出。其中美的内涵一直是哲学意义的存在,但是教育中的美尤其是基础教育中的美的内涵却不明确。1903年,王国维在《论教育之宗旨》中提出:"美育者,一方面使人之感情发达,以达完美之域;一方面为德育为智育之手段,此又教师所不可留意也。"[1]对于美的界定还是美学的相关内容,这并不相同于基础教育中的美。不同的年龄特点,不同的情感体验和正在生成的审美经验与能力,基础教育阶段的美范畴与内容应该有自己的内涵。目前,相关界定还徘徊在情感、品德及知识的范畴中,没有对基础教育中的美的内涵进行必要的澄清与分析,为审美教育个性化的发展提供支持。从美的内涵分析,基础教育中的"美"不等同于哲学意义上的美,它同时受基础教育中的各种因素影响,有独特的内涵与特征。审美教育在基础教育中的影响表现在情感与精神层面,不可量化,这使至今还习惯知识与技能教学的教师未将审美教育列入实际的教学内容。

---

[1] 王国维:《论教育之宗旨》,中国青年出版社1996年版,第146页。

随着教育理论对学生个性发展的认可，随着审美教育理论细化发展和基础教育课程改革的实际推进，审美教育已经开始在基础教育中表现出生机与活力。对于教师而言，在态度上要予以重视，不随意，不随机，表述认真，语言得体，或者详论阐述，或者惜字如金，这有利于审美氛围的形成，也给学生以审美示范，引导学生重视审美教育，养成审美习惯，细致感受教育教学过程中的美，认真体验、品味与鉴赏、判断，放下功利性思想，自由审美，感受审美愉悦。审美教育关注基础教育中美的特殊存在，不将其等同于知识与技能的教育教学，用美的特殊视角进行教学、分析与评价。另外，师生可以交流合作，用适合教师、学生教学个性，适合审美内容的个性化评价判断学生在审美过程中的表现与审美结论。

1. 关于教育阶段美应然的内涵解析

按比斯莱对不同教育阶段审美教育的分类，阶段具有这样的特征："第四阶段（10至12年级）的审美学习：发展出一种对选择出来的艺术杰作的批评性欣赏能力，具备了审美判断的标准，能对某些美学问题进行讨论。"

在上述分期中，阶段（10至12年级）学生已经初步具备批评性欣赏审美的对象的能力，具备了一般审美判断的标准，但是还依靠着教师及相关审美因素的影响，不同的教师个体与不同的审美因素均会改变审美教育的效果，这使审美教育中师生双方关注的"美"的内涵具备其特殊性，区别于其他阶段与成年人。

历史上的哲学家、神学家与美学家们从不同角度定义了美，例如，柏拉图在《大希庇阿斯篇》是一篇专门讨论"美"的对话录，区分什么是美的和美是什么。美是什么，他认为是美本身，回到任何一件事物上面，就是事物成其为美。它是一种绝对的存在。意大利哲学家和神学家托马斯·阿奎纳说"美是能被人们看见的赏心悦目"；马利坦说"美就是智力"；黑格尔也说"美就是理念的感性显现"；苏霍姆林斯基说"美是人的道德财富的源泉"，等等，众说纷纭。叶朗则在《美学原理》中进行了诠释，认为美的狭义概念是指我们将在审美范畴中讨论的优美，即一种单纯、完整、和谐的美，这是我们常用的"美"的概念；广义的美，包括一切审美对象，不仅包括优美，也包括崇高、悲剧、喜剧、荒诞、丑、浓郁、飘逸、空灵等各种审美形态。

本书并不深入进行关于美的哲学思考,而是从教育所涉及的教师、学生、教学资源这三者的关系出发,定义阶段审美教育中美的一般意义。本书从"范围与形式"和"精神境界"两个方面对阶段"美"的内涵进行解析。

(1) 表现为美的范围与形式

阶段的美是外在的美和精神的美的结合;感性的美和理论美的结合。美的内容是以具有单纯、完整、和谐特征的优美为主,以必要的探究意义的包括崇高、悲剧、喜剧、荒诞、丑、浓郁、飘逸、空灵在内的等各种审美形态为辅。其中,美的外在形式包括以下三个方面的内容:一是教育资源本身所具有的文字书写、文字表达、图像、色彩等诸方面的表现形式的美;二是教育资源本身的语言美、情感美、体验美、氛围美、意象美等等;三是在教育教学过程中激发的师生双方含有美的因素的综合素质与能力,例如教师的板书美、语音美,学生的语言美、思维美等。以上三个方面的形式,是基于学生的感性认识,这种感性认识不带有功利性色彩,非技能却又符合学生自身特点,符合美的一般欣赏逻辑,在审美判断中有着纯粹的审美愉悦感。

对于审美情感的问题,朱光潜认为,审美情感并不简单等同于所有情感,有其自身明显特点,他列出了四个方面的理解:"一是在审美情感中,'感'的对象是形象,'感'的方式是直觉;二是在审美情感中,'情'的内蕴是具有普遍性的精神愉快;三是在审美情感中,主体与对象的心理联系是一种不涉及利害计较的超功利的自由联系;四是在审美情感中,主体之所以获得精神愉快,是因为主体从对象中体验到了自身的本质力量,从对象身上感受到了自身本性的丰富与完满,因而在物我同一的境界中实现了一种充满肯定性和积极性的观照。"[①]这种论述准确地描摹了阶段的美的外在形式与隐含在其中的情感。

(2) 表现为美的精神境界

精神层面上的美,可以说是从更广阔意义上的时代和社会发展、思想与理想,精神境界与品位、审美境界甚至简单涉及了哲学层面对美的审视与界定。这里的美,是感性与理性交融基础上的深度情感体验与鉴赏。按叶朗的

---

① 《朱光潜全集》,安徽教育出版社1992年版,第269页。

看法，对审美活动产生决定性影响的是社会文化环境，包括经济、政治、宗教、哲学、文化传统、风俗习惯等多方面的因素。社会文化环境对审美活动的影响，在每一个个体身上，集中体现为审美趣味和审美格调。审美趣味是一个人的审美偏爱、审美标准、审美理想的总和，是一个人的审美观的集中体现，它制约着主体的审美行为，决定着主体的审美取向。正如李泽厚所说的，在审美创造过程中，人们能得到特有的审美愉快和享受。从精神境界说，勇于审美创造并有相应的愉快和享受，这不能不说是一种"美"的精神境界。又例如中国古典小说，"被中国古人归入'子部'小说类的那些记录'街谈巷语，道听途说'之言的驳杂著作在当代文坛又悄然复活了，它们所代表的自由宽宏的民间视野正在为当代小说的艺术探索注入强大的活力"[1]。也正是这种自由宽宏，赋予了古典小说的审美的境界与活力。

2. 实践中美的解读误区

在审美教育中，美是审美对象的内涵。它既是外在的形式，又是内在的精神；是情感也是理性。它可以激发审美个性，从不同的角度认识审美对象蕴涵的价值与意义。这里要说明的是，美是无处不在的，学生发现作品中美的存在并不困难，而探讨美的内涵、价值与意义，则需要师生的合作，需要学生的自觉与个性，需要教师的助力与引导。在审美实践中，仅仅关注美及审美的存在而忽视了学生群体的存在与特征，则使审美教育灵活生动的特点变成了僵化的技能训练，这是误区之一。例如在《再别康桥》的学习过程中，学生对诗中"荡漾"一词有美的感受，在情感上与作者产生共鸣，而且有一定的审美体验，他认为"荡漾"是"感情像波光一样萦绕心头，挥之不去"，从审美感性的角度看，学生对美有自己的具体的理解，有明确的审美情感与感受，这是成功的审美体验。教师可以鼓励和引导，使之继续进行美的探索，继续进行审美理性角度的分析，这个词又内涵着怎样的意义，对于作者情感的表达又有怎样的作用等等，从这个意义上说，"荡漾"一词内含丰富的情感与价值，师生可以交流、沟通或者评价，深入推进审美进程。但教师没有与

---

[1] 李鹏飞：《论中国古代小说对现当代小说的影响》，载《北京大学学报》（哲学社会科学版）2016年第3期，第107页。

学生共同开展评价，而是指出"从微笑里看出你有过如此美好的体验。请你读这一节诗，突出'金柳'、'新娘'、'艳影'、'荡漾'四个词"既没有针对学习审美感受的评价，也没有对学生进一步审美学习进行引导，反而另外引入的三个词。需要指明的是，这将使学生对美的判断止于体验，审美过程没有推向深入，这个结果需要反思与调整。其实，从美及审美的理念看，并没有固定的模式去规范审美教育实践，但是既然美及审美的审美角度多元，就有必要在教学过程中给学生更多理解美及审美的自由与平台。又如在《再别康桥》的审美教育中，学生从喜欢的诗句中理解了诗人对康河的依恋之情，"作者希望与康河融为一体，描述了诗人对康河的依恋之情"从表述中可以看到学生与作者在情感的理解上产生了共鸣，并且有了明晰的审美感受。但教师没有继续引导学生对诗人的情感进行进一步的体验与判断，未使感性认识与一定的理性认识融合，而是将教学方向引入到了诗歌的诵读技巧。虽然诵读也是一种美及审美的方式，但是对于学生的审美而言，是一种方向的变化，由情感分析折向了诗歌诵读，对于学生而言，审美情感缺失了层次与境界，依然在感受阶段徘徊。因此，教师要在审美教育活动开展之前，增加对美及审美的认识与理解，允许和引导学生建构对美的个性化理解空间，有自主性的审美权利，接受美的熏陶，实现综合素养的提升。

另外，教师注意到了学生的学习主体地位，但是没有顾及学生自主及个性化学习，过于看重审美技能训练，这是实践误区之二。在《林黛玉进贾府》的教学中，在评价王熙凤时，教师为了引导审美方向，常常统一对王熙凤的评论，但是小说描写并体现人物性格，其内涵是人物形象塑造的艺术美，学生用贬义或者褒义词评价王熙凤，这说明学生从不同角度感受作者人物形象的创作之美。学生的这种判断，融合了感性与理性的认识，有一定价值的审美判断，但是这种创作之美的意义不仅是表现王熙凤一个人，更是将其置于小说描写的更广阔的社会环境中，从而多角度体现这种人物创作的意义和价值，至少在《林黛玉进贾府》中她的形象创作为后来小说情节的发展和变化提供了合理的解释，使小说的主题和主人公们的性格更突出。基于此，教师有两个角度可以考虑，一是创作之美是见仁见智的，虽然没有一个很恰当答案来统一认识，但恰恰这个不统一、这种多元的表现，才是小说创作之美的审视角度。换言之，教师应该肯定学生的审美感受与判断，自成其理即可，否则，又将审美变成了知识与技能的训练活动。第二个角度是依循学生的不同观点继续深入进行不同角度的审美学习，提供更多的审美资源，引导和鼓励学生调动主客观因素，将感性和理性融合，将审美引向深入。但是这位教师选择了回避，没将审美继续引向深入，没有从多元的角度鼓励和支持学生感受美的存在与内涵。这种回避的本质是同一化教学，教师教学的个性化能力与特点没有习得与养成，错失了对美内涵与价值深入感悟与探索的时机，没有激发学生审美兴趣与审美潜力。

二、技能动因

技能动因是指教师在以下二个方面教育技能有结构性缺失，进而导致隐性矛盾的产生。这两个方面是指对审美内容缺失个性化的解读与选择的技能，在学习方式缺失个性化的交互与自由学习技能。

（一）审美内容缺失个性化解读与选择

审美内容的解读与选择是充分实现审美教育个性化前提条件之一，是师生审美教育个性化能力与水平的标志之一。审美内容的理解与选择是从情感与理性两个角度的融合做起，由浅入深地领悟作品情感内涵和审美意蕴，教师开展个性化教学引导学生在审美学习过程中形成审美经验并提高审美能力。

审美内容的解读与选择是教师引导学生依据自身对审美教育特征的理解，依据《课标（实验）》的相关要求，从情感与理性两个角度解析审美内容中显示的美的内涵与意义，进而促进学生审美情感体验，使审美判断有依据并凸显个性。

但从上述案例与问卷看，教师过于注重审美内容中的表象解析，"教师仍然是教教材，所谓教师参与课程研制还是一条虚线，可能仍停留在领会教材意图、处理教材内容的水平上"[①]，审美内容的解析存在双重标准。一方面有《课标（实验）》的深刻却抽象的要求；另一方面，教师依然习惯以教材文本内容的表象意义与刻板的内涵理解来定位学生的审美判断，缺少个性化解读。

基于审美教育个性化视角，教师与学生应共同决定教材哪些内容是审美教学内容，语文审美教育课程内容预设为既定的、可以感受和理解的，但是教师实现引导与促进作用，学生实践学习主体地位，就要求学生不能依赖教师，教师更不能仅依赖教材文本。教师过于关注文本中的表象意义，必然缺失对师生自身审美情感与审美理性的感受与融合，审美判断仅仅成为审美知识与技能的判断，没有个性化的情感与理性投入，这并非审美教育个性化的初衷。

从这个意义上说，审美内容中的表象意义与内涵意义的解读与选择直接影响着审美教育个性化的实效与发展。解读表象意义是解读内涵的条件之一，但是单一解读表象意义进而领会表象中的情感，则不可避免地忽略审美情感与审美理性的相互融合的关系，审美教育成了知识学习或者单一情感体验的平台。比斯莱曾提出审美经验相伴随的各种情感和情绪就是审美经验的效应，这会在欣赏者身上造成一种特殊的感觉：感到一种自我的提升和发展，好像自己的人格更加完整和完美，因而更为自爱和自强。这种效应就是满足感，比斯莱认为，用"满足感"（gratification）比用"快感"（pleasure）、"满意"（satisfaction）"享受"（enjoyment）等文字更能形容出这种独特的感受。审美满足不同于那种一般意义的美好感受，这种特殊的满足在日常生活中是很少感受到的是教材文本表象所无法完全涵盖的，审美教育应该使学生的审美满足感等独特感受得到满足。

教育学在提及个性化时也认为要促进学生个体自主性、独特征和创造性。否则，使审美教育仅关注文本表象而非学生个体的发展，审美教育的功能也就缺少了个性化的感与悟。正如前文所述，在教育教学过程中，美体现在表象上，也体现在内涵中。审美教育个性化应二者兼顾，深味审美教育的价值与意义。其中，审美表象集中审美对象的形式，内涵集中于审美对象的意蕴。

---

① 王荣生：《语文课程标准所预示的范型转换》，载《教育研究》2003年第2期，第87页。

从审美对象的角度上看，审美内容的解析与选择出现失误有以下几种原因。

首先，误解或者轻视了对审美表象的感受与判断。只认为这是一种简单的过渡，进而由形式过渡到内涵，挖掘审美的态度与价值观层面的内涵。其实恰恰相反，审美教育是一个过程，由情感到理性，由感受到判断，由共通性到个性。对审美表象的感受与判断是在积淀和发展审美情感的厚度，通过不同角度反复理解和深味审美表象的美，初步形成个性化审美的趋向，为研究美的意蕴与内涵提供助力与条件。基于此，教师的引导与促进作用就要体现在对审美表象的多元审美和审美兴趣、情感的激发上，否则就会出现问题。除去前文的实例已经证明的存在的问题，又如在《将进酒》的审美教学设计中，教师提出两个审美问题：

1. 读完《将进酒》，你觉得诗人之饮酒与好酒之徒之饮酒有什么区别？你现在的想法与学课文之前的想法有什么不一样吗？

2. 杜甫称李白"斗酒诗百篇"，韩愈称喝酒为"文字饮"，苏轼称酒为"钓诗钩"，说说饮酒与写诗的关系。你现在的想法与学课文之前的想法有什么不一样吗？

值得说明的是，这两个审美问题都关注了学生的感受与判断，突出学生个体的看法与认识，这是对个性发展的支持与鼓励。同时，还关注了审美表象的"酒"，引导学生从表象"酒"入手，思考和判断李白诗的主旨与诗歌的价值。但是本诗中"酒"的表象是不是必然与诗与李白的诗文艺术有联系，这在本诗中表现不清，如果从"酒"进入到本诗文的环境中进行感受与判断还是可取的，如果将"酒"列为李白的诗歌艺术创作或者意蕴的承载工具，引入更宏大的文化范畴，则是无法使学生对本诗中审美表象有深入的判断，反而疏远了诗文语言的独特之美。

其次，功利性解析审美对象内涵中的审美意蕴与价值意义。审美教育的层次与境界，往往由学生在审美判断中情感、态度与价值观的理解层次与境界决定。换言之，学生的情感、态度和价值观是在对审美对象表象与内涵研析之后的产生的，它的水平与层次决定的学生的审美意识、情感与能力层级。

但这决不意味着为了提高审美水平与能力,为了深层次理解审美意蕴与价值,就淡化审美过程,淡化感性的审美角度。对美的认识,是基于理性和感性的,而且二者是相融合的。在审美过程中,既要有主观的情感体验,也要有客观审视,要拥有审美自由,保持非功利心态。为了功利性目的而进行审美教育,其结果往往是适得其反。一位教师在《祝福》中分析人物形象时,指出祥林嫂的命运是悲惨的。她的不幸遭际,是无数旧时代妇女的一个缩影,透过冷峻的词语,能够深切地体悟到造成祥林嫂悲苦人生的社会历史根源。无论学生是否感悟到人物形象所蕴含的意义与价值,只是这些结论是否得到学生的共鸣,是否引起学生个性化的感知,本身就是未知的。毕竟,这篇小说历史背景与人物承载的意义与价值离学生可接受的能力有差异,并非学生不理解,而是从中感受到人物形象塑造美的存在,是困难的。教师的结论是容易提供的,但是学生个体感悟与这个结论之间应有的过程,应有的理性、感性融合的过程却省略了,这是学生不易激发审美情感的原因之一,也是审美教育驻足不前的原因之一。从这个意义上说,审美教育要重视学生的个性化审美解读,要相信学生的审美认识水平,只要恰当引导,适时示范,及时参与,就会避免审美价值与境界的理解问题。

第三,误解了审美表象与内涵的关系。审美内涵确实来自于学生对审美表象的审美收获,但这只是一个渠道,还有学生的审美情感、学生的思想境界、学生的感悟能力、学生的审美态度等等因素。基于此,不能单一将审美表象与审美内涵列为因果关系。例如在《泪珠与珍珠》一课中,教师有一段教学指导:"阅读应该是从文本中来,千万不可以从生活中来,从别人的感觉中来,应该从文本中来。"从中可以清晰判断,单从文本理出文章的主旨,缺失学生的情感激发与投入,缺失其他审美资源的助力,将只是机械的文字解读。没有情感体验的文字解读,也只是技能的解读,无关审美,也无关教育。从事实看,学生的反应平平而僵化,也说明了这个道理。

正如前文所述,从审美教育的角度看,语言是否富有表现力不在于语言本身,还在于小说的情节、环境、人物等要素共同营造的审美空间,它们同时还是重要的审美资源和审美对象,离开了这些,语言就只是语言,它没有任何深层内涵。

（二）学习方式缺失个性化的交互与自由

比斯莱认为审美过程存在着明显的特征，即客体指向性、非功利性、超脱感、新的发现和理解，等等。这些特征说明了在审美教育过程中，对于教师而言，要关注并实践以下几个方面的内容：其一，审美教育是情感教育，但并不是主观情感，而是感性和理性的集合；其二，审美教育是公平且自由的，既不是教师教授审美知识，也不是学生随意学习，而是师生合作，以适合的学习方式感受和体验美与美的情感；其三，审美教育不是回答和解决问题，不设标准答案，而是张扬学生个性，鼓励个体理解，鼓励新的发现与探索。

基于此，教师与学生选择适合的审美学习方式，实现审美情感与判断的交互和自由尤为重要。学习方式，通常理解为自主、合作与探究的方式，而这三种基本方式如何运用，何时运用，在审美教育中直接影响审美的实效性，其核心是教师个性化引导和帮助学生建构属于自己的审美学习系统，例如对审美对象感受、摄取、分析和判断等环节的实现方式与能力水平。此外，比斯莱在审美教育的第二个标准"复杂性"中提出审美内容会含有变化、丰富的对比，制作非常精致，作品非常复杂。这种复杂性在不同的审美内容中表现不同，从教师的角度看，不同的作品，不同的审美对象，不同的学生群体，审美教育"教"和"学"的方式也不相同。教师对影响学生审美的因素进行个性化判断与分析，引导、推荐和鼓励学生选择适合的学习方式，体验审美情感，反思精神价值，而并不直接为学生指定学习方式与内容，否则学生将缺失学习方式选择的交互与自由。

案例 4-1：S 市某教师执教的琦君《泪珠与珍珠》片断

师：我想请这位同学帮我读一下文章第一段。（生读第一段。）

师：好，读到这里，应该有一些启示，我给你们一些时间，请同学们讨论一下，琦君从《小妇人》这句话里面，得到哪些启示呢？大家交流一下。

生2：刚刚老师说了，琦君读完《小妇人》就知道怎样写小说了，我觉得琦君得到的启示应该是爱心吧。

师：我想问一下，你这个启示是从哪里来的。是从老师刚刚的介绍来的吧

生2：是的。

师：阅读应该是从文本中来……千万不可以从生活中来，从别人的感觉中来，应该从文本中来。请同学们在文中找可以代表着琦君不同时段的启示的句子，划下来。我再给同学们一点提醒，往往这样的启示是用什么样的表达方式来表现出来的？表达方式有记叙、议论、说明、抒情和描写，你说，琦君会用什么样的表达方式呢？声音大一点。议论，很好。

生：(群体默然)

教师选择了两个教学内容，一个是如何学习和训练审美文本的分析方法，一个是如何通过朗读技巧的训练来提升文本审美、阅读的能力。从教学内容上看，散文文本文字表述比较流畅，按语意和感情基本脉络，学生个体可以进行初期的审美感受和体验，保持审美距离，感性与理性综合分析。但是从所选文本的精神内涵看，"泪珠"一词的深刻度不是学生个体在文本阅读后即可以品味出的，还需要有合作与探究，甚至还需要教师的参与指导。本教学片断从学习方式的选择与实践看，其得失也是清晰的。从本课的教学过程看，教师采用了问答式的交流教学，而且通过直接问答使学生迅速从文本中分析出了答案，也试图证明"审美分析的重点在文本"这样一个结论的正确。例如：

师：我来指导一下，如今这个时段，第一件事情与谁有关？第二件事又与谁有关？

生3：外子。

师：第三件事情呢？

生3：有儿子有关。

师：第四件事情呢？

生3：自己。

师：那启示的句子在哪？

生3：沙子进入眼睛，非要泪水才能把它冲洗出来，难怪奥尔珂德说"眼因多流泪水而愈益清明"了。

师：很好。

这里暂且不讨论"审美分析来自于文本"观点本身是否符合教学规律，单从问答式的学习方式来看，从学生的表现来看，是有一定效果的，至少学生可以从教师的引导与问答中收获知识学习的经验。但是从审美教育角度看，学生的审美注意、经验、体验、判断等方面的教学活动没有展开，审美教育还只是停留在知识教学的层面，这表明学习方式存在问题。

师：我再给同学们一点提醒：往往这样的启示是用什么样的表达方式来表现出来的？表达方式有记叙、议论、说明、抒情和描写，你们觉得琦君会用什么样的表达方式呢？声音大一点。议论，很好。

生：（群体默然）

师：我们同学一起说一下，表示第二时段的词是什么？

生：（群体默然）

师：在最近这个时段里，写了几幅图景呀。说，几幅，一幅是佛因世人流泪，另一幅是基督令信徒流泪。这些都是记叙的语言，那么，请这位同学读一下表现启示的话。

生3：（默然）

师：第二个时段，受奥尔珂德的启示，有感受的句子是什么。

生3：（默然）

师：我说的是表达启示的句子。

生3：（默然）

学生集体默然和无语说明学习思维没有深入到学习过程之中，关于所描绘几幅图景的审美没有"注意"没有"判断"。从上文所举例子看，学生集体默然和无语的教学问题都是可以从文本中轻易发现的，学生没有深入进行文本的研析，没有形成自己的审美判断，没有关涉自己的体验和经验，从学习方式看，没有自主学习过程，必然无法有针对性地与教师进行交流，既使有一定程度的审美交流，也不是自由审美的结论，没有个性化审美经验的介入，审美有效性不足。例如"第二个时段，受奥尔柯德的启示，有感受的句子是什么。"这样的问题竟然使学生无所适从，其教学与学习方式存在问题。其实自主、合作与探究三个方式，或者独立使用，或者综合使用，都不用定下规律与模式，而是要和具体教学内容、教学对象、教师个性等因素相结合，本文的授课过程，教师单一关注自身的教学个性和教学内容，对教学对象即学生和学生群体的审美特点与能力无从分析，从审美教育的效果看，所采用的学习方式并不适用于学习，近于无效。还要说明的是，学生的审美判断要来源于审美氛围、审美注意、审美经验、审美自由等因素，这些都需要师生合作，教师将自身个性化教学与学生学习特征、个性结合起来，引导学生建构自学与感悟的空间，使学生在一定审美氛围中充分阅读，自由感受，形成判断，依据审美判断，才能有效交流，在新的审美信息的刺激下形成新的审美关注，并从中摄取审美因素，对比、观照，形成多角度审美的态势，获得更多的审美愉悦。看下面的例子。

师：这名同学富有激情，相当不错。请你把这句话再读一遍，"眼因流多泪水而愈益清明"：

生4：眼因流多泪水而愈益清明。

师：你难道认为这句话是和上面一样的吗？有没有同学能把这句话再读一遍。注意可不是随随便便念的。哪位同学试一试。

生5："眼因流多泪水而愈益清明"。（突出清明）

师：为什么突出清明？

生5：我觉得前面说了，他们满怀感恩的心，是最纯洁真挚的。

师：你的意思是最最纯洁真挚就清明的含义了？

生5：是。

师：很好，我们同学聪明勇敢而果断。

很明显，学生在教师的追问下力图迅速于找到答案，迎合教师的需求，是被动审美，无论答案是否正确，学生在朗读出"眼因流多泪水而愈益清明"这句话时只有逻辑重音，没有由泪水和清明带来的情感刺激，没有审美氛围、没有审美愉悦，也就没有了发自内心的审美判断，这种问答式学习方式成了知识学习的平台，在本文的教学中，此种学习方式失去了完成审美教育的作用。这虽然是教师的个性化教学，却没有顾及到审美的因素、审美对象的特点和学生的因素，甚至审美趣味，而"通过对趣味的研究，我们才能够切切实实地感受到结构施加于我们身体以及思想层面的控制与支配"[①]。审美教育还有待于深入探究和实践。

表7关于"在语文审美教育实践中学与教的定位"的调查统计说明，56.78%的教师认为审美教育不存在教与学的过程，只是学生本身情感体验和升华的过程。一方面，这体现出了教师对学生主体地位的肯定，但同时，教师的"教"被弱化了。在审美教育中，教师的"教"其实就是引导和示范，同时也是一种教学方式，但并不是以教师为主体的教学思想，二者大相径庭。适时的引导，就是一种"教"，有助于学生的审美学习，是拓宽学生学习空间与思路的一种保障条件，是实现学生主体地位的保障。56.78%的教师回避了教师的这种适当的作为教学方法存在的"教"，这是语文学科审美教育存在问题的重要原因之一。事实上，"教"的内容与对象更需要教师的引导和助力，而不是讲授指导、硬性替代；学生的"学"也是因人而异，各有判断，展示个性化和主体性的存在。教师们认可了教的引导性和学的主体性，在教学原则与策略上就要有所表现与反思，不能回避甚至逃避审美教育中对学生"学"的引导与促进责任。

在关于"审美教育认识情况"的调查统计中，教师们对审美教育过程中"审美"表述了不同的理解。表6关于"审美教育中美的内涵理解"的调查统计数据说明，55.42%的教师选择通过回答审美问题，进而形成审美结论。审美问题是审美教育过程中必然出现的，不过，它只是一个载体，通过问题的解决而深味审美对象中美的意义与内涵，但这并不意味着审美问题解决的过程就是审美教育的过程，也不能通过解决审美问题而形成审美结论，审美问

---

① 赵超：《知识、趣味与区隔》，载《科学与社会》2016年第2期，第127页。

题不能等同于审美教育。从这个意义上说，语文审美教育亟需澄清其内涵，明确教师的地位、以学生为主体，根据实际情况引导学生自主选择学习方式，形成个性化的学习最大程度地实现审美教育的意义与价值。相比之下，仅有33.24%的教师认为，在审美教育过程中，审美要对美的内容有所感受与判断，教师对此正确认识的比例过小，究竟学生个体的感受与判断是否是学习的重要内容，这一点不清晰，就说明在教师引导学生选择学习方式时没有明确的态度与角度，缺失选择建议。从实现学生审美主体地位、正确选择和确定学习方式、实现审美教育功能的角度上看，当前审美教育中教师对理念与实践的认识还存在明显的问题。

再如，S省某教师执教的徐志摩的《再别康桥》片断中，学习方式是自主性学习。从教学内容上看，《诗经》用赋、比、兴的手法表现主旨，需要透过意象和语言来判断其美的境界与价值，与《再别康桥》有相似之处，如果仅仅以诗歌语言为审美对象，教师启发性阅读鉴赏即可，毕竟语言本身有内涵，而且有完整的语境，审美难度在字词意义而非审美本身。基于此，可以让学生自主地，客观地追寻审美判断，而教师刻意引导文本的具体解析，从教学的角度看，没有意义。另外，既然正式引入了《诗经·蒹葭》，做对比式阅读，就不宜一语而过，而需要沉静下来，支持学生选择适合的诗歌审美鉴赏角度，根据学生的审美学习能力或者自主学习、或者合作探究，反思品味，在审美判断后进行交流与评价，进而从情感与理性结合的角度摄取审美因素，自由审美，客观品读，感受审美愉悦。否则就冲淡了《诗经·蒹葭》的意境，让学生自主学习《再别康桥》的"寻梦"，审美内容显得缺少助力，内容也单薄，引入《诗经·蒹葭》的好的契机与作用没有实现，是可惜的。

总之，学习方式中的自主与合作，没有深入展开，自主学习演变成文本阅读和问题回答；合作学习演变成小组问题式简单讨论，都没有达到应有的作用与实践意义。自主学习是学生充分进行审美感受，运用审美经验对审美对象进行自由式非功利判断，强调的是自主进行审美，感受审美愉悦，如果根据教师的问题进行文本阅读，虽然也包含审美因素，但是文本阅读确定的答案重在知识与逻辑，而且是被动审美，自主性无法实现。另外，合作学习最大的问题是没有因为诸多角度的审美判断、交流而产生新的问题，问题生成空间不足,这表明学生的审美视野还是受到限制。合作学习成了学生合作回答教师问题的过程,学生没有自主学习的判断,相互交流间也就没有激发新的审美冲动和情感,审美的境界与经验没能有效提升。当然,无论何种学习方式,其核心还是需要教师引导和帮助学生建构属于自己的审美学习系统,例如审美对象所包含审美因素的感受、摄取、分析和判断。

学习方式的恰当选择是为了提高和张扬学生的个性化学习能力,提高学生群体和个体协作能力、参与程度,使每个学生都能融入到审美教育过程中,有阐述见解的平台,有深入学习的助力。从语文教学实践看,审美教育过程中,在学习方式的选择与定位上,还存在着随意性,或者是教师的替代选择,忽略了学生个体的学习自由与需求。

三、评价动因

评价动因是指教师对审美评价过程缺失应然性的理性认知,同时,也缺少对应然性理性认知的个性化理解。

随着时代的发展和教育理论研究的深入,学生的生活、情感感受范围越发宽广,学习、反思及探究能力大为提高。2012年英国课程标准中对教学评价表述是:"为帮助学生不断提高自身的知识水平,教师应多采纳形成性和总结性的评价方式;教师应充分利用数据,对学生的发展情况进行测评,并藉此设定接下来的教育目标及编排相应的课程。"[①]其中,评价的重点是"学生的发展情况",甚至教育目标及课程都是根据学生的发展情况设定。可见评价的对象及目标并非只是知识与技能,并非只是分数,而是根据学生发展的具体情况灵活设定的,同时,重点在"学生发展",这符合"以学生为主体"的时代教学思想。与以往任何时候相比,学生群体都更大限度地接近"美"的阅读要求;同时,美并不是一般的形象与实际生活而是活的形象。相应的,审

---

① 高鹏、杨兆山:《2012年英国教师标准研究》,载《全球教育展望》2014年第1期,第117页。

美教育就要求体现学生群体的"活"的特点,这才有审美的真正前提,从这个意义上说,对学生群体的"活"的特点进行研究是十分必要的,正如席勒所说:"人应该同美仅仅进行游戏,人也应该仅仅同美进行游戏。只有当人是完整意义的人时,他才游戏。"[1]同样,拉尔夫·史密斯很早就说过:"依照一种激烈的见解,在审美教育教学中应该大量吸收和依靠审美批评活动。这一意见其实并没有在教育上自动地确立审美批评与审美教育之间的一种有效关系。"[2]这句话正是对当前审美评价现状的很好描述。

从教师角度看,应然状态之一是肯定学生的审美态度与判断,要说明原因,详简皆可。这要依据教师的教学个性与学生的学习个性切实评价,这更有利于学生对自己审美教学能力与水平的掌握,否则就失去了评价的意义。一味的肯定是无益于审美教育的,如果根据教师的审美教育评价的标准,学生的审美学习出现了误区甚至错误,教师要以自身和学生可以接受的方式直接说明评价结论,及时改变学生的审美角度和趋向,调整审美方法,重新感受和评价。这是必要的,是实现学生审美学习主体的重要环节,是实现审美教育目的重要保证之一。陈雨亭有同样一段表述:"改变外部导向的习惯,教师需要从内部入手建立起新的自我参照系。例如,放弃通过比较考试分数来确定自己教学水平的做法,改为观察每一个具体的学生,观察自己所提供的独特的课程促进每一个学生进步的程度。"[3]另外,在不涉及审美错误或者误区的前提下,如果学生的审美判断的差异较大,各有审美的感受与自由,教师可以与学生一起分析有代表性的审美判断的得失,对于有争议但是有审美价值且个性化的审美判断,教师可以适时存疑,支持个性化的审美角度与判断,弘扬学生的审美个性要避免主观偏见,排除主观臆断。存疑的时机与方式由教师根据具体情况选择。

从教师角度看,应然状态之二是教师要通过适合的方式,适合的平台参

---

[1] 〔德〕席勒:《审美教育书简》,张玉能译,译林出版社2009年版,第48页。
[2] 〔美〕拉尔夫·史密斯:《艺术感觉与美育》,滕守尧译,四川人民出版社1998年版,第72页。
[3] 陈雨亭:《教师自我的发现与重构》,载《全球教育展望》2014年第1期,第61页。

与学生的审美学习,给学生以信心,张扬其个性。必要时,教师可以提供方法的支持与示范。在进行审美经验交流时,教师要注意审美资源、审美对象及其相互关系,充分引导学生进行审美判断,避免使感性或者理性认识成为审美教育的全部内容。这将对实现诊断、激励与发展学生审美水平与能力的目的起着重要的作用。在审美教育实践中,审美评价出现问题,通常表现在两个方面,即审美评价的主体与评价方式在选择与实践中存在误区。

首先,审美评价单一主体。审美教育过程是情感与理性由分而合的过程,教师、学生以不同的教学角色参与其中。正如前文所述,教师是参与者和促进者,学生则是学习的主体。教师参考者角色也包括参与评价,学生是学习的主体,自然也有评价的权利和义务。师生合作的评价过程,也是教学相长,共同提高的过程。当然,在审美教育中,教师、学生个体及群体的评价重心不同,甚至评价主体也会是单一主体,但是这并不影响总体上审美教育评价主体多元化的事实,否则,会使审美教育陷入评价的误区。

其次,审美方式模式化。评价方式可以是语言评价,直接用语言沟通,也可以是专业评价,通过示范进行引导;可以是师生个体评价,也可以是小组合作评价;可以针对学生个体特点进行评价,也可以引入名家名言进行评价等等不一而足。但其重心是相同的,即方式不应模式化,应根据不同的审美情境和教学情境,根据师生的审美能力与特点,根据审美学习的实际需要,以提升学生整体审美素养,促进个性发展为目的。前面所述案例出现的问题,评价方式的选择错误,也是原因之一。

第三,审美评价目的不清晰。评价目的是诊断、激励和发展审美能力、水平,这三者是相辅相承的,缺失诊断,学生就没有了深入学习的方向;缺失激励,学生失去了审美的信心与兴趣,无法激发潜力;缺失发展,审美教育的价值与境界就没有提升。这三个目的,既可以单一实现,也可以交互实现,关键在是否有利于学生的审美整体素养的提升,是否有利于学生个性的发展。其中,诊断并非只是指出学生审美学习的得失,而是通过得失的判断使学生明确进一步学习的方向,更有利于审美能力与水平的提升,因此并不能为了评价学生的学习得失,而追求评价的简单性。激励是一种态度,使学生有信心通过审美学习有所收获,而且有益于审美情感的激发和兴趣的养成。

发展是一种意识，使学生逐步提升审美学习的素质，开拓审美视野，升华审美价值观，提高境界。在审美教育实践中，实现评价目的不能脱离评价目的本身的要求，更不能为了评价而评价，这必然致使评价的失效。

以上的各种误区，在实践中也有相应的评价行为。在《清兵卫与葫芦》的课堂教学中，教师与学生就细节进行审美赏析时提出：

师：大家看看2至7段清兵卫热衷葫芦表现在何处？结合相应细节进行赏析。

生：一个是第5段，这处有动作细节描写，写出了清兵卫对葫芦的爱。

师：何处表现出了爱？

生：装、包、藏、立即等词，写出了清兵卫对葫芦的爱。

师：大家看过茶道吧，清兵卫收藏葫芦如同爱好茶道。有一个词非常传神，大家看看是什么词？

教师通过细节赏析引导学生进行审美感受与体验，而学生也积极回应的教学的问题，提出动作细节与词语描写表现了清兵卫对葫芦的热衷。从学生的回答看，只是提出了审美角度，并未具体展开，审美方向也未具体确定，此时的评价正是指导、鼓励和发展的恰当时机，有利于学生的审美学习的深入与发展。但是教师选择了回避，直接提出另外一个审美情境中的词语鉴赏问题，这是对学生审美过程的回避。从上述评价情况看，学生并不是评价主体之一，教师是唯一主体而且回避了评价的内容，使评价的目的无法实现。这种教师单一主体的审美评价无益于审美教育中学生审美综合素养的提升与发展，也没有实现审美评价应有的目的和价值。在《再别康桥》的教学中，师生有一段对话：

生：我拍摄的镜头里有夕阳的余晖，婀娜的杨柳，河床上绿油油的水草，河面上轻轻荡漾的涟漪。

师：这些画面太美了。

生：我想先拍摄夕阳西下的全景，然后以对比的手法拍摄波光粼粼的河面和如镜子般平静的湖面,最后,用"特写"镜头捕捉河边轻拂的柳枝和河中自在游动的小鱼。

师：你的拍摄方案很有创意。

从中不难发现,教师是评价的主体,而且评价简洁。这里要指出的是,在评价过程中,不能简单设定师生孰为主体,还是要看具体教学情境与教学需要。在案例中,学生渲染了审美情感与意境,教师在评价时成了唯一主体。教师为评价主体也可以,但是有两个非常明确的问题,首先是教师评价目的的失误,教师的评价是鼓励性的,要激发学生的信心和兴趣,但非常明显,学生的回答已经表明学生的审美情感已经生发,而且有审美的兴趣,有进一步审美的愿望,这里的评价没涉及到激励的作用。如果没有这个评价并不影响学生的审美情感与意境,评价可有可无,这是评价目的不清的原因。其次,教师评价的作用没有实现,学生的审美情感与判断没有评价的指导,进一步的审美学习的方向不明,审美学习得失也模糊不清,此类审美教育难以取得实效。从这一点看,问题并不在孰为主体,而是评价目的不明确使教学行为失效。在语文审美教育过程中,评价是师生双方共同进行的,都是评价的主体。从前文教学案例看,教师提出的问题是有难度的,学生的反应不一,这时的评价从评价主体与方式上看,需要教师、学生个体及群体的充分参与,师评、生评及师生、生生评价交互发生作用,实现对学生的审美感受与判断的引导和发展作用。学生在参与评价的过程中,反思和提高自己的审美情感、能力与视野。这是对所有评价因素的充分利用,而并非单一依靠教师评价,而且仅有的师评也缺乏过程,不仅没有实现评价目的,评价的主体作用也没有得到实现。在评价过程中,要根据不同的需要确定评价主体,确定评价方式,无论何种选择,教师都要根据教学相关因素,结合师生教与学的个性特点,始终关注学生审美素质与个体的发展,灵活进行审美评价。

从教师角度看,应然状态之三就是要选择正确的审美评价内容。

表12：语文审美教育个性化评价情况的调查统计表

调查内容	百分比(%)			总计(%)
	选项A	选项B	选项C	
审美评价的主要内容	13.02	47.94	39.04	100
审美评价最直接的目的	31.78	56.02	12.2	100
审美评价的主要对象	17.43	48.76	33.81	100

关于审美评价的主要内容，从表12关于"审美评价的主要对象"的调查统计中可以看出，48.76%的教师认为评价审美过程，33.81%的教师认同评价学生的审美态度。但是从实践看，教师却没有认真关注审美过程，缺失过程的审美教育，是对学生学习过程的漠视，只将实现教师自身教学设计作为实践的主要目的，既不能让学生提升审美兴趣，积极参与到审美教育中来，也不能实现审美评价应有的作用，学生的审美努力与成果没有得到应有的诊断、鼓励与引导。另外，评价意识与审美实践的严重脱节，更说明审美评价不能只存留于形式，还是要从实践中认真关注学生的审美过程各个环节，凸显过程性评价，真正以引导、鼓励为评价目的，提升学生的审美综合能力与个体审美水平。教师评价的对象是学生，评价还要关注审美的得失，"得"是学生个性化的审美过程与判断，是其间的审美愉悦，鼓励学生积淀和反思经验；"失"是学生明显的审美错误与偏颇，或者是审美境界的局限。评价可以是建议，也可以直接说明，因具体情况而异，只要目的清晰，是为了实现学生自由审美，为了体验审美中的过程性收获和愉悦，为了实现个性化审美判断，就不用回避和犹豫。

另外，从表12关于"审美评价的主要内容"的调查统计中可以看出，47.94%的教师认为要关注审美情感评价，52.06%的教师认为要关注审美知识与技能。两项内容都是在审美过程关注评价内容，但是根据《课标（实验）》和比斯莱对阶段学生审美教育能力的评析，学生的情感是审美教育首要关注的内容，只有激发学生的情感体验，引发审美兴趣，才能有感性的体验和理性判断，这是语文审美教育个性化开展的基础与前提。从审美评价目的看，才能实现对审美过程的充分关注，实现审美评价引导、诊断与鼓励作用。从表12关于"审美评价的直接的目的"调查统计中可以看出教师们认同了引导在审美评价中的重要地位与作用，那就要着力实现这种作用。如果不关注审美过程，不将学生审美情感作为重要的评价内容，学生参与审美教育就只有模式化审美过程与结论，而且习惯于教师传统意义的群体化的"教"，被动审美，缺失其应有的作用。从这个意义看，对审美评价内容的错误理解在实践层面直接影响到审美教育目的与意义，无法实现审美教育的实效性，无益于教师及学生审美综合素养、能力与个性化水平的提升。

第九章 审美教育个性化的实践路径

为深入推进审美教育个性化的实践进程,本书从审美认识、审美内容、审美实践、审美资源和审美评价等角度提出了具体的实施策略,体现审美教育个性化特点,体现教师个性化的"教",也体现学生个性化的"学",提升教师的审美教育个性化理念与实践的层次与境界,实现审美教育价值。

实施策略具体包括以下几方面:坚持师生角色的理性审视与主体重构、专注于教师个性化教学设计能力的习得与养成、建构个性化审美教学环境、创设多类别特色性审美问题情境、加强多形态课程资源的个性化整理与价值甄别、灵活运用教学方法、建立适合的评价基准与个性化评价原则。

一、坚持师生角色的理性审视与主体重构

教师坚持师生角色的转变与重构,积极实现审美教育个性化的交互性与公平性特征,有利于提高语文审美教育个性化的实践层次与效果,切实实现以人为本的教育理念,促进学生审美素养与个性化水平的提升。坚持师生角色的理性审视是指从客观角度审视审美教育个性化中师生的角色意识,学生是学习的主体,教师是学生学习的组织者、参与者和促进者,以此推动和实现学生自主学习和个性化的学习。个体重构是指审美教育个性化中师生的教学地位,在传统教学中,师生教与学的角色定位是明确而不可变更的,随着时代社会与教育的发展,教师成为教学的引导者、参与者和评价者,学生成为了学习的主体。这是教育规律、时代与学科教育发展的必然。但是,这并不意味着教师成了教育活动中的游离者,不意味着学生成了自学者。正确认

识在语文审美教育个性化实践中的角色,有助于激发教师教与学的个性意识,提高审美教育实效、层次与水平。

(一)坚持教师的角色的转变与重构

人本主义教育思想对师生关系作了新的审视,明确指出了教师和学生在教学过程中的角色与地位,确立了新型师生关系观。他们反对将学生个人组织化,期待学生个人能成为教育的中心。对于学生个体而言,人本主义要求学生个体要具备选择能力,认识到自己是自由和负责的个体。另外,人本主义教育思想认为新时期的教师角色应该区别于传统观念,教师并不以认知为重,也不持有所谓"正确答案",而是一位愿意帮助学生探索多元化、个性化审美鉴赏的人,教师就应如同罗杰斯所描述的那样,他应是一位"促进者"。教师的任务是对学生综合发展和个性发展的"引导"与"促进",而不是传统教育对学生的"训练"或"教导"。简而言之,教师是学生学习的引导者和促进者。

《学会生存——教育世界的今天和明天》说得更直接:"教师现在已经越来越少地传递知识,而越来越多地激励思考;除了他的正式职能以外,他将越来越成为一位顾问,一位交换意见的参加者,一位帮助发现矛盾论点而不是拿出现成真理的人。他必须集中更多的时间和精力去从事那些有效果的和有创造性的活动:互相影响、讨论、激励、了解、鼓舞。如果教师与学生的关系不按照这个样子发展,它就不是真正民主的教育。"[①]

教师的角色随着时代与社会的发展已经事实性地起着变化,在语文课堂教学中,教师在教学过程中的角色,已经不仅仅是知识的呈现者、课堂的评价者、课堂的管理者,还是学生学习的引导者与支持者,是语文教学过程中相关资源信息的重组者,教师应向着这些方向去思考与实践。这些变化是教师身份与角色的变化,也是教育理念和实践方式的变化。教师角色的科学认

---

① 联合国教科文组织国际教育发展委员会:《学会生存——教育世界的今天和明天》,教育科学出版社2008年版,第108页。

定有利于学生在学习过程中形成自主性与个性化学习意识，是学生勇于创新与发展的动力之源，使语文教学过程真正呈现出深层次的语文审美认知、判断与价值，这个过程本身就体现着审美教育个性化的价值。应该指出，教师由教学的主体地位变为教学的引导者与促进者，作用由教会学生知识变为引导学生学会自主学会和学会学习，这些转变体现着人本主义的教育思想，这与在教育教学过程中教师保持师道尊严并不矛盾。师道尊严并不意味着教师是教学的主体和显示强势地位，而是学生对教师的信任与尊重，教师可以凭以师德水平、治学之道以及专业化水平加强自己的感召能力，取得学生的充分认同与信任。另外，所谓的师道尊严也可以通过沟通、对话等方式进行，与学生群体在认知、情感态度与价值观等角度进行充分的合作学习，从而使学生对教师充满信任与期望，实现教师角色内涵。

整合以上基本观点，教师在审美教育过程中的角色意识与行为要符合教师观的要求，如下表。

表13：语文审美教育个性化视野中的教师观

认识内容	认识纬度	具体内容
教师观	教师角色	教师是审美教育的组织者、引导者、参与者和促进者，学生是学习的主体，要促进学生均衡、全面而有个性的发展，体现教育的公平、自由和民主。
	教学态度	不以认知为唯一重点，不提倡单一审美角度，鼓励和引导学生充分地感受与体验，自由地理性判断，促进感性与理性审美思维的融合，形成个性化的审美过程与结论。引导与促进学生的个性思维，多元思维与独立判断。教与学相互促进，共同提高。
	审美能力	培养和提高适合自身个性与特点的审美综合素质，形成鲜明的审美教育个性与风格。在审美教育过程中体现符合审美教育个性化特征与原则的审美教育理念、审美情感感悟能力和审美探究能力、理性判断能力，有较高的审美境界。
	教学个性	教师根据自身个性特点和条件，积极发挥审美教育个性与特长，形成自己的教学特色，根据学生的学习个性与学习需求，根据审美资源的具体情况，开展适合的个性化教学，形成个性化的教育理念与方式方法，促进教学相长。

(二)关注学生角色的转变与重构

在教学过程中,人本主义教育强调教师要以学生为中心,激发学生的潜能,满足学生的学习需要,引导和鼓励学生自主学习、个性化学习和自我实现。从这个角度看,学生是学习的主体,学习的过程就是在教师的引导与促进下学生自我实现的过程。人本主义教育强调学生的直接经验。马斯洛指出有必要让人们学会直接用新鲜的目光检验现实,而不是只研究别人的实践结果,因为经验是不可由别人代为获取的。

学生角色的转变的意义是巨大的,传统的教学,学生习惯接受指令与模式,而当前语文审美教育的发展要求我们不能再将语文教学看成一个强化意义的行为,语文教学过程也不是学生被动地积累与记忆各种知识与技能的过程。对于学生而言,学习过程本身是主动、个性化获取的过程,学生只有充分地体现学习主体地位,在知识与技能学习的基础上,积极进行情感体验和理性判断,积极主动、个性化地诠释审美对象与时代、社会的关系,重视审美学习过程,形成健康向上的审美境界与价值观,才能进行深层次的语文审美教育,形成独特的观念甚至是审美理念。在审美教育过程中,要积极引导学生明确自己的学习主体地位、学习责任与权利,促进和鼓励学生积极学生自主学习、个性化学习,结合自己的个性与特点、审美知识与技能水平,积极建构思考与表达的空间,不断参与合作学习和探究学习,提高语文素养,最后形成构属于自己的独特的审美思维与能力。

作为审美教育专家,比斯莱深刻地指出,学生必须在理由充足的基础上,达到对作品的优秀审美性质的认识;学生们应该熟悉审美批评标准和准则,学会做出审美批评,能够表达和诠释自己的审美批评;学生必须学会重视和承担他们对作品审美判断的责任。

总体而言,教师引导学生熟悉、感受和适应学习主体的角色,通过审美教育个性化实践形成、端正和提升学生的学习主体意识、审美学习态度、审美能力与水平。整合以上基本观点,对教师在审美教育过程中如何认识和理解学生角色意识提出以下建议。

表14：语文审美教育个性化视野中的学生观

认识内容	认识纬度	具体内容
学生观	学生角色	学生是审美教育的主体，需要引导和帮助其树立主体意识并开展自主性和个性化的审美教育实践。
	教学态度	以学生的发展为本。审美教育的过程就是学生审美思维、情感、理念与能力发展的过程，是提高整体审美素养、促进审美个性发展的过程。
	审美能力	学生有自主、个性化的学习能力。学生有真实的情感体验，有较强的个性化感悟与理解潜力。学生有自主、积极的个性化学习潜力，既可以自觉调整心态与策略，又可以选择适合自己的学习方式方法；既有个性化学习与探究的能力，又要为学习的过程与结论"负责"，有责任意识。
	学习目的	学生要提升审美综合素质，提高情感态度与价值观水平。学生的审美情感、价值观和人格水平趋向于积极向上、健康包融等特点，既坚持个性化解读，又适合社会和时代发展规律、趋势。

二、专注于教师个性化教学设计能力的习得与养成

专注于教师个性化教学设计能力的习得与养成，重点在实现审美教育个性化个体性与差异性的特征。正如前文所述，审美教育个性化视野下的教学角色，学生是学习的主体，教师是审美教育的引导者、参与者和促进者，教师要思考其中的规律与教育方法，依据语文审美教育个性化特征与实践原则，深切关注教师个性化教学能力的习得与养成。教师个性化教学能力的习得与养成有利于提升教师的综合审美素质，有利于提高审美教育实践和研究水平，进而成为学生审美学习的有效资源。具体而言，教师个性化教学设计能力的习得与养成包含三个方面：一是形成个性鲜明、健康向上的审美态度；二是关注学科基本知识与技能的学习与积累；三是有针对性地提升拓展审美教学个性化需求的审美教育理论水平与视野。

(一)形成健康向上的个性化审美态度

教师的审美态度是审美教育的起始点,作为主观因素它对审美教育的支持或者反对直接影响审美的效果。审美态度是教师在教学过程中逐渐形成的,它通常受个体知识技能、教学体验与经验、审美体验与经验、个性特点、审美愿望、审美能力等因素的影响。

正如前文所述,为实现有效、深入地开展审美教育个性化实践,教师要引导学生关注审美对象的感性与理性特征,在它的构成要素、形式关系、性质和语义诸方面引导学生自由的浏览和欣赏,感受其中的愉悦因素、研究其中的理性意义,进而理性超越感性认识,形成审美教育价值。为了达到这个目的,教师首先要在日常生活与学习中注意观察生活中的细节,发现其中的美与善,感受其中的愉悦与自然,养成感性认识生活、客观分析问题的习惯,坚持正面导向,乐观向上地看待和分析问题。微格教学、教学技能竞赛、阅读、演讲、朗诵、辩论、写作、培训等方式都可以成为好的训练和学习载体。这种积极向上的学习和生活态度的培养,这种善于发现正面信息习惯的培养需要潜移默化、坚持不懈的养成与鼓励。

其次,教师要树立正确的审美态度,超脱功利心,不以完成教育目的为目标,不以自己的主观目的、情绪和心态主导审美教育活动。从审美活动之初就给学生以审美自由,使学生思绪暂时不再受制于实际教学目的的影响,不再受制于实际学习与生活中产生的各种负面情绪,自由地进行审美鉴赏,集中精神观察、欣赏审美对象,养成"非功利"的审美态度,这种态度要贯穿于语文审美教育个性化的始终。同时,超脱功利心并不意味着闭门造车,不能一切均由自己确定,还要借鉴其他教师、学生、专家的意见,综合运用自己和他人的审美经验,客观、自由地开展审美教育。

第三,教师要正视审美评价的作用,对学生积极向上乐观的审美态度要及时肯定和支持,尤其要引导学生将审美引向深入,体验和深味美的价值与意义。对于反面或者其他特殊的审美态度,要注意分析其中的价值与作用,积极鼓励,不轻易进行否定,但对于错误的审美趋向与视角或者无益于个人发展、反社会反人类的态度要及时予以纠正,及时说明原因,引导学生积极而正确的审美。

第四，教师积极开展个性化和创新意义的教学设计与实践。在审美教育过程中基于教师自身个性、特点、教育综合素质的不同，基于学生间存在的学习差异性，基于审美对象、资源与地域特点的不同，教师审美的感受与经验存在异同，教学设计与实践也必然存在着差异，体现着不同的特色。另外，审美教育个性化有超越性和创新性的特征，教师要给学生的审美学习提供开放性的教学平台，适应学生个体的审美学习需求。因此，教学设计与实践不能模式化、公式化，不能同质化。具体而言，要认真梳理审美教育个性化理念，坚持以学生的学为中心，教师实现个性化的引导与促进作用，实现学生均衡、个性、全面发展；认真研究师生双方的学习个性与特点，结合具体情况，以适于激发学习兴趣、营造审美氛围、提高审美境界、实现审美价值为基准，选择适合的、有针对性的审美内容与方法；培养适合情境、适合审美对象的个性化的审美态度，师生双方认真投入，获得属于自己的思考与收获。积极进行拓展性审美，习惯由理性审美审视感性审美，并与之融合，实现理性对感性的超越，进而实现审美教育的超越性与创新性，因"美"而异。

（二）关注学科基本知识与技能的学习与积累

知识的学习与积累，是审美教育重要的前提基础。简而言之，不能因为强调了审美教育过程中的情感、态度与价值观，不能因为张扬了审美情境与境界的重要价值就淡化知识与技能的学习与积累，审美教育个性化尤其如此。审美教育集中于情感教育，但是思维、表述、分析、综合、判断、探究、反思等各环节都需要以学科基本知识与技能为基础，另外，在情感感受与体验的基础上还需要有理性的判断与超越，而不是空泛而杂乱的"论美"。美的内涵与外延是不能用简单用知识来衡量和确定的，但是没有知识与技能，审美则缺少了工具和理性判断的逻辑性。例如，审美教育相关的各种因素或者资源，需要师生在教学过程中不断的整合与提炼，需要审美思维和审美判断，这是一种审美境界与视角，没有知识与技能的积淀，无法确定相关因素增删的具体方法,单凭感觉会使审美及审美教育流于肤浅且困于"无原理、无指导"。语文审美教育个性化讲求自由和个性,是在其特征与实践原则指导下审美自由与个性,需要对学科基本知识与技能加强学习与积累进而形成个性化的审美视角与理性逻辑,正如区培民对语文学科教学中类似情况的判断,她指出,"语文教学的近乎约定俗成的'语文无原理'教学观点,它直接导致语文组织中外部过程的刻板的有序和内涵过程的繁杂的无序"[①],所表述的就是这个问题。

基于以上思考,审美教育个性化要求首先进行与审美内容相应的知识与技能教学。知识教学与审美教育并非水火不容,而是相得益彰。语文教学提出的语文素养的概念,概念分为三项内涵,其中第一项内涵就是知识与技能。作为教育的一个内容,审美教育是理性和感性的结合体,也需要知识与技能的实际支撑。例如,就语文学科而言,字词、文化常识、文体知识、表述技巧、表达风格、文章逻辑、写作方法的类别、写作方式的特点、写作风格等常规教育教学的内容,还有审美阅读、鉴赏、判断等方面的知识与技能都属此列,这些知识与技能的学习与积淀,提升了教师与学生的综合能力与素养,对于审美思维水平、感受能力与水平、鉴赏水平的提升大有裨益。

其次,追求教学方式方法的多元化。现在的语文教学,知识与技能学习与积累的方式方法多元化,学习的方式方法自由灵活,可以开展自主、合作和探究式学习,教师充分利用新课程改革的大背景,根据具体情况灵活进行知识与技能的教学,以生为本,提升其综合素质。例如,知识问题化,学生讨论问题综合运用所学知识、技能与经验、体验,综合表达自己的学习观、价值观与人生观;知识网络化,知识不再是死板的教条,而是多元知识结构中的一个环节,任何一个知识的学习都能关系到其他诸多领域的相关内容,学习《孔雀东南飞》,除了语言知识、段落逻辑、写作方法、人物形象和主题,还有历史、政治、美学、音乐、美术等方面的知识等等。知识与技能多元化的学习方式与方法必然使审美教育个性化成为有源之水,使审美更有内

---

① 区培民:《语文课程与教学论》,浙江教育出版社2003年版,第130页。

容，鉴赏与判断更具深度，愉悦感来得来更真实厚重。

不同的学生审美学习成果，不同的专家意见与不同的审美资源，使教师的教学视野得以不断拓展和开阔，思维更加敏锐，更清晰地了解自己个性化感受与他人既有经验的关系和取舍方法。总体而言，语文学科基本知识与技能的积累与提升，有利于审美教育个性化的开展。还需要指出的是，教师要引导学生关注知识的积累与运用，在引导学生广泛摄取知识，习练技能的同时，要学会甄别，学会质疑，不是所有知识都有益于自身的发展和社会的进步，在各类知识学习的过程中，学会活学活用，具体问题具体分析。

（三）有针对性地提升个性化审美教学能力

审美教育个性化不限于感性的认识，还有理性的判断及理性对感性的超越与融合，这是审美教育成功的标志。这不仅需要师生有对审美教育个性化理念的认识、审美情感的介入，还需要教师有较强的审美教学能力，能够在审美教育各个环节对学生的审美学习形成有效的引导与助力，实现对学生学习的促进作用与价值。审美教学能力内涵丰富而多维，教师可以有针对性的选择和提升自己的审美教学能力。一般而言，个性化审美阅读能力、思考和质疑能力、合作及参与能力是基本的能力需求。

1. 提升和强化个性化阅读的兴趣与能力

为了适应基础教育课程改革的需求，《课标（实验）》对语文课程性质作了新的界定："语文是重要的交际工具，是人类文化的重要组成部分。工具性和人文性的统一是语文课程的基本特点。"[①] 语文课程的性质定位为审美教育个性化提供了依据，其中，人文性则恰恰是审美教育的宗旨。审美教育尤其是审美教育个性化，是对人文性的放大与激活，使学生感受到文本意义内涵的情感力量，潜移默化。《课标（实验）》同时指出："阅读是搜集处理信息、认

---

① 中华人民共和国教育部：《普通语文课程标准（实验）》，人民教育出版社2003年版，第1页。

识世界、发展思维、获得审美体验的重要途径。"[①]可见培养阅读的兴趣和习惯，提升审美阅读能力的重要性。

教师广泛培养自身及学生的阅读兴趣。这里的阅读既是指文本类审美对象的阅读，还指对其他审美对象的整体了解与认知。不掌握和了解审美对象的具体内容和基本特点、思维逻辑和中心主题，所谓的审美会失去实际意义。从这个角度上说，培养学生对于阅读的审美学习兴趣，给学生以方式方法。教师首先要明确审美阅读的基本方向，通过设置审美问题的方式引导学生的审美活动；通过对各类审美文本的阅读和鉴赏，感受、理解审美文本的基本特点、内涵与基本价值。在学习过程中，要注意引导学生通过阅读感受审美对象，领略其中可以引发学生共鸣的精神与情感，感受其中美的风采，鉴赏和判断审美价值。同时，关注审美对象对学生的意义与价值，引导学生对审美对象的意义与价值进行不同角度的分析与拓展，发掘美的内涵，使学生受到精神层面的陶冶与感染，收获审美愉悦。在此过程中，及时引导学生关注自我的体验，并将自我体验与审美对象内涵相比较，观察审美个性化的收获与价值。

2. 培养师生双方个性化思考、质疑的能力

进行深层次的审美阅读，还要基于师生双方个性化思考与质疑的能力，这需要师生共同的努力与付出，不仅仅是学生个体的努力习得，教师要有必要的引导与支持。首先，教师要积极营造一个开放性的学习情境，引导他们不断探究和解决自身的审美问题和审美困惑，同时，教师要将学会教学与学生的学会学习结合起来，不断思考已有的教育理念、观念与教育实践经验，提升对学生审美探究的引导能力，教学相长。教师要提升教学理念层次与水平，尽力使每一名学生独立的审美思考都得到关注、倾听并容纳，对于学生而言，这代表着学生对审美内容、对象和知识、情感的个性化理解，需要教师的意见与评价，需要教师的指导与启发，毕竟既使面对具有高度确定性的知识，学生都有可能从一个独特角度或在一种特殊的经验背景或问题情境

---

① 中华人民共和国教育部：《普通语文课程标准（实验）》，人民教育出版社2003年版，第16页。

中产生不同的问题。面对问题，学生自己有自己的看法和结论，同时也需要教师的关注与解析，这样才使学生有兴趣有信心继续学习，教师也在不断地引导与促进过程中提升审美教育理念，拓展审美教育思维，显示个性化与专业性。

其次，增强师生双方主动质疑的能力。师生在审美教育全部过程中产生疑问是正常的，质疑表现出师生对审美问题、对审美对象的深入思考，对疑问的解决过程就是审美教育个性化不断深化的过程，教师鼓励学生敢于质疑和善于质疑无疑是对感性体验的理性审视，这是对感性认识的超越，增强个性化的主动质疑能力，一方面，教师自身的审美质疑能力是实现审美多元化和个性化的保证，避免同一化。教师的审美质疑力集中表现在对审美教育多元目的选择、多元化价值的确定、审美教学过程中美的内涵确定、教学内容重难点的确定、教学与学习方式方法的选择等方面。教师既要有清晰的教学个性特点，同时，又要深刻地了解审美对象及内容的特点、了解学生感性与理性的学习特点。对于教师而言，质疑的过程也是自身教育理念修养与教学技能水平、教学视野提高与拓展的过程。另一方面，教师引导学生提高质疑的意识与水平。在审美教育过程中，教师对自己的学生有深度的了解，不同的学生会有适合自己的审美质疑，如果质疑的层次与水平过低，审美教育无法取得应有的效果，如果质疑层次过高，学生也只能望美兴叹，无法与审美对象建立审美关系，也无从进行审美判断。教师在深入了解学生和审美资源的相关情况后，鼓励学生主动质疑，根据其质疑的情况进行整合与评定，引导学生群体对可以进行审美且有较广泛审美价值的问题进行探讨与研究。如果学生有个别问题，可以通过课下交流或者小组交流的形式解决。第三，教师宽容对待学生的多角度审美，学生对审美对象的观照，由复杂到简单，由感性到理性。审美活动并不是只围绕审美对象，而是在对象里面进行自由审美，超越功利性心理，从中发现美。这样的审美角度多元，有独特的审美心得。学生对审美对象有直接和自由的关注，教师应该对其予以肯定和引导，不能因为存在一些与审美目的不一致的问题就予以否定。教师的审美视野要宽阔，能够容纳和支持学生的审美判断。总体而言，在具体教学过程中，在尊重学生个体和群体充分认知的前提下，引导学生依靠感觉、知觉、回忆、想象、情感和思维等审美心理功能，进行审美质疑。只要有适合的审美角度，教师就要认真倾听，与学生一起沉浸在审美对象的感受与鉴赏中，共同审美，引导或者点评其审美判断，也可以引导学生群体就某些问题进行讨论。

3. 强化个性化意义下师生的参与合作的能力

每位教师的审美心理与需求会都有不同，基于不同需求，审美教育个性化存在三种基本学习方式。自主、合作、探究是学习方式的主要模式。自主学习是教师引导学生进行自主、个性化学习，使师生形成自己的审美基本情感与观点。合作学习会拓展师个体的审美视野，丰富审美感受，分享审美愉悦，教学相长。探究学习则是一种创新与超越式的学习过程。

首先，强化审美注意。教师要总结师生双方对审美问题的审美注意。从审美心理上看，教师及学生都会对审美对象有自己的审美判断，也都可以通过不同的审美视角实现主动判断。对于教师而言，通过对各种影响审美因素的了解，可以发现学生个体的审美视角其特点，可以整合其中的发展规律和选择规律，分析学生主动选择审美视角的审美价值，引导学生就主要的集中的审美问题进行研析，协助设计问题梯度，引发学生的审美兴趣与注意。以学生关注的、感兴趣的审美问题引领学生的参与和合作。在此过程中，师生们会有自主性、个性化观点，通过合作与交流，不断融合提升审美情感的体验水平与理性判断水平。教师可以利用双方合作学习、探究学习的平台强化审美注意，提升审美教育的层次与价值。

其次，强化自主学习前提下的合作学习。美是给人以愉悦的，阶段审美教育的参与人群是青少年，教材等相关审美资源都比较清晰、典型地展示了审美对象的"美"的特点，直接陶冶学生情操，提升审美品位，提高精神境界，基于此，教师在审美教育过程中，注意首先开展自主性的审美情感体验与解读，形成基本的审美观点，教师关注自身的审美情感与体验，同时也要引导学生进行自主性学习。学生基于年龄特点与认识特征，容易被审美对象的"美"所震撼而非主动地选择审美视角与审美内容，需要教师因势利导。师生共同关注美的现象与特点，共同思考其内涵与价值，进行有方向有意义的自主审美学习，然后集思广益，进行合作学习，交流所得，去粗取精。从这个意义上说,审美判断是否准确和深刻还是要基于学生在审美教育的过程中不断积累和反思的情感体验与理性判断水平。

合作学习表达了学生对审美对象的探究兴趣,"在某种意义上,合作行动中的共识与人的道德状况具有着某种关联性,也许是来源于某种道德承认而获得的共识。这种共识具有开放性和包容性,能够随时得到调整,无论在内容和形式方面,都不会固定在某个既定的状态"[①]。教师充分利用各种因素使学生投入到合作学习中,印证自主审美学习的得失,反复咀嚼,感物心动,触物发声,这是合作学习的作用与目的。当然,在具体实施过程中,教师还要注意引导学生认真倾听他人的审美解读,感受其他学生的审美体验和自由审美的心境,充分了解和分析他人的审美态度、经验和判断,再与自己的审美过程和结论进行比较,提出自己的心得。同时参与到学生群体的审美认知中,通过合作学习形成优势,将个性审美和合作学习统贯整个的审美欣赏过程,这种审美愉悦在审美教育结束后也会久久存在。这里还要说明一个问题,就是教师在合作学习中的作用。合作学习中群体对个体是有影响的,相关因素例如群体的规模、群体观点、群体的凝聚力与群体的影响力等等,教师也是其中的重要因素,教师的积极介入、共同参与、共同合作,进而促进学生审美探究能力的发展,同时也使自身的个性和特点得以发展和张扬,教学相长,二者并不矛盾。

总体而言,审美教育发展规律要求师生均能正视自身个性化发展水平与能力,选择适于学习的审美教育内容和有较大理解空间的审美主题为审美教育平台,确立有针对性、发展性和丰富性特点的审美内容。具体来看,《课标(实验)》认为审美教育可以促进学生知、情、意的全面发展,审美教育的内容则蕴涵了知、情、意的诸方面精义。按《课标(实验)》的具体要求,审美教学设计的目标设计可以根据具体情况下参照以下几个内容。

---

① 张康之:《知识与话语视野中的合作行动》,载《社会科学文摘》2016年第6期,第59页。

表 15：语文审美教育个性化教学设计目标参照

评析内容	评析纬度	具体内容
审美教育内容	知识与技能	积累与整合：在审美知识、技能、方法、理性思维逻辑等方面积累、整合经验，形成能力。
	过程和方法	感受与鉴赏：引导学生重视审美过程，关注审美过程中感性与理性的共鸣，在过程中感受和思考美的内涵、意义与价值，提升审美境界，培养情趣，提高综合修养。 思考和领悟：引导学生正视审美教育，从学习目的、意义、方式、方法等方面加强对审美教育的理解与实践，领悟内涵，主动探索未知领域，形成自己的审美方法、准则和理想。 应用和拓展：引导学生开阔视野，激发潜能，增强审美意识，尊重和理解多元文化，关注当代生活，拓展审美思维、空间和审美领域。
	情感态度和价值观	发现和创新：1.引导学生从感性的角度接受美的事物与情感的熏陶，帮助学生培养和提升审美趣味，端正审美态度，促进对美的发现、追求、求异和创新。2.引导学生充分认识和感受审美的价值，逐步使学生思想敏锐，富有创新能力和探索精神，进而对自身、社会和人生有比较深刻的思考与认识，思考问题有一定的深度和广度。

三、建构个性化审美教学环境

审美教育个性化十分注重审美氛围与环境的形成与发展，以期实现审美教育个性化特征的开放性与自由性。语文审美教育的开展是教学情境感染下的一种必然。和谐的审美氛围将使学生有积极的审美心态，有良好的审美情趣，会主动进行审美感知与体验，思考审美内涵，这个过程本身必然使语文审美教育事半功倍。个性化的审美教学环境包括营造适合的审美氛围；多角度交流与沟通；坚持审美教育的民主性。

（一）营造适合的审美氛围

审美的教学氛围应该是一种和谐的课堂氛围，学生审美于其中，能够感受到愉快和满足。教师要努力为学生建立一种和谐民主的课堂气氛，使每个个体置身其中,都能感受到轻松和自然。审美氛围是审美教育的一个重要的保障。克罗齐在谈及哲学和语言的问题时,认为语言哲学只是去争论语言的起源、语言和逻辑思维的关系等诸如此类的问题,对于美学本身的问题却无力探讨。语言文字是审美与审美资源的媒介,良好的审美氛围会使教学环境和谐,更有利于文本的析辨,有利于从情感的角度深入理解课文,有利于增强学生审美感受与审美情趣。

首先,教师根据自己班级学生的特点,充分发挥学生的学习主体作用,尊重学生的审美态度、情感与判断,引导他们用自己的眼睛与思维观察、思考和进行鉴赏,并形成自己的结论。面临不同的审美教育资源,不同的学生有不同的审美体验、审美视角和审美方法,要还审美空间给学生,鼓励他们关注自身的审美情感与体验,并得出自己的结论。"对于文学而言,审美的主体是欣赏者,客体则是文本。审美只是阐明欣赏者与文学作品之间的一种关系,把它作为文学的本质特征,有以偏概全之嫌。"[1]在此背景下,教师起到引导、支持和评价者的作用,让学生成为审美的主体。通过学生主动、自由的审美感受,改变审美学习同一化、模式化的现状,进而形成一种自由、自然、自主的学习氛围。这里要说明的是,要支持和帮助学生形成良好的审美习惯,适应并且恰当运用审美氛围。在学生进行审美学习的过程中,尤其是学习初期,学生个体的审美体验、理解、判断与评价在否定与肯定中摇摆,教师如果缺失引导和营造审美氛围,学生仓促进行知识学习和审美学习,无法进入学习状态,从心理上惧怕且没有兴趣回答和思考问题,思考和交流程度较低,对作品的解读水平较低,则无法涉及深层次个性化的审美解读。如果仅沿着教师预设的常规教学思路进行思考,省略了自身个性化的参与过程,那最终也只是教师模式化思考的翻版,这种作品审美解读的意义要小得多。没有启发性,则无法思考,没有创新性,则没有进步。

另外,营造适合的审美氛围,教师善于发现每一个学生的独特之处,并参与到其中,鼓励学生的个性化见解。从这个意义上讲,教师应该真诚欣赏

---

[1] 张晓妮:《浅论文学教学法中的审美意识形态》,载《中国教育学刊》2015年S1期,第340页。

并尊重学生的个性,支持、指导和帮助学生的发展,认识到学生所具有的无限发展空间。从语文学科看,深层次语文审美教育认知的形成,要依赖一定的学习氛围。教师充分关注和利用审美教育过程中的学习细节,引导和培养学生的审美兴趣与情感,关注学生审美过程,关注理性判断,引导学生将感性与理性融为一体。在审美教育过程中,还要关注学生情感、态度与价值观的变化,甚至是学习过程中的每一次进步与收获,甚至是一个不良阅读习惯的改正,以此引导学生深味其中的愉悦感,逐渐形成乐于审美、善于审美的良好习惯。另一方面,在审美教育过程中,教师关注学生潜在的、个性化的审美能力,支持和鼓励学生进行个性化探索与研究性学习,帮助学生建立适合的审美空间,给予审美自由,开放审美平台,参与和促进学生的审美学习,建构属于学生的审美思考领域,促进审美氛围的形成。

当然,营造适合的审美氛围,教师还要重视学生审美学习的过程意义。要指出的是,不能将教学过程等于语文知识和精神意义的灌输过程,否则,所谓的审美学习也就只有语言和精神意义的框架,缺少审美的情感愉悦与理性反思。在语文教学过程中,教师往往将文本阐释与审美教育平行发展,不交并,从课堂教学的实际情况看,一方面,文本只是文本,只停留在文字意义的理解与诠释上;另一方面,审美只是单方面的审美,只是感性式审美,缺少理性关注。将文本学习与审美教育结合在一起的方法之一,就是教师引导学生将文本学习和审美学习结合起来,语文教学的重要特点之一就是教学具有人文性特点,有利于二者的结合。当然,在语文教学过程中,要引导学生自主、个性化学习,注意实现学生的主体地位,选择适合的个性化教学设计,在教学设计中选择适合文本和学生审美的问题,确定学习方向,引导学生围绕主要问题进行审美思考和鉴赏,引导学生参照既有的审美经验,实现学生的主体地位,逐步使学生养成主动感受、体验和探索的审美习惯。审美教育个性化本身就是充满审美情趣与个性化的审美解读过程。可以说,不是审美氛围提升了审美境界,而是审美氛围提供了良好的学习平台。

（二）多角度交流与沟通

作为教师，在课堂教学过程中，所有的教学环节都依托于对学生的学习个性特点的了解和对学习内容的个性化教学设计。与学生个体、群体的及时有效交流则是审美教育有效实践的另一种保障。

在教学设计过程中，所有的学习文本是固定的，可变因素是教师、学生和教学资源。教师要根据自己特点，选择适合的时机引导学生进行情感体验和理性判断的交流，交流个性化学习观点和学习、思考方式，养成良好的审美习惯，提升语文审美经验和判断水平。另外，还要确定教学设计的针对性环节，使教学预设真正成为有方向、有意义的预设，而不是公式化、模式化。语文审美教育作为特殊的教学环节，学生的学习过程和学习结论是不可推论的，这就要求教师根据自己适合的、个性化的方式与学生沟通、交流，有针对性的预设和引导，提高语文审美教育的有效性。教学设计过程中的交流要关注以下内容：学生的生活经历、生活体验、个性与爱好、审美经验、审美态度、审美习惯、思维习惯、学习习惯、知识能力对审美自由的理解、审美品位、精神境界等方面。既要对学生个体有所了解，也要对学生群体情况有基本的掌握。在教学实践过程中，更多学生对美的对象心有所感，但这种审美感受是自己的独特理解，学生本人不能保证它的正确性，在交流过程中，学生一般选择共通性的审美判断，或者三缄其口。只有引导学生充分表明审美态度和审美判断，使其审美学习过程趋向于合乎审美的目的、体现审美"自由"，并能充分运用审美经验，教师才能进行有意义和价值的审美教育。

与学生进行多角度的交流与沟通是审美教育个性化的重要内容，需要注意以下几个方面：

首先是合理利用审美教育资源，资源的选择要适合审美教育目的，适合学生群体的年龄特点、审美能力，适合教师自身的教学个性，有利于学生展开审美思维，进而开展与其能力适应的审美活动。审美态度要鲜明，有了自身的感受和个性化的审美判断，才能够进行交流和沟通，不然就成了无本之木，无源之水。其次是合理利用教学过程中的审美生成空间，很多审美感受是在复杂审美情境下刺激产生的，尤其是在审美问题的生成上，教师要给学生以问题生成空间，既不忽视所有与教学预设不相符的问题，也不随意选取问题进行研究；既要重视学生的审美态度、感受与判断，又要对之有所引导和示范，使学生在有一定审美价值并且适应学生群体审美能力的审美问题上进行沟通与交流。第三是在教学过程中肯定学生审美多角度和个性化的特点，鼓励不同的观点进行交流，毕竟不同的角度有不同的收获，只要是一种主动而积极的审美教育活动，就应该给学生提供交流与沟通的机会，使学生从文本中、从与他人的交流中完善理解与认识，发展思维层次，进行深层次的语文审美教育体验，吸收知识、接受信息，在阅读过程中升华自己的精神，发展自己的思维，获得审美能力的提升。这又包括利用现代化的信息技术。"新兴的信息交流方式、思维模式、审美观念与行为方式得到了广泛的传播，人们对与其休戚相关的各类空间环境提出新的要求，致使环境为契合人们的诉求而展现出新的特征。"[1]说的也是这个道理。

（三）坚持审美教育的民主性

从教师所承担的社会角色看，要体现国家、时代和社会对教育的总体目标要求，但从教学过程的特殊性上看，学生是教学的主体，首先，应该教师以人格平等的态度对待每一名学生，给他们审美空间与时间，在学生审美学习的过程中，教师应该发现每一个学生的独特之处，引导他根据自己的优势参与到审美活动中来，鼓励学生表达个性化见解，以利于审美教育氛围的形成。在这个意义上讲，教师应该真诚欣赏并尊重学生的个性，支持、指导和帮助学生的发展，要认识到学生所具有的无限发展空间。同时教师的审美教育视野要广阔，首先要正确分析、选择教材内容和相关教学资源，但因为教材本身的安排和学生的学习能力、特点，教材的内容要有所选择和侧重，有的要细致分析和评价，学习其中的表达技巧与写作方法，并对其中的内容进

---

[1] 朱红、杨茂川:《"微"时代的信息交流及其环境特征初探》，载《美与时代》2015年第10期，第45页。

行审美和探究；有的要进行整合或者简化，作为学生自学的示例，引导学生举一反三。其中，要关注学生的特点与需求，关注学生的意见与结论，引导学生养成学习兴趣。同时，相关教学资源可以由学生在学习的过程中收集和提供，既锻炼了甄别能力，又强化学习的自主性，在收集和评价教学材料的过程中拓展视野，提升审美品位。

其次，教师要鼓励学生形成个性化观点，各抒己见。并不因为是教师或者优秀学生就存在着判断权和选择权，要通过对美的对象的分析与探究，通过审美判断来确定正确结论，鼓励学生调动一切审美学习因素，主动学习和探究，充分利用自身的审美经验，端正审美态度，养成良好的审美习惯，进而创造和谐民主的教学氛围。"当教师服从学生的正确认识时，这与其说是向学生学习，不如说是服从真理。这是教师民主情怀的体现。"[1]从这个角度上说，教师要善于理解学生，在深入熟悉和掌握学生心理特点和个性差异的基础上因材施教，这是理解与合作的前提，教师尝试与学生建立合作关系，与他们一起学习、思考、研究，让学生感受到教师不再是指令的发出者、监管者，而是他们学习的重要资源，重要支持者、引导者与合作者。让每一名学生都参与到教学活动中来，提出他们自己的想法，循序渐进，由浅而深，形成个性化的审美教育认知。

四、创设多类别特色性审美问题情境

国内情境教学专家李吉林提出："概括地说，情境学习便是利用艺术的直观与教师的语言描绘相结合，创设与教材相关的优化的情境，给学生以美的享受，使教学变得有情有趣。"[2]审美教育情境的创设正是这样一种情感愉悦的过程，是审美教育关注的重点。在这个过程中，师生合作，进行个性化的

---

[1] 教育部师范司：《李镇西与语文民主教育》，北京师范大学出版社2006年版，第75页。
[2] 李吉林：《学习科学与儿童情境学习》，载《教育研究》2013年第11期，第82页。

审美教育情境创设，借助审美的空间、时间张扬个性，激发兴趣，感受美的存在，学生的精神层面与思想境界都受益。这个受益在潜移默化中逐渐形成。学生审美视野、意识、能力与境界的提升与发展都来自审美过程。肯定审美过程，就是对学生审美活动能力、情感态度与价值观的肯定，会激励学生提升审美情趣，端正审美态度。在这个过程中，师生合作，进行个性化的审美教育情境创设，是实现审美教育个性化特征中的公平性和交互性。师生在情感、经验、价值、精神、技巧等方面的判断不是一种简单的技能分析与研究，它还体现了审美自由，而且合乎教育规律和审美的目的，是和谐教学情境感染下的一种自然而然。其中，审美问题情境的创设是实现审美教育目的的重要方法，它是审美感受和判断的助力，提供了一种必要的审美氛围。而且，审美问题情境本身也是进行审美的一个角度，创设有意义的审美问题情境，有利于激发学生的审美兴趣，引发联想与想象，感受美的存在，适于审美问题的生成与思考，对审美教育而言，是巨大的助力，有积极意义。

创设多类别特色性审美问题情境包括创设质疑式问题情境、创设矛盾式问题情境、创设矛盾式问题情境、创设开放式问题情境。

（一）创设质疑式问题情境

质疑式问题情境的设置，旨在激发和促进审美问题的生成，同时引发学生解决问题的兴趣，感受且生成疑问，思考且解答疑问。从这个意义上说，问题情境推动着审美的进程。

质疑式问题情境中，教师引导学生关注特定审美对象和内容，并且预设审美问题，引发学生的审美兴趣与意识，逐步深入解析审美问题并生成新的问题。从预设问题的表述看，问题指向清晰，语言表述简捷，审美意图明确，使学生了解审美问题的目的与意义。从审美问题设置的方法看，一方面要考虑教师本人教学个性、审美资源的特点、学生个体和群体的学习特点，设置引导性和启发意义强的问题，而且特别要顾及学生的审美兴趣和对美的感受能力，审美问题不要脱离"美"的话题，要考虑到学生的共鸣。从难度值看，问题过难或者过易均不适合作为主要问题。如果过难则超越学生的感受和判断能力，失去审美的意义，学生无从审美；如果过易则只适合为其他问题的铺垫，学生审美思维得不到刺激与激发，失去深入发展的前提。过难或者过易都使问题失去审美的基础，无法产生问题情境。另一方面，教师结合审美内容的发展脉络，或者重要语段、文本主旨等重要审美因素设置问题，使学生有所凭依，按问题的启示逐步深入。审美问题不要游离于审美内容之外，否则学生所依据的审美资源过少，单用自身情感体验和感受来判断美的存在，这是审美的误区，不能得到学生的情感共鸣。另外，问题设置的空间要广阔一些，让不同特点与个性的学生有审美的契机，有发挥与表达自己情感与愉悦的平台。

（二）创设矛盾式问题情境

学生间的审美情感与理性判断水平是存在差异的，在审美教育中，涉及审美的差异因素众多，教师要了解和掌握学生审美学习的思想、能力与水平，根据教师自身与学生存在的差异，在矛盾的情境中设置问题。在美的鉴赏中，因为审美教育角度和评价的多元性，审美判断在审美过程中有相应的资源印证，而在矛盾式的审美过程中，在正反两方面均有审美价值与意义的前提下，问题情境可以激发学生观照审美对象的兴趣和摄取相应审美信息的动力，这是有益的。设置这种问题情境就是支持学生从不同角度、不同层面去认识理解和感受"美"的差异，进而从矛盾的美的认识与解析中，鼓励学生主动分析、判断、探究原因及结论，有利于学生审美个性化思维的形成，矛盾争论和解决的过程本身就是一种审美的收获，既给每名学生以充分的个性理解空间，又有严谨的思维、判断和表述，学生的收获是独特而有效的。

矛盾式问题情景的设置，引导学生开放审美意识与思维，多角度审美并选择与自身引起审美共鸣的视角，通过审美问题逐步解析和阐示审美的价值与意义，提出审美判断；引导学生从矛盾的角度理性判断美的内涵与价值，与审美情感相互印证，判断既定审美结论与相矛盾角度的结论之间的价值与关系，感受和评析美的多元性存在与意义；引导学生关注审美内容的主旨或重难点，让学生有充分的学习材料去分析与鉴赏，不能远离审美主题。另外，矛盾的设置应该各有所本，不能呈现出矛盾一方在价值上远远超过另一方的情况，如果命题不是平衡性的矛盾，意义就不大了。

（三）创设逻辑式问题情境

知识与逻辑的关系是紧密的，审美通常因为"美"的感性特点远离逻辑。而审美是理性对感性的融合，在这个过程中并不排斥逻辑的存在。

比斯莱提出审美判断三大普遍性标准中提出过"统一性"，他认为当我们说一件作品具有统一性或者不具有统一性时，主要是指它组织或者排列的良好或者不好、形式完善或者不完美、有没有内在的逻辑等等，任何涉及"一个作品是如何组合在一起的"的描写，都必然指向这种"统一性"。这种统一性不能离开逻辑性。学生感受、认识和理解美，是一个过程，由感性而体验而鉴赏，由情感而价值而精神境界，等等，学生逐渐积淀对美的心得，获得个体情感愉悦，从更多角度和层次地认识"美"。创设逻辑性问题情境不在于由易到难，而在于不同角度和层次中都可以感受美的存在，而美则表现出它应有的价值，保持着它的特点，关于审美逻辑性情境在于美的巨大感染力，无论选取审美对象何种角度，都会感受到相同的美的陶冶，这种感受是相通的，是有逻辑的，是一个整体，不断促进学生深入感受不同层次和侧面的美。

逻辑问题情景是教师通过个性化审美教学方式显示着美的内在理性逻辑，问题的设置不要给学生太多限制，问题本身要呈现更多的审美角度，有开放的空间，学生在学习过程中体验和感受着美的内在理性逻辑与魅力；问题的设置并不回避审美情感，理性逻辑是对审美情感体验的再思考，判断其得失，理性判断与感性体验的关系不断趋于融合，是一种高超的审美境界；问题的设置基于审美的境界与能力水平，教师要给学生提供必要的资源与思维支持，引导学生建构合理的、个性的审美逻辑思维，提升理性判断层次与水平；问题的设置，注意不能用理性审美逻辑取代审美感性思维，二者任何一方的缺失，都不是完整的审美教育个性化。

（四）创设开放式问题情境

美就是开放的，它并没有限制，可以让学生容易地产生审美感受和愉悦，并有自己的体验和心得，不断净化审美心境。这种感受和愉悦来自不同的境界和视野，使每个参与的学生都能收获到，这就美的开放性的魅力。

比斯莱关于审美判断的第二个普遍性标准是"复杂性"。认为作品中或者含有大幅度的跟踪和变化，或者有丰富的对比，或者制作精细或者微妙，都体现了作品的复杂性。美的作品的复杂性，就要应对审美问题的开放性。在审美教育个性化中，教师本身要尽展个性魅力，体现特色化个性化的教学设计与课堂教学，学生更要从个性认识出发，感受属于自己的、唤醒内心情感的美的内涵。这都需要开放式问题情境，审美只有感受的不同，没有美的高下；只有角度的差异，没有审美判断的优劣。师生从开放式问题情境进行审美教育，不同层次的审美观照下，美的意义与价值逐一呈现，这有益于审美境界的提升，使学生有更多的借鉴与启迪，而这也是内隐式的，逐步将自己和他人有益的审美体验融为一体，形成新的审美判断，这就是审美的功能，感受美的存在，提升美的境界，思考美的价值。当然，开放式问题情景的设置，不是无所依据，还是要从审美对象和审美内容中来，根据和贴近所学文本，根据和贴近学生的生活现实，根据和贴近学生审美思维的理性认识层次与水平，选择适合学生个体和群体的审美感受和判断能力的问题情景；开放式问题情景的设置，要有一定的超越性和创新性，不囿于传统认识，不限于既定审美结论，存在审美情感体验与理性判断的合理性与一致性就可以认定审美教育的有效性；开放式问题情景的设置，注意引导和启发学生审美情感的体验与感受，注意激发审美潜能，促进学生审美态度的改善和审美意识的强化，面对美的存在积极审美、个性审美。审美问题是一道通往审美的大门，正如 G. 波利亚所说"使学生通过解决这个问题，就如同通过一道大门而进入一个崭新的天地"[①]。

[①] 徐宾：《有效问题情景的基本特征与创设策略》，载《中小学教育》2007 年第 9 期，第 61—62 页。

五、加强多形态课程资源的个性化整理与价值甄别

每个人对美的意义都有独特的理解与诠释,在审美资源的选择和评价问题上,都有个性化的选择与评价视角。基于此,审美资源应该是多形态,多角度的,具有多样性和价值潜在性的特点。按《课标(实验)》要求,语文课程资源包括课堂教学资源和课外学习资源,一切承载语文教学相关信息的资源载体都可以为语文教学所用。在语文审美教育过程中,审美资源的收集整理与价值甄别是有效支持和推进审美学习进程的重要助力。所谓有效,是指有益于审美教育的深入开展,有益于学生个体的审美判断。对审美资源的个性化整理与价值甄别会提升审美的胸怀与境界,增加审美角度,将审美引向深入。加强多形态课程资源的个性化整理与价值甄别包括课程资源的多元化收集与整理、课程资源的价值甄别两个方面。

(一)课程资源的多元化收集与整理

在课程资源的收集与整理过程中,教师积极利用自身个性特点、能力特点及教学优势提供和推荐审美资源,同时积极支持和鼓励学生提供丰富的、个性化特点的多形态、多样性审美资源,这两类教学资源基于个性化的审视、选择与推荐,适合师生的审美需求,有益于审美教育的深入开展。

1. 强化学生主动、多元化收集和选择审美学习资源的意识与习惯

语文审美资源内容非常丰富,而且来源广泛。在审美学习过程中,教材和师生提供的审美资源能够完成课堂教学中的审美教育,而学生个体在进行审美感受和判断时,会联想到和审美学习相似的美的事物进行对比,进而形成初步的审美判断。例如学习李白的《将进酒》就会联想起他的《蜀道难》,学习杜甫的《茅屋为秋风所破歌》就会联想起他的《登高》等等。对于学生而言,主动进行审美教育个性化学习,需要收集、选择语文审美学习资源。一方面,主动收集和选择审美学习资源有益于加深学生对审美对象的情感体

验，拓展理性判断思路，体现个性化学习特点；另一方面，主动收集和选择审美学习资源将使资源体现个性化和实效性特点，有益于合作与探究学习时资源的有效共享；有益于加强合作与交流，共享过程、共同提高。同时，还要强调资源收集的多元化，多元化将使审美学习资源更丰富，能为学生提供多角度审美的条件。多元化收集一方面要求多角度收集，只要与审美对象和审美情感体验相关都可以收集，例如从哲学角度、历史角度、科学角度等角度扩大资源收集的来源与总量，然后再进行价值判断，去粗取精；另一方面，多元化要求多形式收集，多形式指资源的表现形式，例如数字媒体、纸质文本、影像资料、音频视频等承载语文审美教育信息的载体。对于语文审美教育而言，审美资源一般是指除教材和教材本身提供的审美资源之外的其他资源。通过主动、多角度收集和选择资源，从收集过程到实际运用，都是从更多元的角度对审美对象进行鉴赏，尤其是关注审美对象内部各因素特质和相互关系，为审美提供资源助力。另外，要通过多种资源的相互对比使学生看到广博审美资源的重要作用，鼓励和支持学生从审美兴趣和审美需要出发，端正审美态度，充分利用课内外时间，利用各种渠道积极收集、选择与审美对象、审美活动相关的审美资源，分门别类进行整理，形成自己个性化、独特的资源库。

2. 强化教师对审美学习资源的收集与整理

审美教育资源是教师开展审美教育的有效助力，教师有责任收集与整理审美教育资源，从而保证审美教育个性化审美信息的丰富与有效。对于教师而言，有三方面的要求。一是帮助学生进行审美资源收集，学生收集资源的过程也是审美教育个性化感受过程，蕴涵着审美的情感与体验，同时帮助学生从理性角度审视美的不同存在和不同价值。教师帮助学生开展资源收集工作，更益于学生的综合素质与人格层次、境界的提升。二是学生的大部分时间与精力在学校和学习过程中，而且限于经验、经历、视野与平台，还不能有效利用审美教育资源收集渠道，教师可以利用各种平台与机会，向学生建议和提供相应渠道，给学生的信息收集提供支持和保障。第三是教师自身的审美资源收集与整理工作。教师在进行资源收集时，要注意资源的角度、价值、实效性、经济性、地域色彩、个性化特征和共享性等等因素,使资源对每名学生都能提供有效帮助,资源的使用过程,也是引导学生开展个性化审美学习的过程。另外,教师要加强资源的整理工作。资源的整理是为了更有效地适应审美教育实践的需要,以适应性、丰富性和个性化为原则,对资源进行整理,既保证资源价值的丰富和多元,又适合学生选择和使用。

(二)课程资源价值的个性化甄别

语文课程资源的丰富与多元使审美教育过程有更多的信息依据,有利于教师个性化地开展审美教育。但是课程资源的丰富和多元必然使审美价值的呈现多元化存在,多元化价值因其本身的不同角度与内涵而存在不同的学习与借鉴空间,既可以有利于审美,也可能误导审美。本书依据语文审美教育个性化特征与实践原则,对课程资源的价值甄别进行解析,明确其中的甄别的类别与特点,进而引导和促进学生审美整体素养和个性的提升与发展。具体而言,课程资源的价值甄别包括教师角度甄别和学生角度甄别两个方面。

1. 教师要对课程资源进行示范性甄别

广博的信息资源本身就是良莠混杂的,是否对学生的深层次语文审美教育有所作用,还需要较强的甄别能力。教师有责任进行示范,给学生提供思考与实践的目标,引导学生主动有效甄别那些有个性色彩的资源,这样的资源才能最终成为学生思考与借鉴的有效助力,将语文审美教育向深层次推进。教师对审美资源的甄别显示了必要性、适应性和示范性三个特点。

必要性要求教师必须进行资源价值甄别,不能放任资源的收集与使用,这不能保证收集资源对审美教育的功能和意义。一方面资源的来源广泛、角度多元,会有负面资源出现的可能,这使审美教育中的审美情感体验存在着误导的可能,不符合审美情感全面、健康发展的教育初衷;另一方面师生合作进行审美教育是富有个性特点的,如果不充分选择有利于个性发展的和个性化审美需求的资源将不利于审美教育的深入发展。适合性要求教师选择有利于激发学生审美兴趣,促进理性判断能力提升的资源。按照比斯莱对审美判断的要求,教师要选择统一性、复杂性、强烈性突出的审美教育资源,给学生提供更有利的学习空间与平台。同时，适合性还要求适合教师的个性需求和发展，这样才能调动教师、学生双方的审美兴趣与情感，有利于共同学习，教学相长。另外，适应性还要求资源方便教学使用，既有实效性，又有经济性。示范性则要求教师在资源收集与整理的过程中体现示范性特点，直接引导学生体验和思考审美的意义与价值。示范性体现在两个方面，既是对审美教育感性与理性思维综合运用的示范，也是对资源收集与整理方法的示范。总之，审美资源科学地收集与整理过程，也是审美教育个性化的具体内容，有审美教育的功能与价值。

2.学生以自主或者合作的方式进行审美教育资源的价值甄别

学生是审美教育的主体，有进行课程资源价值甄别的责任，同时，从比斯莱研究的阶段学生的审美特点分析，学生有进行价值甄别的基本能力。另外，学生开展个性化审美学习，只有对资源进行价值甄别，才能选择适应个性化学习、适合借鉴、比较的有效的审美资源。

学生对资源的价值甄别可以采用自主或者合作的方式进行。学生自主进行资源的价值甄别，教师要体现引导者的教学角色，给学生提供资源价值甄别方法与策略，帮助学生进行价值甄别，推动学生审美教育个性与综合审美素养的发展与养成。学生合作进行价值甄别，教师要凸显学生的群体价值与作用，支持个性化、多元化的理解，资源的价值甄别过程也是审美教育价值的研究与探索过程，在此过程中，不断拓展和提升学生的审美视野与能力，从这个角度看，个性化的形成基于多元化的评析与甄别。教师可以在价值甄别的方向与进程上提供帮助，实现审美教育资源价值与意义的最大化。

六、灵活运用教学方法

教师的教学个性和特点使其在审美教育过程中显示了独特的教学设计与实践方法，而且这种设计与方法合乎学生需求，推动学生整体审美素养及个性发展。基于此，教师所采用的教学方法要有个性化意义，在面对学生多元化审美感受与判断时，教师既要依据教学原则开展教学活动，同时也要灵活运用教学方法，激发学生个体及群体的审美兴趣，提升学生审美感受与体验水平。

具体包括搁置审美教育多重结论、树立审美教育高标两个方面。

（一）搁置审美教育多重结论

康德认为，审美鉴赏过程中，按照对对象愉悦的模态来看，无须概念而被认识为一种必然的愉悦的对象的东西，就是美的。这些判断印证了当前在审美教育的复杂性，比斯莱提出了三个普遍性理由或是审美判断的一般标准，即统一性、复杂性和强烈性。审美教育在对理智与感性因素进行研究与梳理时，不同的审美结论反过来也发展和调整着审美者自身的审美知识的结构与潜能。审美教育最终是要超越理智思考和感性经验的层面，审视超验之美的精神体验，从这个意义上说，不必要统一审美结论。通常从美的研究方式上看，会有两个方面的结果："一方面，我们看到艺术的科学只围绕着实际艺术作品的外表进行活动，把它们造成目录，摆在艺术史里，或是对现存作品提出一些见解或理论，为艺术批评和艺术创作提供一些普泛的观点。另一方面我们看到艺术的科学单就美进行思考，只谈些一般原则而不涉及艺术作品的特质，这样就产生一种抽象的美的哲学。"[①]在语文审美教育个性化实践中，基于学生的接受能力与学习特点，教师对上文所描述的形式上的审美"目录"和哲学意义的审美"哲学"都融入到教学中。前文有所表述，语文审美教育个性化存在一个过程，即教师通过个性化的教学，引导学生个性化的学习，其中的审美过程，经历感性体验、理性判断和理性超越感性深味美的价值与存在，各个环节的实现方式方法不同，但是过程性与其中的要点是相同的。所谓的"目录"，正是审美情感、体验、经历、感悟、探究与理性判断的结果，并由理性结果反思感性体验，形成对美的认识与评价。这是一般意义上的审美过程，如果有

---

① 〔德〕黑格尔：《美学》（第一卷），朱光潜译，商务印书馆2006年版，第18页。

个性化方式方法的介入，则不会仅有目录意义。而"哲学"则是教师探究审美或者审美教育个性化的目的与方向，寻求和确定更适合开展审美教育的价值趋向，研究其内在的价值与意义，进而形成个性化意义审美教育研究。从审美教育深刻度看，目录是审美教育的一般过程，哲学是对审美教育内涵的价值研究与探析。

这里要说明的是，教师有必要对此过程进行个性化思考，引导学生结合个性与特点开展审美教育，同时努力将目录与哲学合二为一，既有个性化的审美体验与判断。另外，要有深层次的理论思考，引导学生多方感受美的熏陶与境界的提升，进而达到所谓超验之美的精神体验。当然，在此过程中，教师个性化教学引导学生个性化学习，又因为不同的经历、学习特点、审美感兴力与理性判断力，审美教育过程与结论将会是丰富而多元的，因而在评价审美教育过程与判断结论的时候，不宜引入或"正确"或"错误"这样极端的评价方式，只要有审美情感体验过程，只要有理性的判断，只有理性对感性的超越性反思，只要是个性化意义的学习，都可以认同学生审美的过程与结论，鼓励和支持个性化审美实践。当然，如果学生有明显的审美知识错误、审美态度轻率、审美偏见、审美方向出现误区或者无端臆断等现象，教师要及时进行评价与解析，培养健康的审美情趣和正确的审美态度；如果学生过于理性而缺乏情感体验或者过于感性而忽视理性判断的意义，教师也要及时鼓励学生个性化创新，从情感与理性两个方面进行审美学习，从个性化角度体验"美"本身复杂并重大的意义。简而言之，只要学生群体在审美过程中有个性化的审美解读与理解，就建议支持和鼓励存在，鼓励搁置结论。例如在《林黛玉进贾府》的审美教育过程中，对贾宝玉的性格特点进行审美判断就是个性化意义的。这段文章毕竟只是节选，而且写作年代较久远。传统的结论虽然有生命力，但是当代的中学生对选文都有自己的审美理解，结论彼此不同，各有侧重，这是正常现象。此类文章，从审美教育特征上看，只要能有针对性地进行探索，于理明确，于情透彻，自成其理，自有逻辑。建议搁置结论，支持多元化理解，不求统一。引导学生群体放开情感的空间，自然而然，以真性情感受真善美。

（二）树立审美教育个性化的高标

正如前文所述，比斯莱认为审美判断体现出统一性、复杂性和强烈性的特点，这些特点伴随着审美判断产生。康德提出美在自由和美的无目的性的观点，审美本身是客观和静观的，与审美对象保持距离。这些关于美及审美的理念对于学生的审美学习还存在着难度，学生的审美能力自有高低，渗透着理智活动的感性经验也有不同，对审美自由和关于美的无目的性的理解也有不同。在审美教育个性化具体实践中，教师要充分利用自身或者审美个性突出的学生的示范作用，显示感性体验与经验的过程及重要价值，显示理性判断的重要意义，引导更多的学生在情感感受与体验的基础上，总结感性认识结果，并通过理性角度审视感性认识，进而超越感性认识，并与之相融合，实现清晰完整的审美教育脉络。这本身是一种有意义有价值的感受审美的过程。审美教育的这种榜样，对自身审美综合素养要求比较高，感性经验叙述得体，有比较活跃的审美理智活动，有开阔的审美视野，形成内涵丰富的审美意蕴，有审美境界的观照等等，关键是通过相对深刻的感性体验和理性判断，对"美"的形式与内容有多元而有个性的理解，并能将二者以适合的角度融合在一起，引导和激发学生对美的兴趣，形成对语文教学中"美"的个性化、本质性理解。

基于此，审美教育个性化根据审美过程的实际需求，根据审美教育个性化实践中师生的审美个性与特点，积极树立教师或者有审美个性学生的审美"高标"，在具体的审美教学内容中，以示例的形式形成示范作用，积极引导和促进学生审美对象中蕴涵的美的意义与价值的理解。从这个意义上说，在审美教育的过程中，教师引导学生积极收集整理与语文审美教育内容相关的有影响力的专家的审美经验体验或者理性判断，通过有针对性地展示，鼓励学生自主评析或者小组合作式的研究，对比学生自己的审美经验与判断，形成交互式的审美学习。通过这种方式，教师激发学生的审美兴趣，拓展审美视野，学会从不同角度进行审美感悟与理解，指引审美教育的方向与趋势，促进学生审美思维与情感体验水平达新的层次与水平。一般情况下，在审美教育之初，通过学生自主学习与体验，会以文本学习及鉴赏的形式产生对审美对象一般意义上的感知与理解，并伴有个性化的生活情感体验，在一定意义上，这属于审美感性认识阶段，还没有对审美对象中美的存在有更深刻的精神与思想内涵的认识、解析与判断。从这个角度看，单一感性认识和一定层次的理性判断力还不能对美的鉴赏起到提升层次和价值的作用，正如黑格尔所说："知解力总是困在有限的、片面的、不真实的事物里。美的本身却是无限的、自由的。美的内容固然可以是特殊的，因而是有局限的，但是这种内容在它的客观存在中却必须显现为无限的整体，为自由。"[①] 在一般文本阅读基础上形成的审美知解力，还需要教师引导进行更多元的感性认识与理解，并进行理性解读与判断，在此过程中，加强各种方式的引导与示范，让学生有交互的审美思维与行为，比照揣摩，积极尝试与衍生，进而形成学生个体意义的审美感性经验与理性判断能力，并有意识地将二者融为一体，最终有利于学生审美综合素养与个性能力的提升。

需要指出的是，进行必要的有针对性的审美示范对审美教育个性化的深入推进是有意义的，但教师并不能因此引导学生僵化模仿，不能使学生形成公式化和概念化的审美解读。示范与引导的意义在于审美方向、方法的推荐与精神力的共鸣。一方面，促进学生以此反思自己的审美过程与方式，积极借鉴与思考，尝试以新的角度品味和解读审美对象的美的内涵。另一方面，在教师引导学生积极进行审美示范与感悟的情境中，继续彰显审美教育的个性化意义，依然鼓励个性化探索，将个体意义与群体意义相结合，既推进审美教育视野的多元化，也保证审美教育个性化支持的个体性与自由性，使审美教育活动保持可持续的生机与活力。

七、建立适合的评价基准与个性化评价原则

审美教育个性化要求多元评价，实现审美教育个性化特征中的交互性与

---

① 〔德〕黑格尔：《美学》（第一卷），朱光潜译，商务印书馆 2006 年版，第 143 页。

公平性。审美教育中的美本身是不可量化的,其理性和感性内涵,其精神和道德层面的收获更不能简单用分数与等级的方法进行描述,教师应有评价学生审美能力、方法、过程与判断力的责任心,引导和支持学生"探察出作品的各种要素、关系和性质之间怎样互动和怎样相互生成,从而造成作品的独特意义和意味的"[1]。

审美教育个性化依据其特征和实践原则,依据《课标(实验)》的相关要求提出评价基准和原则,力求解决实际审美教育个性化实践中的评价问题。从意义上看,审美教育个性化评价是对审美教育正常和深入开展的必要助力,它对学生在审美教育过程中出现的审美态度、审美原则、审美策略、审美能力和审美判断进行评价,鼓励和支持学生的努力与付出、创新与探索,尤其是个性化、自由的审美活动,对出现的不足、偏差与缺陷进行诊断,提供修整建议,对出现的错误及时纠正,目的是提高学生的审美素养、感知力、判断力和创造能力,培养正确的审美态度和高尚的审美情趣,增强学生审美的愉悦感,同时,促进学生群体均衡而有个性地发展。按黑格尔的话说,审美评价的目的还是要能够"探察出作品的各种要素、关系和性质之间怎样互动和怎样相互生成,从而造成作品的独特意义和意味的"[2]。

具体包括关注评价基准、建立审美个性化评价原则两个方面。

(一)关注评价基准

评价基准首先要依据审美教育个性化的基本特征,从审美态度、体验、自由、习惯、判断等方面依据感性、理性融合的角度对学生的审美活动过程进行评价。这里的美是基础教育中的美,包括符合自然美、社会美、生活美和现实美的一般特征描述的事物。评价不是判断优劣,而是引导、支持学生

---

[1] 〔美〕拉尔夫·史密斯:《艺术感觉与美育》,滕守尧译,四川人民出版社1998年版,第102页。
[2] 〔美〕拉尔夫·史密斯:《艺术感觉与美育》,滕守尧译,四川人民出版社1998年版,第102页。

判断美的内涵、情感、价值与意义，在审美的过程中真切感受审美愉悦。需要注意的是，要循序渐进，逐步通过评价将学生的审美归结到适合的角度与原则上来，使学生了解并实践评价的标准。

其次，评价要依据教育学个性发展视角与人本思想的基本理论为出发点，对学生在审美教育中的审美目的与角色进行评价，提升学生的审美态度与兴趣，用积极的心态感受和判断美的内涵与价值，主动适应审美学习的主体地位，确立适合的学习方式，在自主学习中感悟、判断，在合作学习中交流、反思，在探究学习中提升能力与境界，拓展审美视野。

第三，评价要依据审美心理学的研究成果，关注不同年龄阶段学生的审美心理特征，就审美生成、审美需要、审美态度、审美知觉、审美情感、审美心理距离、审美时尚和审美文化等问题逐渐积累认识，在不同的教学情境下对上述问题进行有针对性地实践，鼓励学生对美的事物的本身性质进行真切体验，正视美在教育教学中的事实存在，这是学生群体切实需要的，但是他们需要引导与鼓励，需要教师的示范。正如沙皮罗所说："与哲学家们所说的那种一般审美态度恰好吻合，这就是集中于对事物本身性质的体验。"[1]

第四，评价要依据学科教育的前沿理念，关注教育教学中美的创新与发展，关注审美问题的预设与生成，不囿于固定的模式，不默守陈规，以创新和发展的心态积极拓宽新时期审美教育的内涵与外延。

（二）建立审美教育个性化评价原则

审美个性化评价原则是成功评价审美实践的有效保障，规范着评价的基本方向，目的是使评价成为学生审美学习的助力和支持工具，成为审美行为的指南。同时，审美个性化评价原则也是审美教育中师生双方均要关注的原则，师生双方共同审美，共同评价，还原学生审美的主体地位，还原教师的教学引导者、参与者、促进者和评价者地位。

---

[1]〔美〕拉尔夫·史密斯：《艺术感觉与美育》，滕守尧译，四川人民出版社1998年版，第116页。

1. 指导性与发展性相统一

审美个性化评价指导学生由浅入深并从不同角度感受、感悟、体验和判断美的存在、意义与价值。师生们并不回避审美教育中存在的问题，适时调整思路与方向，使学生个体和群体切实感受审美愉悦，提升境界。评价的指导性表现在审美过程的各个环节，在学生审美出现困惑、误区、境界迟滞或者错误的前提下进行。审美个性化评价的起点并不是停留在一个出发点上，而是根据时代与社会发展、进步的需求，根据审美理论和教育理论的发展，根据教师、学情和审美教育资源的变化而变化，主旨是适应基础教育中美和审美的发展态势，适时调整标准，正确及时地推动审美教育的深入发展，适应审美教育的实际需要。从时代和社会的发展规律来看，发展是常态，师生双方都应关注美的内涵与外延的发展与变化，正确评价自己和他人，在实践中提升审美活动的水平与质量。既要依据现有规律指导审美教育中教与学的过程，也要适时调整角度与方向改进评价的原则，审美评价要有自己的科学的发展的规律与原则。

2. 原则性与灵活性相统一

审美个性化评价不同于其他评价方式，更多的时候，无法量化且不能以正误来直接确定学生审美判断的结果，在实践过程中，既要坚持必要的原则性，又要有一定的灵活性，促进二者的统一。

原则性首先坚持进行多元主体评价，而且要面向全体学生，在适合的时候选择适合的方式，并不是单一角度或者单一评价思维。其中，尤其坚持以学生为审美评价的主体，教师不能代替学生进行审美评价，也不能无视学生的审美能力，直接预设所有审美问题，淡化审美过程，要让学生有审美评价的空间和时间，要给他们感受、判断美的平台和时机，努力让所有的学生在评价中获益。另外，在面对学生审美的错误与误区时，要及时指出存在的问题，端正学生的审美态度，调整审美视角，不能回避问题，要相信学生有调整和改进自己审美方法和习惯的能力。还要说明的是要有评价的标准，既不能随意也不能严苛，要有较开阔的审美视野，切实、科学地引导学生进行合作评价。

在保证原则性的基础上体现灵活性，尊重学生的个体差异和审美自由，关注学生的不同兴趣、不同表现和不同学习需要,同时关注审美内容、对象与情境,选择评价语言和态度,以推进审美教育水平和提升学生审美能力、感受审美愉悦为目标,因人、因美、因境而异,取得评价效果的最大化,使审美教育有成效、有所得。

3. 稳定性与创新性相统一

审美个性化评价的稳定性要求评价的角度与方法是稳定的,使学生通过被评价和评价他人逐渐适应评价的尺度与方法,自觉地调整自己的审美习惯与方式。从这个意义上说,审美评价是审美教育中的重要内容,并不游离于外。但是美、审美、审美教育等相关理论的发展,审美内容与资源的不断更新,学生个体和群体综合素质不断进步,要求审美评价的思想、角度和方法要及时发展与创新,通过创新保证审美教育与时俱进,及时吸纳新的审美理念、信息,关注实践动向,提升审美评价的层次与境界。这种创新不同于发展性原则,而是要超前于学生在审美教育中的思想和行为,以超前的审美意识与能力指导学生的审美活动,及时改进自己的审美意识、习惯与方法,这种指导相较被动、保守的教学实践是有积极意义的。稳定性的"稳"是不盲目,不随意,有所遵循,有所引导,有目的,有方向;创新性的"新"是适应发展,适合变化,尤其适应学生审美的实际需求,适应时代和社会发展对审美教育的新期望。

4. 评价主体的多元化与科学化

在课堂教学过程中,审美评价主体为教师和学生,二者互为主体,教师评价、学生评价、学生群体评价相结合。这种多元化已经在实际教学中充分应用开来,对课堂教学,尤其是审美教育的开展实有裨益。

在审美教育个性化中,教师也是评价的主体,在于把握审美的主要方向,把握审美的基本价值取向,顺应时代与社会发展,健康向上。教师在于宏观控制审美教育层次的深浅与境界的高低,引导和鼓励学生充分体现审美素养,激发情感与兴趣,在自由审美、无目的性审美观照等方面使学生的审美脱离感性范畴,引导理性与感性角度的融合,在审美层次与境界上体现宏观控制的主体作用。主体作用还体现于对学生审美学习方式和审美技能习得的示例性指导,实现评价的诊断、鼓励和促进作用。通过评价给学生提供更广阔的审美境界，更丰富的审美平台，追求审美心理、态度与意识的健康发展和前瞻性发展，同时，在充分尊重学生审美主体的前提下，在学生出现明显的方式和技能误区的时候，教师及时进行评价与纠正，引导审美教育的深入实效开展。主体作用还体现在对审美问题生成的环节上，既要鼓励和支持学生的问题生成意识，创新审美思维，同时要对众多的生成性审美问题进行评价与甄选，有利于学生个性化审美，也要有利于学生群体审美能力与境界的提升。评价的主体作用还体现在个性化本身，任何教学包括审美教学都有相关的制约因素，不同的教师、学生、审美内容和教学环境、学校文化就会有不同的审美教育方式、内容、标准和要求，教师开展审美教育可以通过评价引导学生，评价的个性化充分鼓励和支持了学生审美的个性化，不被形式与教条所羁绊，放开自己的审美情感与胸怀，体验、感受和判断属于自己的美的愉悦，有益于审美教育质量的提升。

  学生也是评价的主体。毋庸置疑，学生评价自己、他人的审美过程、收获、体验和判断，其实是反思自我审美能力与水平的过程，这对于审美能力而言是一种隐性的提升。其一，学生是评价的主体，就要建立自己的评价标准，这个标准的科学性在评价与被评价的过程中，在教师和同学们的参与和支持下，在自己的审美个性化中逐渐形成。其二，学生是评价的主体，就要有健康的审美理想，有益于被评价者的审美情感健康发展，不错误地引导审美方向。其三，学生是评价的主体，也昭示着学生是学习的主体，在审美态度上正视各种审美的教育形式，自主审美，坚持个性，发展审美能力，激发自己的审美兴趣与意识，有独立鲜明的审美判断，主动探究美的内涵与思想、精神价值，及时自省，及时调整审美的思路、方式、方法，利用可利用的资源提升审美境界，感受可以感受的审美愉悦。其四，学生是评价的主体，就要有创新和发展意识，不囿于既有收获和体验，充分利用教师和其他审美资源，充分思考体验教师、其他学生的审美收获，多角度反思其中的特点与成果，提出自己的创新性建议，在鼓励和支持他人的同时，拓展自己的审美能力与视野。其五、学生是评价的主体，但并不是判决者，教师要引导学生对他人的审美判断与情感体验充分尊重，对其中的优势与长处要及时肯定、学习、借鉴和思考；对其中的不足与误区，要有所依据地提出自己的想法和体验,以供参考和使用,不能打击和漠视他人的审美情感与态度。其六、学生是评价的主体,就是要及时占有丰富的审美教育资源,提升自己的审美素养,养成收集与积累习惯,及时评析和吸取他人的优秀审美经验,不断反思与借鉴,使评价有角度,有内涵,有观点,思路清晰,审美逻辑严谨。在评价过程中,师生都是评价的主体,具体评价过程中,根据审美情境和问题,根据审美教育过程的实际需要确定评价主体。无论如何选择,师生关于审美的评价都不应是模式化的,而是根据审美教育过程中个性化学习实际需要的而灵活开展的。

以上内容是审美教育个性化评价的实践策略,作为语文教学的教学纲要,《课标(实验)》提出,要在保证全体学生达到共同的基本目标的前提下,作为审美教育的组织者、参与者、促进者、引导者和评价者,教师要充分结合师生教与学的特点与审美资源情况进行个性化评价,充分关注学生在语文学习中面临的选择,努力满足其学习要求,支持特长和个性发展。另外,教师还要创设良好的环境,充分支持学生主动性学习、多元化需求、独特的阅读心理和个性化的见解,要特别重视探究的学习方式。这些要求是符合阶段学生审美心理的基本特点的。比斯莱在对阶段学生审美教育学习特点进行概括时,也认为阶段的学生有能力围绕优秀作品进行审美学习,深入感受、体验、感悟和判断作品中美的内涵与价值,发展自己的审美判断能力。

总而言之,根据前文康德、比斯莱关于审美和审美教育的理论依据,根据人本主义教育思想,根据《课标(实验)》的具体要求,本论研究了审美教育个性化的基本特征——个体性与差异性、开放性与自由性、交互性与公平性、超越性与创造性。这些基本特征对语文审美教育个性化实践有实际的指导意义,本书依据上述特征确定了五项实践原则,即民主性原则、过程性原则、协调性原则、自由性原则、主题化原则,这些原则直接指向了审美教育实践的感受、体验、判断、交流、合作等诸环节,对其实践趋向与要求进行了梳理。

其中,民主性原则指向坚持审美教育的公平性和个体性特征。在审美教育中教师坚持民主性原则,实现学生的主体地位,关注全体学生的审美情感与判断,同时关注学生的个性化审美,力求使每名学生在审美教育中都能感悟与收获审美的内涵与价值。

过程性原则指向差异性特征。审美教育过程与结论同等重要，在审美教育中，教师坚持过程性原则，使学生在审美过程中能感受审美情感的体验与升华，鼓励学生个体性的存在，支持差异性的审美表现，并不坚持统一的判断和统一结论，通过过程性的审美学习提高审美能力，提高审美情感的境界水平。

协调性原则指向交互性特征。在审美教育中，教师坚持协调性原则，既有学生与学生间的审美学习情感交互，也有师生间教与学感受、体验与判断的交互；既有理性与感性之间的融合交互，也有审美共享与审美个性间的交互。交互是相互协调支持，是审美教育共享与合作的实际内涵，以此提高审美教育个性化的教学视野与境界，丰富审美教育价值内涵。

自由性原则指向自由性和开放性。这里的自由不仅指审美的自主权利，还指自主审美的思想和非功利性的审美意识，同时，也指感性角度的个性审美意识的张扬，指理性角度的客观审视。在审美教育中，教师坚持自由性原则，以此扩大审美教育的内容范围，激发学生的审美潜力，提高审美兴趣，进而充分体现学生个性化、自主化的审美判断，提高审美教育实效性，提高学生的整体审美素养水平，推进个性化审美能力的发展。

主题化原则指向了超越性和创造性。超越与创造是审美情感、理性、价值观方面的创新性收获，标志着审美价值的高水平与审美情感的高境界。在审美教育中，教师坚持主题化原则，就是根据师生、审美资源、审美对象等诸方面的个性化特征，选择适合的审美内容或者环节进行审美学习与交流，其关键点在于审美教育内容与师生审美个性相融合、相适应，目的是实现师生审美个性化水平与能力的提升，激发审美兴趣与潜力，提高审美情感境界，最终力求在审美判断上体现出超越性与创造性。

基于上述特征，本书设计了具体的实践策略：

从审美认识的角度，教师端正教学观与学生观，一方面坚持师生角色的转变与重构，师生角色的转变主要是积极实现学生审美教育的主体地位，教师则侧重于个性化教学，更大程度地推进审美教育的深入发展，以引导者、参与者、促进者和评价者的角色开展审美教育活动；另一方面关注学生审美能力的习得与养成，是在审美感受、体验、判断等方面充分体现个性化、差异性和主动性特点，注重感性与理性认识的整合，注重能力的习得与养成，使审美教育活动成为学生情感、态度和价值观升华的学习平台。既提升学生整体审美素养，又深入推进学生审美个性发展。

从审美实践的角度，教师积极开展个性化教学，充分实现学生学习的自主性与个性化。一方面注重审美氛围的形成与发展，易于学生审美情感和潜能的激发，适合进行审美感受与体验；另一方面，注重审美问题情境创设，既使审美问题成为审美主题的实现手段，又使审美问题成为引导学生审美学习的助力与平台，深入推进审美教育的实效性。另外，灵活处理学生的审美判断，鼓励、肯定、否定甚至批评，都要因具体审美情境而判断，因学生自主和个性化学习的情况而定。总体有利于学生个体和群体的审美感性水平和理性判断能力的提升。

从审美评价的角度看，教师积极推进过程性评价与终结性评价相结合的方法，以诊断、激励和发展为主要目的。评价面向全体学生，实行多元主体，避免功利性甄别与粗暴抨击，要通过评价激发审美兴趣，使师生发现审美教育过程中存在的不足，不断完善教与学的过程，促进师生在审美情感、能力与境界上的长足发展。

参考文献

(一) 专著类

1. 〔加〕迈克尔·富兰:《变革的力量》,中央教育科学研究所、加拿大多伦多国际学院编,教育科学出版社2004年版。

2. 〔美〕约翰·杜威:《民主主义与教育》,王承绪译,人民教育出版社2001年版。

3. 〔加〕马克斯·范梅南:《教学机智—教育智慧的意蕴》,李树英译,教育科学出版社2001年版。

4. 〔德〕黑格尔:《美学》,朱光潜译,商务印书馆2009年版。

5. 〔德〕席勒:《审美教育书简》,译林出版社2009年版。

6. 〔美〕拉尔夫·史密斯:《艺术感觉与美育》,滕守尧主编,四川人民出版社1998年版。

7. 联合国教科文组织:《教育——财富蕴藏其中》,北京教育科学出版社2010年版。

8. 〔法〕雅克·马利坦:《艺术与诗中的创造性直觉》,刘有元、罗选民等译,北京三联书店1991年版。

9. Maxine Greene: *Variations on a Blue Guitar: The Lincoln Center Institute Lectures on Aesthetic Education*, New York and London: Teacher College, Columbia University, 2001.

10. 〔美〕约翰·杜威:《艺术即体验》,程颖译,金城出版社2011年版。

11. 〔美〕约翰·桑切克:《教育心理学》,周冠英、王学成译,世界图书出版公司2007年版。

12.〔德〕康德:《判断力批判》,李秋零译,中国人民大学出版社 2011 年版。

13.〔美〕阿伦·奥恩斯坦、莱文·丹尼尔:《教育基础》第八版,杨树兵等译,杨韶刚审校,江苏教育出版社 2003 年。

14.〔英〕鲍桑葵:《美学史》,张今译,商务印书馆 2009 年版。

15. 叶朗:《美学原理》,北京大学出版社 2009 年版。

16. 袁鼎生:《教育审美学》,广西师范大学出版社 2001 年版。

17. 袁振国:《当代教育学》,教育科学出版社 2004 年版。

18. 钟启泉、崔允漷、张华:《为了中华民族的复兴 为了每位学生的发展》,华东师范大学出版社 2001 年版。

19. 叶朗:《中国美学史大纲》,上海人民出版社 2010 年版。

20. 张永昊、周均平:《语文审美教育论》,青岛海洋大学出版社 2000 年版。

21. 钟启泉、崔允漷、吴刚平主编:《普通高中新课程方案导读》,华东师范大学出版社 2003 年版。

22. 教育部师范教育司:《教师专业化的理论与实践》,人民教育出版社 2003 年版。

23. 教育部:《新课程的理念与创新》,高等教育出版社 2004 年版。

24. 刘纲纪:《现代西方美学》,湖北人民出版社 1993 年版。

25. 王国维:《论教育之宗旨》,中国青年出版社 1996 年版。

26. 教育部:《语文课程标准研修》,高等教育出版社 2004 年版。

27. 郑国民:《新世纪语文课程改革研究》,北京师范大学出版社 2003 年版。

28. 韩立福:《新课程有效课堂教学行动策略》,首都师范大学出版社 2006 年版。

29. 倪文锦、欧阳汝颖:《语文教育展望》,华东师范大学出版社 2003 年版。

30. 倪文锦:《语文新课程教学法》,高等教育出版社 2004 年版。

31. 陈建伟、周小蓬主编:《语文教学与学业评价》,广东教育出版社 2005 年版。

32. 吴惟粤:《新课程语文优秀教学设计与案例》,广东高等教育出版社 2005 年版。

33. 张玉新:《语文教育评价》,东北师范大学出版社 2005 年版。

34. 教育部师范司:《李镇西与语文民主教育》,北京师范大学出版社 2006 年版。

35. 教育部师范司:《于漪与教育教学求索》,北京师范大学出版社 2006 年版。

36. 王荣生等:《语文教学内容重构》,上海教育出版社 2007 年版。

37. 李镇西:《听李镇西老师讲课》,华东师范大学出版社 2010 年版。

38. 李泽厚:《美学四讲》,中国社会科学出版社 1984 年版。

39. 李泽厚《美的历程》,文物出版社 1981 年版。

40. 〔美〕大卫·勒萨:《量规的方式:利用多元智能评价的认识》,白芸、杨东、魏奇译,教育科学出版社 2005 年版。

41. 潘智彪:《审美心理研究》,中山大学出版社 2007 年版。

(二)论文类

1. Duncan Roper : Aesthetics, Art and Education Consequences For Curriculum, *Brookes-Hall Publishing Foundation : Melbourne*, 1980.

2. Evan J.Kern : The Aesthetic Education Curriculum Program and Curriculum Reform, *STUDIES in Art Education A Journal of Issues and Research* 1984.

3. David E.W.Fanner : Context Building and Educating Imaginative Engagement, *The Journal of Aesthetic Education, Volume* 44,*Number* 3, 2010.

4. Carol S. Jeffers : A Still Life Is Really a Moving Life : The Role of Mirror Neurons and Empathy in Animating Aesthetic Response, 2010.

5. David E. W. Fanner : Context Building and Educating Imaginative Engagement, *The Journal of Aesthetic Education, Volume* 44,*Number* 3, 2010.

6. Carol S. Jeffers : A Still Life Is Really a Moving Life : The Role of Mirror Neurons and Empathy in Animating Aesthetic Response, 2010.

7. Andrea Bamberger : Poetry for Children : Reverie and the Demand for the

Teacher's Responsibility, *The Journal of Aesthetic Education Volume* 46, *Number* 2, *Summer* 2012.

8.Emily Brady : Reassessing Aesthetic Appreciation of Nature in the Kantian Sublime, *The Journal of Aesthetic Education Volume* 46, *Number* 1, *Spring* 2012.

9.Mordechai Gordon : Exploring the Relationship between Humor and Aesthetic Experience, *The Journal of Aesthetic Education Volume* 46, *Number* 1, *Spring* 2012.

10.Olga Hubbard : Rethinking Critical Thinking and Its Role in Art Museum Education, *The Journal of Aesthetic Education Volume* 45, *Number* 3, *Fall* 2011.

11.Jennifer A. McMahon : Critical Aesthetic Realism, *The Journal of Aesthetic Education Volume* 45, *Number* 2, *Summer* 2011.

12.Edvin stergaard : Darwin and Wagner : Evolution and Aesthetic Appreciation, *The Journal of Aesthetic Education Volume* 45, *Number* 2, *Summer* 2011.

13.Nathalie Blanc : Everyday Aesthetics, *The Journal of Aesthetic Education Volume* 45, *Number* 2, *Summer* 2011.

14.Dina Zoe Belluigi : Intentionality in a Creative Art Curriculum, *The Journal of Aesthetic Education Volume* 45, *Number* 1, *Spring* 2011.

15.Pauliina Ratio : Beauty in the Context of Particular Lives, *The Journal of Aesthetic Education Volume* 44, *Number* 4, *Winter* 2010.

16.David Carr : Dangerous Knowledge : On the Epistemic and Moral Significance of Arts in Education, *The Journal of Aesthetic Education Volume* 44, *Number* 3, *Fall* 2010.

17.James O. Young : Art and the Educated Audience, *The Journal of Aesthetic Education Volume* 44, *Number* 3, *Fall* 2010.

18.Britt Jacobson : The Roles of Aesthetic Experience In Elementary School Science, *Res Sci Edu* 2008.

19.李吉林:《学科科学与儿童情境学习》,载《教育研究》2013年第11期。

20.熊川武、江铃:《论学生自主性》,载《教育研究》2013年第12期。

21. 宁虹：《教育的发生：结构与形态》，载《教育研究》2014 年第 1 期。

22. 陈雨亭：《教师自我的发现与重构》，载《全球教育展望》2014 年第 1 期。

23. 陈建翔：《教育美学视野下的教学操作艺术》，载《教育理论与实践》2005 年第 2 期。

24. 于素红：《论直接教学》，载《外国教育研究》2013 年第 11 期。

25. 傅维利：《课堂教学效益评价改革的基本方向》，载《中国教育学刊》2013 年第 11 期。

26. 黄雪萍、左璜：《课目与语言整合式学习模式的兴起、课堂建构与启示》，载《外国教育研究》2013 年第 11 期，

27. 褚宏启：《教育现代化的本质与评价》，载《教育研究》2013 年第 11 期。

28. 叶文梓：《觉者为师——教师专业化的超越与回归》，载《教育研究》2013 年第 12 期。

29. 唐松林、魏珊：《聚焦生命：教师专业发展传统模型的反思与超越》，载《教师教育研究》2013 年第 5 期。

30. 柳谦：《反思教育民主》，载《教育学报》2010 第 4 期。

31. 张东娇：《师生关系新走向：双向式师道尊严》，载《教育科学》2007 年第 1 期。

32. 素质教育的概念、内涵及相关理论课题组：《素质教育的概念、内涵及相关理论》，载《教育研究》2006 年第 2 期。

33. 滕明兰：《对推进我国教师专业化进程的思考》，载《中国高教研究》2004 年第 5 期。

34. 石中英：《论蒙田的教育思想》，载《教育科学研究》2001 年第 6 期。

35. 童庆炳：《语文教学与审美教育》，载《北京师范大学学报》1993 年第 5 期。

36. 张楚廷：《课程要回归生活吗》，载《课程·教材·教法》2010 年第 5 期。

37. 苏兴仁、周兴维：《〈学习的本质〉教育学的视角》，载《西南民族大学学报》（人文社科版）2006 年第 11 期。

38. 李如密：《国内外教学美学研究状况及存在问题》，载《教育学术月

刊》2008年第1期。

39. 张小秀：《体验——审美教育的本体》，载《教育理论与实践》2005年第6期。

40. 薛富兴：《平实臻高境 广纳铸新基——读〈实践中的美学〉》，载《马克思主义美学研究》2006年第6期。

41. 曹连观《文艺的德性：审美与伦理的耦合》，载《南京师大学报》（社会科学版）2006年第2期。

42. 钟以俊：《论审美化教育》，载《中国教育学刊》2003年第7期。

43. 赵伶俐：《审美概念理解对审美感性水平影响的实验探索》，载《心理科学》2007年第4期。

44. 王元骧：《拯救人性：审美教育的当代意义》，载《文艺研究》2012年第3期。

45. 周冠生：《美育的今天、明天与昨天——对美育概念及其在教育中地位之我见》，载《上海师范大学学报》（社会科学版）1998年第1期。

46. 张北坪：《当下审美教育的困境及其纾解》，载《高校理论战线》2011年第6期。

47. 张泽科：《"美的教育"携手"美的人生"》，载《教育科学论坛》2006年第11期。

48. 肖薇、罗淑珍：《世界文学语境下的审美方式》，载《西南民族学院学报》（哲学社会科学版)2000年第6期。

49. 赵伶俐：《审美化教学的课堂操作》，载《四川教育》2000年第12期。

50. 傅元峰：《想象力、个性化与审美蒙蔽》，载《文艺争鸣》2007年第1期。

51. 张楚廷：《美育在教育中的地位问题》，载《高教探索》2001年第4期。

52. 顾明远：《苏霍姆林斯基教育思想的现实意义》，载《中国教育学刊》2006年第1期。

53. 赵伶俐：《当代美育研究的主要课题与问题》，载《西南师范大学学报》（哲学社会科学版）1998年第1期。

54. 赵伶俐：《论美育的科学化——兼论整个教育构成的科学化》，载《西南师范大学学报》（人文社会科学版）2002年第2期。

55. 曾繁仁：《审美教育：一个关系到未来人类素质和生存质量的重大课题》，载《山东大学学报》（哲学社会科学版）2002年第6期。

56. 周庆元、胡绪阳：《走向美育的完整》，载《教育研究》2006年第4期。

57. 陈兆金：《再论审美教育的本质和目的》，载《美的时代》2008年第3期。

58. 叶朗：《审美教育的基本理论》，载《中国高等教育》（社会科学理论版）1988年第3期。

59. 胡亚敏：《当代中国审美现象探讨》，载《江汉论坛》2007年第6期。

60. 陆旭东：《普通高中课程审美化的实践探究》，载《上海教育科研》2016年第6期。

61. 周均平：《论语文审美教育的基本性质和主要特征》，载《山东师范大学学报》（人文社会科学版）2016年第2期。

62. 徐向阳：《语文审美教育：价值超越与意义澄明》，载《教育文化论坛》2016年第2期。

63. 田义勇：《"意象"研究钩沉与反思——兼论"意象"内涵及其审美特征》，载《西北大学学报》（哲学社会科学版）2015年第5期。

64. 李静、蔡春：《论中小学课程的美育实施路径》，载《课程·教材·教法》2015年第12期。

65. 刘绪源：《认知与审美如何携手和分工——对审美功能与价值的在认识》，载《文艺争鸣》2015年第8期。

66. 张法：《审美经验：从世界美学的背景看西方美学的特质》，载《文艺争鸣》2016年第4期。

67. 张志峰：《伊格尔顿审美视域下意识形态领导权阐释》，载《贵州社会科学》2016年第5期。

68. 王建疆：《中国审美形态的划分标准和种类》，载《贵州社会科学》2015年第1期。

69. 夏青：《论审美教育与生命体验》，载《教育理论与实践》2016年第4期。

70. 黄仲山：《审美趣味教育与社会正能量传播的互动关系》，载《教育评论》2015年第3期。

71. 王行、刘雨：《当代审美精神的失落及其复归策略思考》，载《东北师大学报》（哲学社会科学版）2016年第1期。

72. 邓集勋：《论审美超越》，载《求索》2015年第7期。

73. 王京、侯怀银：《中国教育美学：历程、进展和趋势》，载《教育理论与实践》2016年第7期。

74. 汲安庆：《语文教育中美的缺失与追求——从"卡里斯玛"型语文教师说起》，载《教育发展研究》2016年第2期。

75. 朱红、杨茂川：《"微"时代的信息交流及其环境特征初探》，载《美与时代》2015年第10期。

76. 赖大仁、周莉莉：《美善的悖论：西方文论中的审美和伦理》，载《求是学刊》2016年第4期。

77. 曹凌燕：《〈雷雨〉在上海戏曲舞台上的演出与传播》，载《上海文化》2016年第6期。

78. 唐艺、何晓佑：《探究设计创新审美意象的生成》，载《设计》2016年第15期。

79. 李鹏飞：《论中国古代小说对现当代小说的影响》，载《北京大学学报》（哲学社会科学版）2016年第3期。

80. 赵超：《知识、趣味与区隔》，载《科学与社会》2016年第2期。

81. 张康之：《知识与话语视野中的合作行动》，载《社会科学文摘》2016年第6期。

82. 朱红、杨茂川：《"微"时代的信息交流及其环境特征初探》，载《美与时代》2015年第10期。